Harem

Die Welt hinter dem Schleier

Alev Lytle Croutier

Harem

Die Welt hinter dem Schleier

Wilhelm Heyne Verlag · München

Titel der amerikanischen Originalausgabe:
HAREM – THE WORLD
BEHIND THE VEIL
Ins Deutsche übertragen von Jürgen Abel

Die Originalausgabe erschien im
Verlag Abbeville Press, New York

Buchgestaltung: Renée Khatami
Schutzumschlaggestaltung:
Atelier Ingrid Schütz, München
Satz: Gloor Satz Repro GmbH
Printed in Japan
ISBN 3-453-03616-6

Schutzumschlag vorne:
Jean-Auguste Dominique Ingres:
Die große Odaliske, siehe Seite 180.

Schutzumschlag hinten:
Frau mit einem *yashmak,* die einen *chanta* hält, Sammlung der Verfasserin.

Frontispiz: Unbekannter Künstler:
Haremsszene am Hof Schah Dschahans, Albumblatt (Ausschnitt), zweites Viertel des 17. Jahrhunderts, Tinte, Farben und Gold auf Papier, 20 × 12,7 cm (Blatt 33,3 × 21 cm), The Metropolitan Museum of Art, Theodore M. Davis Collection, Vermächtnis von Theodore M. Davis (1915), New York.

Widmungsseite: Haremstänzerin.
Die Frau, die der Tänzerin von dem vergitterten Fenster aus zusieht, trägt einen *burqu,* den Gesichtsschleier, den ägyptische Städterinnen früher oft trugen.

Inhaltsverzeichnis: Seidenstickerei, Istanbul(?), wahrscheinlich Ende 16. bis Anfang 17. Jahrhundert, The Textile Museum, Washington, D. C. (1.22).

Seite 14–15: Kissenbezug aus Samt, Istanbul, 17. Jahrhundert, The Textile Museum, Washington, D. C. (1.54).

Seite 142–143: Samtstoff, Bursa, wahrscheinlich zweite Hälfte des 15. Jahrhunderts oder 16. Jahrhundert, The Textile Museum, Washington, D. C. (1.77).

Seite 170–171: Samtstoff, Bursa oder Istanbul, zweite Hälfte des 16. Jahrhunderts bis Anfang 17. Jahrhundert, The Textile Museum, Washington, D. C. (1.53).

Für alle, die
den Schleier
kannten, meine
Mutter, meine
Großmütter,
meine Tanten

Inhalt

Zehra Barutçu, meine Großmutter, um 1901.

Vorwort

Diese Blumenfrauen oder Frauenblumen zieht er allen anderen vor und verbringt seine Nächte in den Gewächshäusern, wo er sie wie in einem Harem versteckt.

Guy de Maupassant: Un Cas de Divorce
(»Ein Scheidungsfall«, 1886)

Ich wurde in einem *konak* (altes Haus) geboren, der früher einmal der Harem eines Paschas gewesen war. In meiner Kindheit wohnten dort Dienstboten und Odalisken mit uns zusammen. Ich wuchs in der Türkei auf und lauschte Geschichten und Liedern wie aus *Tausendundeine Nacht.* Die Leute in meiner Umgebung erzählten sich oft im Flüsterton von Harems; meine eigene Großmutter und ihre Schwester waren in einem Harem groß geworden. Später wurde mir bewußt, daß dies keine gewöhnlichen Geschichten gewesen waren. Doch als Kind hatte ich sie ganz alltäglich gefunden, weil sie die einzigen waren, die ich zu hören bekam.

Meine Großmutter mütterlicherseits, Zehra, war die erste, von der ich das Wort *Harem* – und dann auch gelegentliche Bemerkungen über das Leben im Harem – hörte. Sie war die Tochter eines wohlhabenden makedonischen Schießpulverfabrikanten. Wie bis zum 20. Jahrhundert üblich, wuchsen sie und ihre Schwestern in einem Harem auf, einem von den anderen Räumen getrennten Teil des Hauses, der den Frauen vorbehalten war. Die einzigen Männer, die sie zu Gesicht bekamen, waren ihre nahen Blutsverwandten. Bei seltenen Gelegenheiten verließen sie das Haus, doch immer dicht verschleiert. Manchmal wurden seidene Tunnels von der Haustüre bis zur Kutsche gespannt, so daß die Frauen von den Passanten auf der Straße nicht gesehen werden konnten. Ihre Hochzeit wurde von der Familie arrangiert, und keine von ihnen sah ihren Ehemann vor dem Tag der Hochzeit. Dann zogen sie in sein Haus, um zusammen mit ihrer Schwiegermutter und seinen anderen weiblichen Angehörigen dort zu leben.

Meine Großmutter heiratete meinen Großvater mit vierzehn Jahren. Er war damals vierzig, und er war der beste Freund ihres Vaters. Sie war ein einfaches Mädchen ohne Bildung, er ein angesehener Gelehrter. Zehn Jahre später wurde sie Witwe. Mit einer ihrer Schwestern ging sie in den Harem ihres Schwagers, und dort zogen die beiden gemeinsam ihre Kinder groß – wie eine Familie.

Während der Balkankriege flohen sie nach Anatolien und ließen alles, was sie hatten, auch ihre Eltern, in Makedonien zurück. 1906 kamen sie nach Istanbul, wo sie sich niederließen. Meine Großmutter und ihre Schwester gehörten zu den letzten Frauen, die in Harems gelebt hatten, denn 1909, nach dem Sturz Sultan Abd ül-Hamids II., wurden Harems abgeschafft und für ungesetzlich erklärt.

Ich erinnere mich nicht sehr gut an das Haus in Izmir (dem damaligen

Smyrna), wo ich zur Welt kam. Es war fünfgeschossig, bot einen schönen Blick aufs Meer und hatte ein *hamam* (Badehaus), das die Frauen gruppenweise aufsuchten, um zu baden. Hinter dem Haus ragte ein gewaltiger Granitfelsen auf, der es gleichsam von der übrigen Welt trennte. Vor uns hatte angeblich ein alter Pascha mit seinen beiden Frauen und anderen weiblichen Wesen darin gewohnt. Als Kind zog ich zum Spaß oft die bestickten Gewänder an, die die Frauen jener vergangenen Epoche zurückgelassen hatten.

1950 zog ich mit meinen Eltern und meiner Großmutter nach Ankara, wo wir zusammen mit Verwandten in einem Mehrfamilienhaus wohnten. Wir lebten

Meine Großtante Meryem mit ihrem Mann, Faik Pascha, und ihren Töchtern (im Uhrzeigersinn:) Muazzez, Mukaddes und Ayhan. Faik Pascha schenkte meiner Familie Waisenmädchen als Odalisken.

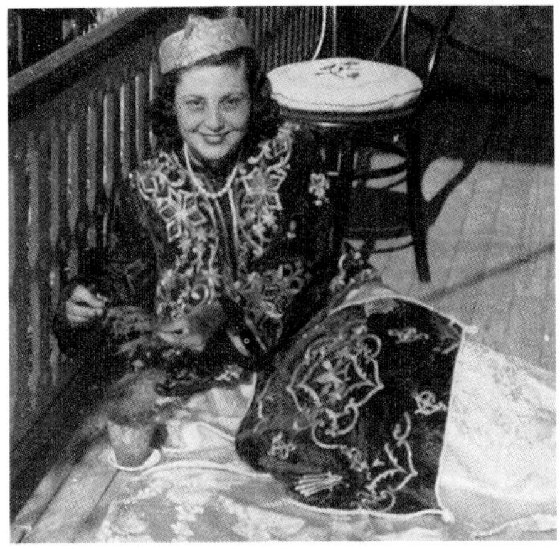

Sadri und Yümniye Aksoy, mein Vater und meine Mutter, in türkischer Tracht, 1942.

dort als Großfamilie – zwei Onkel, drei Tanten, meine Großmutter, meine Großtante, viele Cousins und Cousinen und Odalisken (Dienerinnen), die Geschenke von meinem Großonkel Faik Pascha waren und der Familie gehörten. Er hatte sie in einer Höhle gefunden, nachdem ihre Eltern bei einem Scharmützel nahe der iranischen Grenze ums Leben gekommen waren. Die osmanischen Paläste waren verschwunden, nicht aber das Bedürfnis, als Großfamilie zu leben; vielköpfige Familien wohnten auf kleinstem Raum zusammengedrängt in winzigen Wohnungen.

Wenn die Frauen zusammen saßen, erzählten die alten Schwestern Geschichten und stritten sich häufig über Einzelheiten und Fakten, doch herrschte auch in vielen Dingen Übereinstimmung. Wir alle nahmen an den Ritualen teil, an den sterbenden Bräuchen, die sie aus ihren Tagen im Harem mitgebracht hatten. Wir lernten Pasten bereiten, mit denen man Haare entfernen konnte, und sie zeigten uns, wie man guten Kaffee brüht, die Eingeweide eines Hammels unter die Armen verteilt, wie man einen Zauber bewirkt und sich mit dem bösen Blick vor Unheil schützt. So bekam ich Einblick in das Haremsleben als Teil einer ganz normalen Existenz.

Mit achtzehn Jahren verließ ich die Türkei und ging in die Vereinigten Staaten. 1978, fünfzehn Jahre später, kehrte ich zurück nach Istanbul, um meine Familie zu besuchen und die Erinnerungen an meine alte Heimat aufzufrischen. Und ich kehrte mit neuem »Gepäck« zurück: mit dem Blick der Ausgewanderten, die sich mit Kunstgeschichte und Feminismus befaßt hatte. Verständlicherweise war ich fasziniert von den seit kurzer Zeit der Öffentlichkeit zugänglichen Haremsgemächern des Topkapi-Palasts, des Großen Serails oder der Hohen Pforte, wie er im Westen genannt wurde. Er hatte den Sultanen des Osmanischen Reichs gehört, die ihre Frauen dort von etwa 1540 bis zum Anfang des 20. Jahrhunderts versteckt hatten – vierhundert Jahre der Trennung und Kultur. Alles, was von den vielen tausend Frauen geblieben war, die von phantastischem Luxus umgeben in jenen Räumen gelebt hatten, waren ihre leeren Boudoirs, ihre wundervoll gekachelten Bäder und zahllose, unergründliche Geheimnisse.

Gegenüberliegende Seite:
Oben links:
Nesime und Sevim, meine Cousinen zweiten Grades.

Oben rechts:
Meine Tanten Muazzez und Mukaddes (in einer Uniform des Ersten Weltkriegs). Da es zu Beginn des 20. Jahrhunderts vielerorts als unschicklich galt, daß Frauen sich zusammen mit Männern fotografieren ließen, posierten sie manchmal mit einer Frau in Männerkleidung.

Unten:
Tante Ayhan mit dem kleinen Genghiz. Ayhan war die Schönheit der Familie. Sogar Kemal Atatürk, der große Reformer und erste Staatspräsident der Türkei, bewunderte sie.

Erinnerung an jenen Besuch im Harem des Topkapi-Palasts ließ mich nicht mehr los. Ich war besessen von dem Gedanken, daß leichte Füße einst diese Treppen hinaufgehuscht waren, daß in den schmalen Gängen kostbare Gewänder geraschelt hatten. Die Wände schienen von unerhörten Geschehnissen zu raunen, für die die Besucher der neuen Zeit kein Ohr hatten. Die Marmorböden der Bäder schienen von dem jahrhundertelangen Geräusch des Wassers widerzuhallen, das in Behältnisse aus Porzellan und Email gegossen wurde. Hier war offensichtlich mehr verborgen als die Sinnlichkeit, die man für gewöhnlich mit dem Wort Harem verbindet, und mehr als das, was ich als Kind erfahren hatte. Es schien, als wäre ich in eine einzigartige und außergewöhnliche Realität vorgedrungen – einen Kokon von Frauen in einem speziellen entwicklungsgeschichtlichen Zyklus. Fragen drängten sich auf. Was war in all den Jahren hier geschehen? Wer waren diese Frauen gewesen? Was hatten sie Tag für Tag getan?

Ich begann nach Dokumenten über Harems zu forschen, nach Büchern, Briefen, Reiseberichten, Bildern und Fotos, um ein authentisches Bild dieser verschleierten Welt zusammenzusetzen. Was ich fand, waren Fragmente, romantisierende Beschreibungen des kaiserlichen Harems von Reisenden, Schriftstellern und Diplomaten aus dem Westen, einige herausgeschmuggelte Briefe und Gedichte der Frauen selbst und langatmige Untersuchungen von Historikern, die sich hauptsächlich für Hofleben und Palastpolitik interessiert hatten, nicht aber für die ungezählten, namenlos gebliebenen Frauen des Harems.

Gleichzeitig mußte ich tiefer in die Geschichte meiner eigenen Familie eintauchen. Als ich von meinem Vorhaben erzählte, möglichst viel über Harems in Erfahrung zu bringen – ein Thema, über das noch nichts Maßgebliches geschrieben worden war –, unterstützten mich viele Verwandte und Freunde. Sie halfen mir, mich an bestimmte Dinge zu erinnern; sie wiesen mich auf interessante Bücher und Briefe hin; sie berichteten von Dingen, die vor so langer Zeit geschehen waren, daß ich beruhigt über sie schreiben konnte.

Die körperliche und geistige Isolation von Frauen und die Polygamie waren nicht auf das Osmanische Reich beschränkt. Harems gab es seit undenklichen Zeiten in verschiedenen Teilen Asiens. In Indien hießen sie *purdah* (»Vorhang«), und in Persien nannte man sie *enderun* oder *zenane*. Auch in China kannte man haremähnliche Einrichtungen – in der Verbotenen Stadt von Peking lebten die Frauen in bestimmten Gebäuden, wo sie von Eunuchen beschützt und bewacht wurden. Der am weitesten entwickelte und ausgeklügeltste Harem war jedoch der des Großen Serails. Was dort geschah, kann man als Zusammenfassung der Geschichte aller Harems betrachten.

Allein im Serail lebten und starben Tausende von Frauen, ohne je einen Menschen in der Außenwelt gekannt zu haben. Durch das Zusammenfügen und Auswerten der im Lauf vieler Jahre gesammelten Fragmente hoffte ich, die geheimnisvolle, schöne und unglaublich repressive Welt zu entdecken, die so viele Jahrhunderte hinter dem Schleier verborgen war. Was werden jene Frauen uns über sich und uns selbst erzählen?

Der große Harem

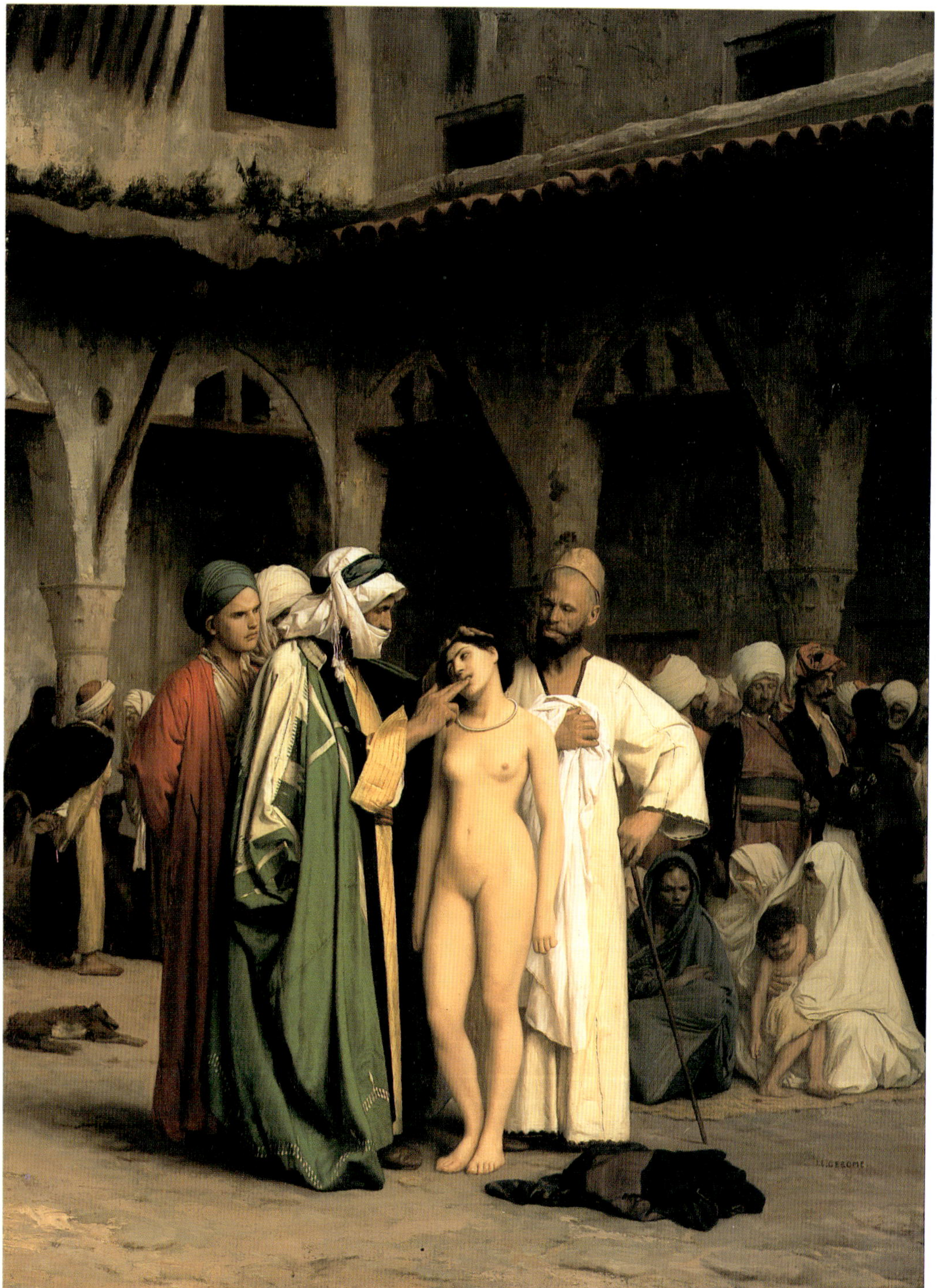

Ein-führung

Ich bin eine Haremsfrau, eine osmanische Sklavin. Ich wurde bei einem schändlichen Akt der Vergewaltigung gezeugt und in einem prachtvollen Palast geboren. Heißer Sand ist mein Vater, der Bosporus meine Mutter, Weisheit mein Schicksal, Unwissen mein Verderben. Ich bin reich gewandet und arm angesehen, ich bin eine Herrin von Sklavinnen und selbst eine Sklavin. Ich bin namenlos, ich bin ehrlos, tausendundeine Geschichten sind über mich geschrieben worden. Mein Heim ist dieser Palast, wo Götter begraben und Teufel herangezogen werden, das Land der Heiligkeit, der Vorhof der Hölle.

Unbekannte

Bedeutung

Das Wort Harem ist eine Ableitung des arabischen Wortes *haram* (حرم) und bedeutet »unerlaubt«, »geschützt« oder »verboten«. Das heilige Gebiet um Mekka und Medina ist *haram*, den Ungläubigen nicht zugänglich. In der Umgangssprache wird der getrennte, geschützte Teil eines Hauses, wo Frauen, Kinder und Dienstboten in größtmöglicher Abgeschlossenheit leben, als Harem bezeichnet. Harem ist ebenso eine Bezeichnung für die Frauen selbst und kann sich auf eine Ehefrau beziehen. Harem bedeutet aber auch »Haus des Glücks«, bezeichnet also die Gemächer, wo der Herr und Meister seine sexuellen Bedürfnisse ungehindert befriedigen kann, während sie allen anderen Männern verschlossen bleiben. Er ist jener Teil eines reichen und vornehmen Hauses, in dem der Besitzer seine Frauen und Konkubinen unterbringt und von Eunuchensklaven bewachen läßt.

Ursprünge

Harem, eine Welt isoliert lebender Frauen, ist das Resultat verschiedener Traditionen. Er beinhaltet die Vorstellung von einer Trennung der Dinge, von der erhabenen Dualität des Heiligen und des Profanen, wobei die Wirklichkeit in unvereinbare Kategorien unterteilt und mit strengen Vorschriften, sogenannten Tabus, geregelt wird. In einer solchen Ordnung werden als erstes Männer und Frauen voneinander getrennt. Frauen verkörpern die Leidenschaft, Männer die Vernunft. Eva war die Versucherin, und patriarchalische Systeme neigten von jeher dazu, alle Frauen als Versucherin zu sehen.

Jean-Léon Gérôme: Der Sklavenmarkt, *undatiert, Öl auf Leinwand, 85 × 63 cm, Sterling and Francine Clark Institute, Williamstown (Massachusetts).*

Ungeachtet der Heiligen Schrift gab es schon vor Adam und Eva eine Welt – in manchen Teilen der Erde eine vorpatriarchalische Welt. So hatten Frauen in Sumer, in Ägypten und im alten Griechenland oft Funktionen mit großem spirituellem Einfluß und stiegen in den Rang einer Göttin auf. In diesen Gesellschaften, die im wesentlichen matriarchalisch ausgerichtet waren, kontrollierten weibliche und männliche Gottheiten das Schicksal von Mensch und Tier. Sie waren gleich mächtig.

Die weiße Göttin der Geburt, der Liebe und des Todes ist die älteste Gottheit, die wir kennen. Sie wurde als Mond personifiziert und unter Namen wie Isis, Ischtar, Artemis und zahlreichen anderen angebetet. Sie war die Große Göttin, die vielfache Gestalt annehmen konnte.

Zu Beginn der menschlichen Zivilisation zogen die einzelnen Sippen auf der Suche nach pflanzlicher und tierischer Nahrung ihr Leben lang von einem Ort zum anderen, und die einzelnen Mitglieder der Sippe nahmen an allen Stammestätigkeiten teil. In dieser frühen Ordnung wurden keine Überschüsse erwirtschaftet, es gab noch keine Begriffe wie Privateigentum und Klassenunterschiede, und es gab weder Herren noch Sklaven.

Als die Landwirtschaft eine zuverlässigere Nahrungsquelle wurde als das Sammeln und Jagen, war das Nomadentum nicht mehr so wichtig für das Überleben. Einzelne Stämme ließen sich an bestimmten Plätzen nieder und beanspruchten Land und Territorium. Frauen, die die Verbindung von Samen und Wachsen verkörperten, stiegen in jenen frühen Gesellschaften zunächst zu privilegierten Stellungen auf – die weiblichen Gottheiten ebenfalls. Demeter, die griechische Fruchtbarkeitsgöttin, schützte die Ernte; und wäre sie nicht gezwungen gewesen, ihre Tochter Persephone mit der männlichen Unterwelt zu teilen, hätte eine fortwährende – und nicht nur jahreszeitliche – Fülle geherrscht.

Durch fortgeschrittene landwirtschaftliche Fertigkeiten konnten einige schließlich Überschüsse ansammeln und somit andere Menschen, die nicht die Mittel besaßen, ihr eigenes Überleben zu sichern, ausbeuten. Der Besitz von privatem Eigentum, insbesondere der Besitz von Land, trat an die Stelle des gemeinsamen Eigentums und teilte die Gesellschaft in Landbesitzer und Menschen, die mehr oder weniger Sklaven waren. Diese Entwicklung traf mit dem sinkenden spirituellen Ansehen der Frauen zusammen, die schließlich ganz aufhörten, religiöse Riten zu zelebrieren. Die Mutter war nicht mehr der Mittelpunkt der Familie, der Vater wurde zum *pater familias*. *Familia* bedeutete im alten Rom die Felder eines Mannes, bedeutete Eigentum, Geld und Sklaven, was alles an die Söhne weitergegeben wurde. Die Frau wurde ein Teil der *familia* eines Mannes, sein Eigentum. Und die Polygamie wurde als wichtiger Bestandteil eines wirtschaftlichen Systems etabliert, in dem ein Mann Hilfskräfte brauchte, um seinen Lebensunterhalt zu sichern.

Die Geschichte von Adam und Eva erscheint in der jüdischen Religion als Beweis dafür, daß die Frau sündig ist und ihre Sünde in der Sexualität besteht. Die Geschichte bekräftigt eine Trennung von Körper und Seele, die das Christentum übernahm und noch verstärkte, indem es Christus als einen heiligen Mann darstellte, den eine Frau nach einer ungeschlechtlichen Empfängnis geboren hatte. Christus war so keusch, daß man ihm keine Frau und keine sexuelle Ausdrucksmöglichkeit zugestand. Dieser Grundsatz des jüdisch-christlichen Glaubens trennte die Menschen von einem wichtigen Teil ihres Seins und stand damit im

Odaliske, *frühes 17. Jahrhundert, Miniatur aus dem Murabba-Album, Topkapi-Museum, Istanbul. Die Frau, die einen Granatapfel, ein altes Fruchtbarkeitssymbol, in der Hand hält, ist offenbar eine Darstellung Evas.*

Gegensatz zu der von der alten ägyptischen und griechischen Religion ererbten Überzeugung, daß der Körper im wesentlichen gut ist. Er führte zur der Annahme, daß die körperliche Wirklichkeit des diesseitigen Lebens weniger wert sei als die Existenz in einer späteren Welt von unendlicher und körperlicher Spiritualität.

Gott hatte den Menschen nach seinem eigenen Bild geschaffen; Gott war Geist. Aber die Frau war das Fleisch oder der Körper, und der Körper war ein von Leidenschaft, Sinnlichkeit und Lust beherrschtes Tier. Der Mann verkörperte den Himmel, und die Frau konnte erst dann ein ganzheitliches Wesen sein, wenn sie mit einem Mann verheiratet war. Im 13. Jahrhundert verbreiteten Thomas von Aquin und Albertus Magnus ihre Überzeugung, Frauen wären zum Geschlechtsverkehr mit Satan imstande. Mit der entsprechenden Begründung klagte die Inquisition bestimmte Frauen an und ließ sie bei lebendigem Leib verbrennen. Damit war die spirituelle Unterwerfung der Frau abgeschlossen.

Männer dagegen genossen in der patriarchalischen Gesellschaftsordnung reichlich sexuelle Freiheit. Die Prostitution nahm rasch zu. Im übrigen stammte ein großer Teil der Einkünfte der Katholischen Kirche aus Bordellen, und Luthers Reformation war nicht zuletzt ein Versuch, dieser Heuchelei ein Ende zu setzen. Der Islam erlegte den Frauen die Trennung (der Geschlechter) auf und zwang sie, den Schleier zu tragen, da sie angeblich unzuverlässig waren und von Männern (mit Ausnahme ihrer Blutsverwandten) ferngehalten werden mußten; denn andernfalls würden sie unwillkürlich versuchen, diese zu verführen. So wurden sie in besonderen, von den anderen Teilen des Hauses getrennten Räumlichkeiten untergebracht – nicht etwa, um ihren Körper und ihre Ehre zu schützen, sondern um die Moral der Männer aufrechtzuerhalten.

Polygamie

Polygamie ist der Brauch, mehr als eine Partnerin oder Ehefrau zu haben. Ursprünglich eine Notwendigkeit argrarischer Gemeinschaften, wurde sie ein Teil vieler Religionen.

Der Islam schätzt die Frau besonders gering ein und betrachtet sie als geistig anspruchslos, spirituell oberflächlich und nur dazu nütze, die Leidenschaften ihres Herrn zu befriedigen und ihm männliche Erben zu schenken. »Eure Weiber sind euch ein Acker. Geht zu euerm Acker, von wannen ihr wollt«, heißt es im Koran, der jedem Mann vier *kadins* oder Ehefrauen zubilligt, vorausgesetzt, er kann ihnen allen denselben Lebensstandard bieten und teilt seine Zuneigung gleichmäßig unter ihnen auf.

Mohammed hatte altruistische Absichten, als er die Polygamie zuließ. Er betrachtete sie als Mittel gegen den vorislamischen Brauch, weibliche Neugeborene zu töten, und zugleich als eine praktische Methode, den Frauenüberschuß in den Griff zu bekommen. In erster Linie war es eine wirtschaftliche Maßnahme und hatte kaum etwas mit den romantischen Vorstellungen zu tun, die im Westen darüber verbreitet waren.

Im Arabischen nennt man die erste Ehefrau *hatun* (große Dame) und die zweite *durrah* (Papagei). Will ein Mann eine seiner Frauen loswerden, kann er sich ganz einfach von ihr scheiden lassen, indem er vor einem *kadi* (Richter) dreimal sagt: »Ich verstoße dich.« Eine Frau kann keine Scheidung verlangen oder durchsetzen; sie hat keine Rechte. Der Koran erlaubt dem Mann auch, so viele Odalisken (Sklavinnen) zu besitzen, wie er will.

Mehrere Frauen zu haben, war eine kostspielige Sache, da sie nicht nur unterhalten werden mußten, sondern auch ein »Brautpreis« zu entrichten war, ehe man ein Mädchen heiraten konnte. Arme Leute konnten sich kaum eine einzige Frau leisten, obgleich sie dessenungeachtet manchmal zwei nahmen – und sie in ihrer ärmlichen Behausung durch einen primitiven Vorhang von den anderen Bewohnern trennten.

Sklavenmärkte

Sklavenmärkte waren seit der mesopotamischen Zeit, zweitausend Jahre vor Christi Geburt, eine wichtige und lukrative Einrichtung im Nahen Osten und anderen Ländern um das Mittelmeer. Junge Knaben und Mädchen, die im Krieg entführt oder von ihren Vätern oder lokalen Herrschern als Tribut gezahlt worden waren, wurden in allen größeren Städten auf dem Markt verkauft. Alexandria und Kairo galten als die wichtigsten Umschlagplätze für Sklaven.

Viele angesehene Reisende und Schriftsteller waren fasziniert von Sklavenmärkten. In einem Zeitraum von nur zehn Jahren wurden so verschiedene Stimmen wie diese laut:

> *Besonders gern begab ich mich zum Sklavenmarkt... Man betritt dieses Bauwerk, das sich in einem der dunkelsten, schmutzigsten und finstersten Viertel von Kairo befindet, durch einen schmalen Gang... In der Mitte des Hofes werden die Sklaven, im allgemeinen dreißig bis vierzig an der Zahl, fast alle jung, viele noch ganz klein, zum Verkauf ausgestellt. Es ist ein abstoßendes Schauspiel, doch sonderbarerweise sah ich nicht – wie erwartet – Niedergeschlagenheit und Furcht, als der Besitzer die einzige Bekleidung einer Sklavin – ein großes wollenes Tuch – hob und sie der Betrachtung des Nebenstehenden aussetzte.*
>
> *William James Muller (britischer Maler orientalischer Sujets, 1838)*

> *Nicht der geringste ihrer Vorzüge war ihr Haar. Zu langen Zöpfen geflochten, war es außerdem noch mit Butter bestrichen und fiel über ihre Schultern und Brüste...*
>
> *Die Händler waren durchaus gewillt, ihnen zu befehlen, sich auszuziehen: Sie öffneten gewaltsam ihren Mund, so daß ich ihre Zähne in Augenschein nehmen konnte, sie ließen sie hin und her gehen und wiesen dabei vor allem auf die Spannkraft ihrer Brüste hin. Die armen Mädchen reagierten vollkommen unbefangen, und es dürfte kaum eine schmerzhafte Szene für sie gewesen sein, denn die meisten von ihnen brachen in unkontrolliertes Gelächter aus.*
>
> *Gérard de Nerval:* Voyage en Orient *(1843–1851)*

Wenn die Dahabeeahs von ihrer langen Reise zum Oberen Nil zurückgekehrt sind, stellen sie ihre menschliche Ware in dem großen Basar an der verfallenen Moschee des Kalifen Hakim aus. Die Leute gehen dorthin, um einen Sklaven zu kaufen, wie man hierzulande zum Markt geht, um einen Steinbutt zu kaufen.

Maxime du Camp: Souvenirs et paysages d'Orient *(1849)*

Da ich in Räumen wohnte, die denen dieser blutjungen Sklavinnen gegenüber lagen, hatte ich zu allen Stunden des Tages und der Nacht oft Gelegenheit, sie zu betrachten. Sie waren typische Exemplare der abessinischen Rasse, mit großem Steiß, breiten Schultern, dünner Taille... Sie hatten eine merkwürdige Art, mit Männern anzubändeln.

»Wie schön du bist, o Maryam! Was für Augen! Was...«

»Warum« – antwortete darauf die Dame – »kaufst du mich dann nicht?«

»Wir sind von einem Glauben – von einer Religion, geschaffen, um einander Glück zu schenken.«

»Warum kaufst du mich dann nicht?«

»Empfange, o Maryam, den Segen zweier Herzen.«

»Warum kauft du mich dann nicht?«

Und so ging es weiter. Ein sehr wirkungsvoller Knebel für Cupidos Beredsamkeit!

Sir Richard Burton: Personal Narrative of a Pilgrimage to Al-Madinah and Meccah *(1853)*

Gegenüberliegende Seite: *Edmund Dulac: Illustration zur 11. Strophe des* Rubaiyat of Omar Kháyyám *(London, Hodder and Stoughton, 1909), Rare Books and Manuscript Library, Columbia University, New York.*

»Mit mir an der Gräser Saum / Der die Wüste von den Feldern trennt / Wo Sultan und Sklavin vergessene Namen sind / Und Machmud auf seinem goldenen Thron Friede beschert sein möge?«

John Faed: Mann, der eine Sklavin gegen eine Rüstung tauscht, *um 1858, Öl auf Holz, 44 × 61 cm, Privatsammlung.*

Der Harem des Großen Serails

Die Turkmenenstämme, auch die Osmanen, hatten die Polygamie schon vor der Eroberung der byzantinischen Hauptstadt Konstantinopel im Jahre 1453 praktiziert. Sultan Mehmed II., der später den Beinamen »Der Eroberer« erhielt, wollte seine neue Metropole, die er Istanbul nannte, zu einem genauen Abbild des alten Byzanz machen – nur noch prachtvoller. Er erlaubte der *valide sultana* (Sultansmutter), ihren Haushalt nach dem Vorbild der Frauengemächer von Kaiserin Helena, Konstantins Witwe, zu gestalten. Die Frauengemächer lagen im entferntesten Teil ihres Palasts hinter einem Innenhof, und die Frauen lebten dort, in Arbeitsgruppen eingeteilt, getrennt von den anderen Palastbewohnern. Mehmed selbst übernahm byzantinische Bräuche wie die Isolierung der Mitglieder der Königsfamilie, die Einrichtung einer Palastschule und die Verwendung von Palastsklaven. Der islamische Brauch der Polygamie war sehr gut mit solchen byzantinischen Sitten und Institutionen zu vereinbaren, und so kam es zur Entstehung des Harems.

Gentile Bellini: Sultan Mehmed II., *1480, Öl auf Leinwand, ursprünglich vielleicht auf Holz, 70 × 52 cm, The National Gallery, London.*

Der Große Harem des Topkapi-Palastes aus der Vogelperspektive. Fotografie von Sami Güner.

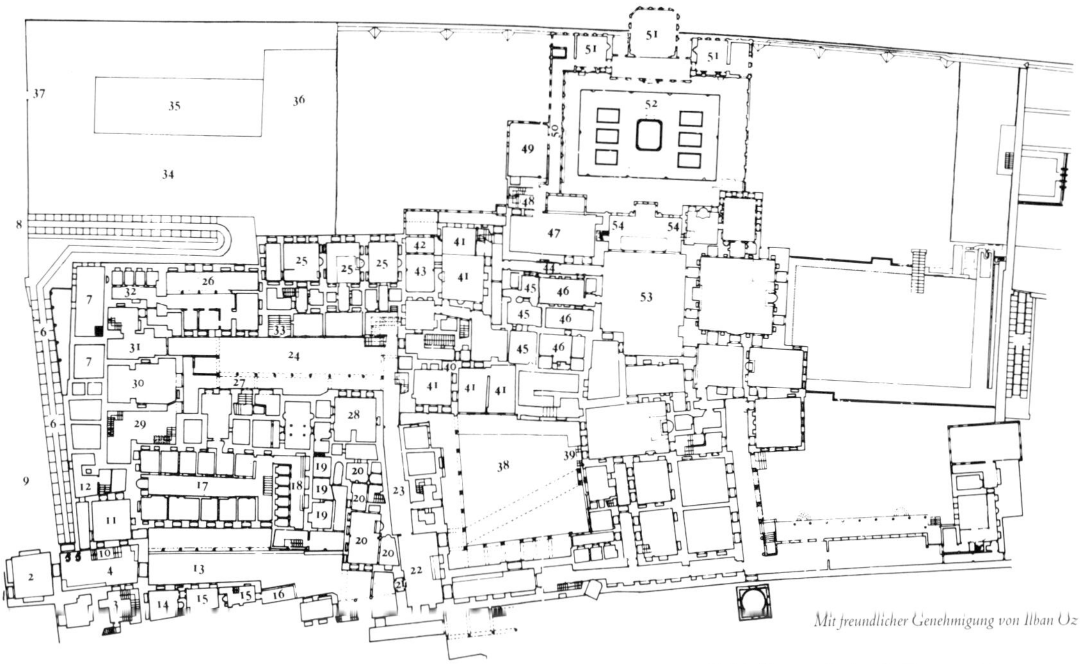

Mit freundlicher Genehmigung von Ilhan Öz

Grundriß des Großen Harems im Topkapi-Palast.

1 Kutschentor
2 Turm der Gerechtigkeit
3 Platz des Postens an der Tür zum Turm
4 Meskhane
5 Räume der Hellebardiere
6 Podest des Sultans
7 Moschee der schwarzen Eunuchen
8 Bäder der schwarzen Eunuchen
9 Hof der schwarzen Eunuchen
10 Gemächer der schwarzen Eunuchen
11 Räume der schwarzen Eunuchen
12 Toiletten der schwarzen Eunuchen
13 Palastschule
14 Haupttor
15 Zweiter Posten der schwarzen Eunuchen
16 Speisenkorridor
17 Hof der Kadins (Ehefrauen des Sultans)
18 Gemächer der Kadins
19 Küche
20 Vorratsraum
21 Waschküche
22 Krankenstation des Harems
23 Offener Hof der Krankenstation
24 Räume der Hebammen usw.
25 Tor des Todes
26 Hof der Sultansmutter
27 Korridor der Sultansmutter
28 Erdgeschoßgemächer der Sultansmutter
29 Schlafgemach der Sultansmutter
30 Gebetsraum der Sultansmutter
31 Korridor zu den Bädern
32 Bäder der Sultansmutter
33 Bäder des Sultans
34 Schlafgemach Ab dül-Hamids I.
35 Treppe zum Gemach Selims III.
36 Raum Selims III.
37 Korridor zum Kiosk Osmans III.
38 Kiosk Osmans III.
39 Halle des Sultans
40 Korridor der Kadins
41 Gemächer der ersten Kadin
42 Gemächer der zweiten Kadin
43 Halle Murads III.
44 Kiosk Murads III.
45 »Bibliothek« Ahmeds I.
46 Früchteraum Ahmeds III.
47 Hof der Favoritinnen
48 Gemächer der Haseki (Konkubinen, die dem Sultan ein Kind geboren haben)
49 Mabeyn (»Hof« = Privatgemächer des Sultans)
50 Buchsbaumgarten
51 Schwimmbecken im Freien
52 Goldene Straße
53 Moschee der Haremsfrauen
54 Kushane-Tor

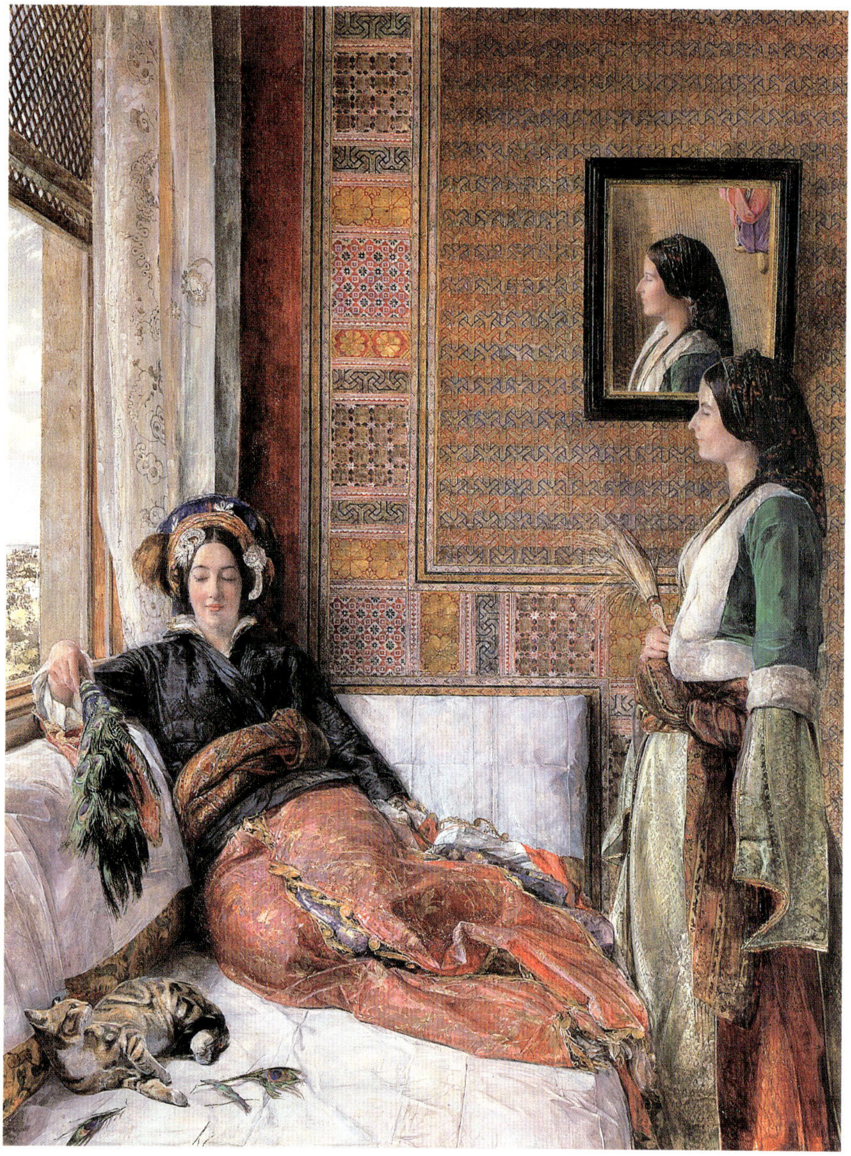

John Frederick Lewis: Haremsleben in Konstantinopel, *1857, Öl auf Leinwand, Laing Art Gallery, Newcastle, England.*

Die ersten osmanischen Sultane hatten Töchter anatolischer Statthalter und weibliche Angehörige der byzantinischen Herrscherfamilie geheiratet. Nach der Eroberung Konstantinopels wurde es Brauch, Odalisken zur Frau zu nehmen. Die Frauen in den Harems kamen mit Ausnahme derjenigen, die dort geboren waren, aus allen Teilen Asiens und Afrikas und manchmal auch aus Europa.

John Frederick Lewis:
Der Empfang,
1873, Öl auf Holz, 64 × 76 cm, Yale Center for British Art, Paul Mellon Collection, New Haven (Connecticut).

Der Legende zufolge war das Serailkap, an der wunderschönen Meerenge zwischen dem Marmarameer und dem Goldenen Horn, einst vom delphischen Orakel als geeignetster Platz für eine neue Siedlung bezeichnet worden, und so errichtete man dort die Akropolis von Byzanz. Ein Jahrzehnt nach der Eroberung ließ Mehmed II. auf demselben heiligen Vorgebirge den Topkapi-Palast – das Große Serail oder die Hohe Pforte – bauen.

In seinem Gedicht »Palast des Glücks« unterstrich Sir William Jones 1772 die unerhörte Pracht des Bauwerks:

Ströme von Jaspis winden sich
Durch ein glattes Bett polierten Achats,
Und auf einem Fels aus Eis,
Wie durch ein Wunder geschaffen,
Ragt ein feenhafter Palast empor.

Blick auf den Topkapi-Palast und das Serailkap.

Das Serail war der Sitz der kaiserlichen Gewalt, und hier lebten Tausende von Menschen, die im persönlichen und administrativen Dienst des Sultans standen. Der privateste Teil war der sorgsam von den übrigen Gebäuden getrennte und abgeschirmte Harem des Sultans, der erstmals 1541 mit Sultanin Roxalena in das Serail verlegt wurde und dort bis zum Jahr 1909 bestand. Vier Jahrhunderte lang lebte, liebte und starb hier die weibliche Familie des Herrschers, die sich fast täglich änderte. Der Harem des Topkapi-Palasts wurde schließlich zum Symbol der Abgeschiedenheit von Frauen.

Er lag zwischen dem *Mabeyn* (Hof) – den Privatgemächern des Sultans – und den Gemächern des schwarzen Obereunuchen. Er zählte fast vierhundert Räume, die um den Hof der Sultansmutter gruppiert waren und ihr und den anderen Frauen als Wohn- und Schlafgemächer dienten.

Das Kutschenhaus und das Vogelhaus, die den Harem mit der Außenwelt verbanden, wurden von innen durch die Eunuchen und draußen von der Wache des Sultans rund um die Uhr bewacht. Das Kutschenhaus war der eigentliche Zugang zum Harem; wer hinein oder hinaus wollte, mußte durch sein Tor, das im Morgengrauen geöffnet und nach Sonnenuntergang geschlossen wurde.

Die Gemächer der Eunuchen führten in einen Hof, der sich rechts auf die im Zentrum der Gemächer der Sultansmutter befindliche Goldene Straße und links zu den Räumen der Odalisken öffnete. Der Luxus der einzelnen Räume richtete sich nach dem Rang der Personen, die sie bewohnten. Natürlich hatte der Sultan die prachtvollsten Gemächer. Lieblingsfrauen und andere besonders einflußreiche Damen hatten eigene Räumlichkeiten. Neu aufgenommene Odalisken und Eunuchen lebten in Gemeinschaftsräumen.

Im 15. und 16. Jahrhundert sank die Zahl der Haremsbewohnerinnen von gut tausend Frauen auf wenige hundert, da die jungen Prinzen als Statthalter in die verschiedenen Provinzen des Reichs geschickt wurden und ihren Harem mitnahmen. Nach dem 17. Jahrhundert, als neue Thronfolge- und Erbregelungen den Prinzen erlaubten, mit ihren Frauen im Serail zu wohnen – wenn auch nur als

Gefangene im *Kafes* (Goldener Käfig) –, stieg die Zahl der Bewohner wieder auf fast zweitausend.

Auf dem Höhepunkt seiner Macht erstreckte sich das Osmanische Reich vom Kaukasus bis zum Persischen Golf und von der Donau bis zum Oberen Nil. Die Geschichte des Serails und seines Harems spiegelt das wechselvolle Schicksal des Imperiums. Die enorm hohen Unterhaltskosten, die erbitterte Rivalität unter den Frauen, ihre Intrigen, die sich auf die politischen Angelegenheiten auswirkten, und auch die legendäre Schönheit dieser Frauen vieler Nationalitäten faszinierten die ganze Welt. Jedermann war neugierig, zu erfahren, was hinter den Haremsmauern geschah – niemand aber durfte bis dorthin vordringen. Ausländische Botschafter und Maler berichteten Geschichten, die sie von Händlern oder Dienerinnen gehört hatten, denen der Zugang erlaubt gewesen war. Doch alle diese Erzählungen waren mehr oder weniger exotisch ausgeschmückt und boten bestenfalls einen Zerrspiegel der Wahrheit, die bis zum heutigen Tag schwer festzustellen ist.

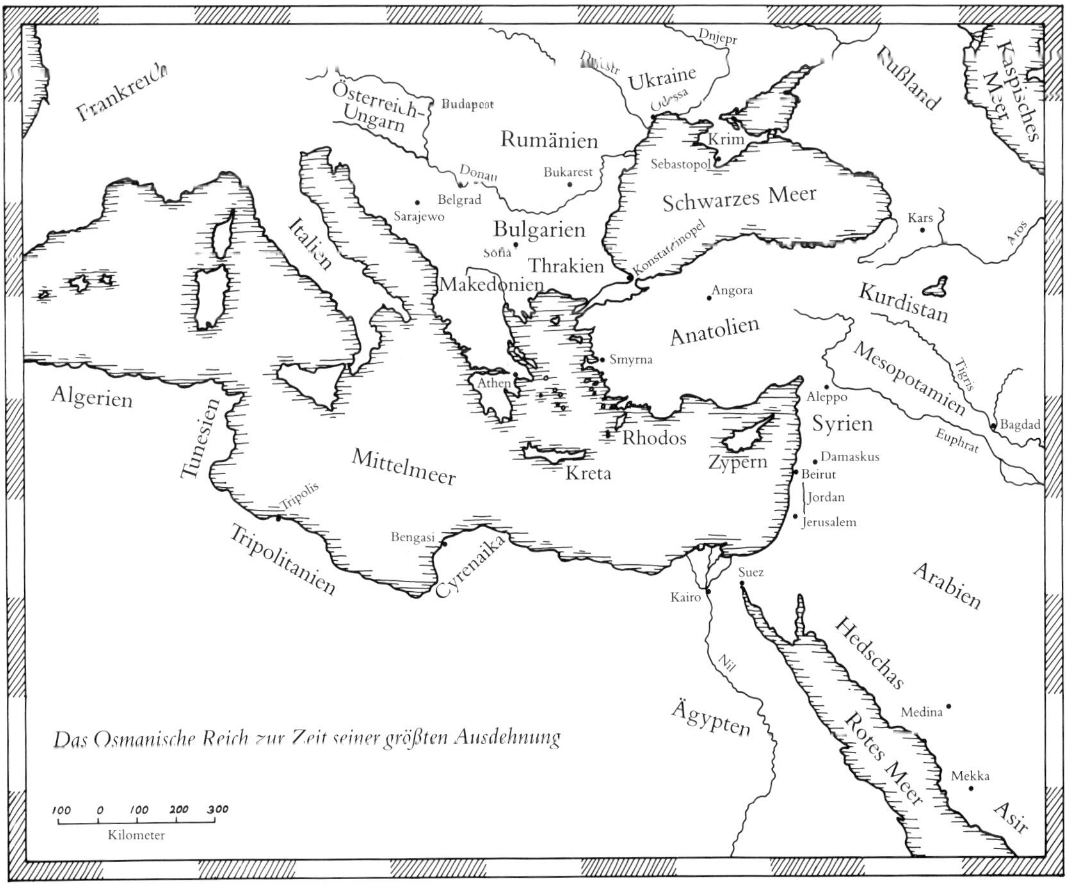

Das Osmanische Reich zur Zeit seiner größten Ausdehnung

Der Kauf von Sklavinnen

Ungewöhnlich schöne junge Mädchen, die man auf dem Sklavenmarkt entdeckte, wurden – oft als Geschenk des jeweiligen Statthalters – an den Hof des Sultans geschickt. Zu den einzigartigen und unveränderlichen Privilegien der Sultansmutter gehörte auch das Recht, ihrem Sohn jedes Jahr am Vorabend des *Kurban Bayram* (Opferfest) eine junge Sklavin zu schenken.

Die Mädchen gehörten nicht dem moslemischen Glauben an und wurden ihren Familien meist in zartem Alter entrissen. Die Sultane hatten eine große Vorliebe für die hellhäutigen Schönheiten aus der Kaukasusregion, die nicht zuletzt wegen ihrer »Taubenaugen« berühmt waren. Die Zirkassierinnen, Georgierinnen und Abchasierinnen waren stolze Mädchen aus den Bergen und galten als Nachkommen der Amazonen, die in alter Zeit in Skythien, am Schwarzen Meer, gelebt hatten und von dort bis Griechenland vorgedrungen waren, um Athen mit einem Krieg zu überziehen, der die ruhmreiche Geschichte der Stadt beinahe beendet hätte. Nun wurden *sie* entführt oder von verarmten Eltern verkauft. Eine Zollerklärung aus der Zeit um 1790 legt ihren Wert wie folgt fest: »Zirkassisches Mädchen, etwa acht Jahre alt; abessinische Jungfrau, etwa zehn; fünfjährige zirkassische Jungfrau; zirkassische Frau, fünfzehn oder sechzehn Jahre alt; etwa zwölf Jahre altes georgisches Mädchen; mittelgroßer Negersklave; siebzehnjähriger Negersklave. Wert etwa 1000 bis 2000 Kurusch.« Ein Pferd kostete damals ungefähr 5000 Kurusch.

Die Aussicht auf ein Leben in Muße und Luxus, das ihren Töchtern winkte, bezwang oft die Skrupel der Eltern gegen die Auslieferung ins Konkubinat. Viele zirkassische und georgische Familien ermutigten ihre Töchter sogar, diesen Weg freiwillig einzuschlagen. »Zirkassier bringen ihre Kinder selbst auf den Markt, um ihnen eine sorglose Zukunft zu sichern ... aber die Schwarzen und die Abessinier kämpfen erbittert für die Freiheit der ihren«, vertraute Lucie Duff Gordon 1864 ihrem Reisetagebuch an.

Die Ausbildung der Odalisken

Ehe die jungen Sklavinnen in den Harem des Serails aufgenommen wurden, untersuchten erfahrene Eunuchen sie auf körperliche Makel und Unvollkommenheit. Wenn ein Mädchen die »Musterung« bestand, führte der Obereunuch es der Sultansmutter zur Genehmigung vor. War sie in den Harem aufgenommen, bekam die neue Odaliske einen persischen Namen, der ihre Eigenschaften oder Vorzüge umschrieb. Hatte ein junges Mädchen zum Beispiel auffallend schöne rosige Wangen, gab man ihm vielleicht den Namen Gulbahar, »Frühlingsrose«. Als Odaliske mußte sie unverzüglich zum Islam übertreten und ein anstrengendes Studium der Palastetikette und der islamischen Kultur absolvieren.

Das Wort Odaliske ist ein Ableitung von *oda* (Zimmer) und bedeutet wörtlich »Frau des Zimmers«, beinhaltet also einen Dienstbotenstatus. Ungewöhn-

Auguste Dominique Ingres: Odaliske und Sklavin, *1842, Öl auf Leinwand, 76 × 105 cm, Walters Art Gallery, Baltimore.*

Rudolph Ernst: Mußestunden im Harem, *um 1900, Öl auf Holz, 65 × 82 cm, Privatsammlung.*

lich schöne und begabte Odalisken wurden zu Konkubinen ausgebildet, indem man ihnen Tanzen, das Rezitieren von Gedichten, das Spielen von Musikinstrumenten sowie erotische Fertigkeiten beibrachte. Zwölf der attraktivsten und talentiertesten Odalisken wurden zu *gedikli* (Zofen) des Sultans bestimmt und hatten als solche die Aufgabe, ihn anzukleiden und zu baden, seine Wäsche zu waschen und ihm das Essen und den Kaffee zu servieren. Gio Maria Angiolello, ein junger Italiener, der unter Mehmed II. in türkische Gefangenschaft geriet und dem Sultan bis zu dessen Tod diente, schrieb in seiner 1480 erschienenen *Historia Turchesca*, diese Mädchen hätten Schreiben gelernt und Unterricht in Religion genossen und darüber hinaus Fertigkeiten wie Nähen, Sticken, Harfespielen und Singen erworben.

Ein »lebendes Bild« des Haremslebens im 19. Jahrhundert im Topkapi-Palast.

Wenn die Mädchen dem Sultan gefielen, behielt er sie für sich, oder er machte sie Untertanen zum Geschenk, die sich verdient gemacht hatten. Wollte er einen seiner Paschas besonders auszeichnen, schenkte er ihm eine Odaliske, die seinen Palast geschmückt hatte, aber noch nicht seine Konkubine geworden war. Nach moslemischer Etikette mußte der Pascha dem Mädchen die Freiheit geben und es zu seiner Frau machen. Wegen ihrer höfischen Reize sowie ihrer äußerst nützlichen Beziehungen zum Serail waren diese Mädchen sehr begehrt.

Andere Odalisken kamen in den Dienst der Sultansmutter, der *kadins* (Ehefrauen), der Töchter des Sultans oder des schwarzen und weißen Obereunuchen. Robuste und widerstandsfähige Mädchen wurden oft Hausbesorgerinnen oder erhielten eine Verwaltungsfunktion. Jede neue Odaliske wurde der *oda* einer wichtigen Frau zugeteilt, die für eine bestimmte Abteilung im Harem verantwortlich war. Zu diesen »Ministerinnen« gehörten die Erste Kammerfrau, die Hüterin des Bades, die Hüterin des Schmucks, die Koranleserin, die Lagerverwalterin, die Hüterin der Getränke, die Herrin des Servierpersonals und andere. Für eine Odaliske war es durchaus möglich, in der Haremshierarchie aufzusteigen und die höchsten Posten im kaiserlichen Harem einzunehmen. Wenn sich jedoch herausstellte, daß sie unbegabt war oder unerwünschte Eigenschaften hatte, mußte sie damit rechnen, auf dem Sklavenmarkt an einen neuen Herrn verkauft zu werden.

Sultaninnen

Der Sultan war ein gottähnliches Wesen, vor dem niemand unaufgefordert sprechen oder den Blick heben durfte. Nach der Legende warf er dem Mädchen, mit dem er die Nacht zu verbringen wünschte, ein Taschentuch zu, doch in Wahrheit wählte er seine jeweilige Lieblingsodaliske auf eine weniger auffällige Weise. Oft brachte der schwarze Obereunuch ein Mädchen im Schutz der Dunkelheit in das Schlafgemach des Herrschers. Erst wenn sie sich ausgezeichnet hatte – und zum Beispiel eine *ikbal* (Favoritin) geworden war –, machte man ihre Beziehung zum Sultan publik, und erst dann bekam sie ihr eigenes Gemach, ihre Barke, ihre Kutsche und ihre persönlichen Sklavinnen. Sir Paul Rycaut, der das Osmanische Reich im 17. Jahrhundert bereiste, bestätigt dies: »Wenn die Odaliske dem Sultan gefiel, stellte er sie am nächsten Morgen unter den Schutz der Hüterin des Hauses. Sie wurde dann mit ebenso großem Gepränge in den Harem zurückgebracht, wie man sie zum Lager des Herrschers geleitet hatte. Sie wurde gebadet und in Gemächer geführt, die einer Haseki-Sultanin würdig waren.«

Wenn eine Favoritin dem Sultan ein Kind gebar, wurde sie in den Rang einer *kadin* oder *haseki sultana* erhoben. War das Kind ein Knabe und wurde später Sultan, so wurde seine Mutter die Herrscherin des Harems und die mächtigste Frau im Reich – die Sultansmutter. Der moslemische Mann glaubte, der Himmel liege unter den Füßen seiner Mutter. Er konnte so viele Frauen und Sklavinnen besitzen, wie er wollte, aber er hatte nur eine Mutter. Ihr vertraute er seinen persönlichsten und ureigensten Besitz an: seine Frauen.

Leon Bakst: Odaliske, *Kostümentwurf für das Fokine-Ballett* Scheherazade, *in dem die legendäre Tamara Karsawina und Waslaw Nijinsky auftraten, um 1910. Tusche und Gold auf Papier, Privatsammlung.*

Der Kampf um die Position der Sultansmutter war rücksichtslos und erbittert. Fortwährende Fehden und Intrigen sorgten dafür, daß der Harem nicht zur Ruhe kam. Ein im Archiv des Topkapi-Palasts aufbewahrtes Dokument aus dem 17. Jahrhundert berichtet von der Rivalität zwischen der Sultanin Gülnusch und der Odaliske Gülbeyaz (»Rosenweiß«), die einen tragischen Ausgang nahm. Sultan Mehmed IV. war bis über beide Ohren in Gülnusch, die *haseki sultana*, verliebt. Doch als Gülbeyaz in den Harem aufgenommen wurde, schenkte er sein Herz ihr. Gülnusch, die immer noch in den Sultan verliebt war, wurde rasend vor Eifersucht. Als Gülbeyaz eines Tages auf einem Felsen über dem Meer saß und das Wasser betrachtete, stieß Gülnusch sie hinunter, und die junge Odaliske ertrank.

Leon Bakst: Die Rote Sultanin, *1910, Tusche, Gouache und Gold auf Papier, Privatsammlung.*

Königliche Mutterschaft bedeutete enormen Einfluß und Reichtum, aber wenig Sicherheit. Die Empfängnis war der Anfang einer gefährlichen Reise, die große Geistesgegenwart und viel Mut erforderte. Tag und Nacht wurde die Schwangere von Rivalinnen belauert, und das Leben einer Mutter und eines potentiellen Thronerben war ständig bedroht. Bis zum Alter von zwölf Jahren blieb ein junger Prinz bei seiner Mutter und seinen Kinderfrauen im Harem, und während dieser ganzen Zeit lebte seine Mutter in Angst und Sorge. Zwei Beispiele, auf die ich noch ausführlich eingehen werde, sind die Verschwörung der Sultanin Kösem, die den jungen Sultan Mehmed IV. ermorden lassen wollte, und die Verbannung des Prinzen Mustafa durch Roxalena.

Bei der Thronbesteigung eines neuen Sultans wurden die Frauen seines Vorgängers zusammen mit ihrem Gefolge zum Alten Palast geschickt, der auch Palast der Unerwünschten oder Haus der Tränen hieß. Ihre Gemächer im Serail wurden zerstört und neue errichtet und für die neuen Bewohnerinnen ausgestattet. Doch so luxuriös sie auch untergebracht waren, sie waren nicht immer zufrieden:

Liebste Kalfa!
Ich habe von einer gewissen Person gehört, daß sie die Gemächer beziehen wird, die die meinen sein sollten. Nein! Beim unendlichen Alter der Erde – ich möchte diese Gemächer für mich haben. Ich kann es nicht ertragen, daß eine Jüngere in so geräumigen Zimmern wohnt, und wenn unser Erhabener Gebieter meine Bitte hörte, würde er nichts dagegen einwenden. Unterbreite dies bitte der Sultansmutter mit dem Ausdruck meiner größten Ehrerbietung. Warum sollte sie dorthin ziehen, während ich bleibe, wo ich bin? Ich muß auf den Vorrechten meines Alters bestehen. Wenn es nicht geändert werden kann, werde ich einfach nicht mit in das Serail gehen, das schwöre ich. Falls sie sich aber weigern sollte, sähe die Sache ganz anders aus. Ich werde lieber sterben, als ihr diese wunderbaren Gemächer zu überlassen.

Brief der Sultanin Behice an die kalfa *(Hüterin des Hauses), 1839.*

Eunuchen

Um ihre Frauen zu bewachen, unterhielten die Sultane eine ungeheuer wertvolle Streitmacht von Eunuchen, manchmal bis achthundert Mann stark. Eunuchen waren männliche Kriegsgefangene oder Sklaven, die vor der Pubertät kastriert wurden und zu lebenslanger Knechtschaft verurteilt waren. Die weißen Eunuchen dienten im *Selâmlik* (für Männer bestimmte Räume), wo der Herrscher mit anderen Männern zusammentraf. Die Goldene Straße, ein wunderschöner Gang mit herrlichen Kacheln, verband den Selâmlik mit dem Harem, wo die schwarzen Eunuchen die Frauen bewachten. Der schwarze Obereunuch übte großen politischen Einfluß am Hof aus, da er als wichtigster Mittler zwischen dem Sultan und dessen Mutter diente. Seine Position war offiziell ebenso bedeutsam wie die des Großwesirs (Ministerpräsidenten).

Da die Eunuchen oft in die intimsten Geheimnisse des Harems eingeweiht waren und Zugang zur Außenwelt hatten, wurden sie fast zwangsläufig die korruptesten Mitglieder der Palastgesellschaft. Umgeben von Frauen, deren Lebenszweck darin bestand, Männer zur Lust zu verführen, waren sie zu einer Existenz ohne Sexualität verdammt. Viele wurden zu raffinierten Intriganten, um sich auf diese Weise für den Verlust ihrer Manneskraft zu rächen. In seinen *Lettres persanes* schildert Montesquieu einen solchen Eunuchen:

Das Serail ist mein Reich, und mein Ehrgeiz, die einzige mir verbliebene Leidenschaft, findet dort keine geringe Befriedigung. Ich stelle mit Freude fest, daß meine Anwesenheit zu allen Zeiten erforderlich ist; ich ertrage bereitwillig den Haß all

> *dieser Frauen, weil er meinen Rang nur noch mehr festigt. Und ich kann euch sagen, daß sie mich nicht ohne Grund hassen: Ich mische mich in ihre harmlosesten Vergnügungen ein; ich bin immer im Weg, ein unüberwindliches Hindernis; ehe sie wissen, woran sie sind, finden sie ihre Pläne vereitelt.*

Der Palastzwerg, ebenfalls ein Eunuch, war eine Art Hofnarr, der den Sultan und die Haremsdamen mit seinen Späßen und Possen unterhielt. Da er kaum eine Bedrohung darstellte, wurde er oft bei den persönlichsten und intimsten Dingen hinzugezogen. So ist in Levnis *Zanan-Name*, einem Miniaturenbuch aus dem 18. Jahrhundert über das Leben im Serail, ein Zwerg abgebildet, der eine von Dienerinnen umsorgte Frau in den Wehen mit seinen Scherzen ablenkt.

Die Dynastie

Die Gesetze der Thronfolge schrieben vor, daß die Krone nach dem Tod eines Sultans an das älteste lebende männliche Mitglied der Familie ging – sie enthielten also nicht die Bestimmung, daß das Sultanat vom Vater an den ältesten Sohn vererbt werden mußte. Mehmed der Eroberer, ein Meister in Hofintrigen, formulierte die Bestimmungen, nach denen jahrhundertelang die osmanische Politik gemacht werden sollte. Er sanktionierte sogar, daß ein Sultan seine männlichen Verwandten umbrachte, um den Thron für seine eigenen Kinder zu sichern, was zu unvorstellbaren Gemetzeln führte. So sorgte die Mutter Mehmeds III. 1595 dafür, daß der Sultan seine neunzehn Brüder töten ließ, von denen einige noch Babys waren, und daß sieben Frauen, die Mehmeds Vater geschwängert hatte, in Säcke gesteckt und in das Marmarameer gestürzt wurden. »Nach der Bestattung der Prinzen sammelte sich die Bevölkerung in großer Schar vor dem Palast, um zuzusehen, wie ihre Mütter und die anderen Ehefrauen des toten Sultans das Serail verließen. Alle Karossen, Lastfuhrwerke, Pferde und Maultiere des Palastes wurden für diesen Zweck eingesetzt. Außer den Ehefrauen des Sultans wurden seine siebenundzwanzig Töchter und über zweihundert Odalisken unter dem Schutz von Eunuchen zum Alten Palast gebracht... Dort konnten sie ihre toten Söhne so viel und so lange beweinen, wie sie wollten«, berichtet der damalige englische Botschafter H. G. Rosedale in *Queen Elizabeth and the Levant Company* (1604).

Der Goldene Käfig

1566 erließ Selim II. ein Dekret, das Mehmeds grausame Bestimmung abmilderte. Die kaiserlichen Prinzen durften am Leben bleiben, wenn sie sich bis zum Tod des regierenden Herrschers nicht in Angelegenheiten des Staates betätigten. Von nun an lebten die Prinzen unter ständigem Hausarrest im *Kafes* (Goldener Käfig), einer Reihe von Gemächern, die nur durch das *Djinns Kapi* (Tor des Kobolds), das niemand passieren durfte, vom Harem getrennt waren.

Die Prinzen lebten in strenger Isolation, abgesehen von einigen wenigen Konkubinen, die durch Entfernen der Eileiter oder des Uterus unfruchtbar gemacht worden waren. Wurde eine dieser Frauen infolge eines fehlerhaften Eingriffs dennoch schwanger, ertränkte man sie umgehend. Wächter mit durchstochenen Trommelfellen und aufgeschlitzter Zunge bedienten die Prinzen. Diese Taubstummen wurden oft als Mörder gedungen.

Das Dasein im Goldenen Käfig stand unter dem Zeichen von Angst und Unwissenheit; die Prinzen erfuhren nicht, was in der Welt ringsum geschah. Der Sultan oder Palastrebellen konnten sie praktisch jeden Moment umbringen. Wenn ein Prinz lange genug am Leben blieb, um den Thron zu besteigen, war er in den meisten Fällen nicht darauf vorbereitet, ein Imperium zu regieren. Als Murad IV. 1640 gestorben war, fürchtete sein Nachfolger Ibrahim sich so sehr vor den vielen Leuten, die den Käfig zu betreten versuchten, um ihn zum neuen Herrscher auszurufen, daß er die Tür versperrte und erst dann herauskam, nachdem man Murads Leichnam hergeschafft hatte. Süleiman II. wurde in den neununddreißig Jahren, die er im Kafes verbrachte, ein Asket und ein Meisterkalligraph. Als Sultan äußerte er später oft den Wunsch, in seine frühere Abgeschiedenheit zurückzukehren.

Andere Herrscher, so Ibrahim, gaben sich wüsten Ausschweifungen hin, um all die verlorenen Jahre nachzuholen. Das Sklavensystem, von dem das Serail abhing, kehrte sich im Goldenen Käfig gegen seine Herren und machte *sie* zu Sklaven.

Tod

Viele Haremsfrauen starben noch jung. Die Berichte von brutalen Morden und Vergiftungen sind ohne Zahl. Henry Lello, der 1600 als Botschafter von St. James an der Hohen Pforte diente, äußerte die Ansicht, daß es nahezu unmöglich sei, die Haremsintrigen aufzuzählen. Viele Frauen wurden ertränkt: Der schwarze Obereunuch packte sie, steckte sie in Säcke, die er oben zuband, und lud sie in ein Ruderboot. Ein kleines Stück vom Ufer entfernt, half er dann dabei, die Unglücklichen über Bord zu werfen.

1665 wurden einige Haremsfrauen vom Hof Mehmeds IV. beschuldigt, die Juwelen aus der Wiege eines königlichen Babys gestohlen zu haben, und zündeten ein Feuer an, um den Diebstahl zu vertuschen. Der Brand verursachte erhebliche

Schäden im Harem und in anderen Teilen des Serails. Der Sultan ließ die Schuldigen umgehend erdrosseln.

Mehmed der Eroberer tötete seine Frau Irene mit einem Säbelhieb. Irene wurde als Märtyrerin angesehen und, wie alle Märtyrer, zur Heiligen erklärt, die ohne Umwege ins Paradies gelangt. »Die glückliche Schöne, die ihrem Herrn Freude bereitet hat, wird das Vorrecht genießen, im Paradies vor ihn hin zu treten«, sagt der Koran. »Wie der werdende Mond wird sie ihre Jugend und Schönheit bis an das Ende der Zeit behalten, und ihr Gemahl wird niemals älter oder jünger aussehen als einunddreißig Jahre.« Vielleicht hatte Mehmed diese Worte im Sinn, als er Irene umbrachte.

Eine Welt der Extreme

Das Große Serail, der Goldene Käfig und der Harem waren eine Welt der Extreme, in der verängstigte und unterdrückte Frauen sich mit Männern, die keine Männer waren, gegen absolute Herrscher verbündeten, die ihre eigenen Verwandten jahrzehntelang hinter unüberwindlichen Mauern gefangenhielten. Es war eine Brutstätte von Konflikten, wo es häufig zu Tragödien kam, die die Schuldigen ebenso dahinrafften wie die Unschuldigen. Der Sultan oder *padischah*, der König der Könige, der Einzige Schiedsrichter des Weltenschicksals, der Herr der beiden Kontinente und der beiden Meere und Herrscher des Ostens sowie des Westens, war selbst das Produkt einer Verbindung zwischen einem König und einer Sklavin. Seine Söhne und die gesamte osmanische Dynastie teilten dasselbe Los: Geboren von versklavten Müttern, wurden sie Könige und zeugten ihre Nachkommen mit anderen versklavten Müttern.

Die Orientalen betrachteten diese Umschwünge, diesen Flirt des Guten und des Bösen, als *kismet* (Schicksal). Sie glaubten, das persönliche Los jedes Menschen sei von einer höheren Macht vorherbestimmt. Ob man Glück im Leben hatte oder das Opfer einer Tragödie wurde, alles war Kismet. Die Sklaven waren ebenso vom Wirken des Schicksals überzeugt wie ihre Herren, und das mag erklären, warum man sich mit den Entbehrungen, Foltern und plötzlichen Mißgeschicken abfand, die im Harem an der Tagesordnung waren.

Das gemeinsame Leid führte oft zu bewegenden Gesten des Erbarmens. Zwischen den Haremsfrauen entstanden nicht nur Eifersucht und Rivalitäten, sondern auch feste Bande der Freundschaft, und es gab viele, die einander liebten und füreinander sorgten. Um die allgegenwärtigen Ränke und Intrigen zu überleben, entwickelten sie starke und vertrauensvolle Beziehungen. Diese Bande sind die ergreifendsten Geheimnisse des Harems.

Alles, was heute vom Leben dieser Geschöpfe geblieben ist, sind vergitterte Fenster, labyrinthische Korridore, marmorbelegte Bäder und staubige Diwane. Doch die Geschichten der Frauen hinter dem Schleier leben weiter und werden, ein Echo der Freuden und Schmerzen von *Tausendundeine Nacht*, in der Erinnerung der Menschheit fortbestehen.

Das tägliche Leben im Harem des Sultans

Und schlanke Mädchen besuchen uns nach der Ruhe in ihren Gemächern, Mit üppigen Gesäßen und goldenen Ringen um die Taille, Mit schimmernden Gesichtern hinter dichten Schleiern, Mit dunklen Augen, die himmlischen Segen verheißen, Nach Ambra duftend, verzaubern sie uns mit dem Reiz ihrer Gewänder, Sie, die die Sonne nie anders sahen als einen Anhänger, Wenn sie einen kurzen Blick ins Freie erhaschen konnten, Ehe die Vorhänge geschlossen wurden …

Abu'l 'Atahijja (arabischer Dichter, 748–825)

Hinter den Haremsmauern

Die alte türkische Redensart »Unser Privatleben muß von Mauern umgeben sein« war ein Gleichnis für die gesamte osmanische Gesellschaft. Im Harem waren die Frauen buchstäblich von Mauern umgeben. Der Historiker Dursun Bey schrieb: »Wenn die Sonne nicht weiblich gewesen wäre [*schem*, das Wort für Sonne, ist weiblichen Geschlechts], hätte nicht einmal sie den Harem betreten dürfen.« Doch Gülbeyaz, die Favoritin Mehmeds IV., gestand im 17. Jahrhundert: »Die Sonne besucht uns niemals. Meine Haut ist wie Elfenbein.«

Vertrauliche Dinge fanden selten einen Weg in die Außenwelt, und wir besitzen nur sehr wenig Berichte aus erster Hand über das tägliche Leben im Harem. Um sich einen Eindruck zu verschaffen, welche Atmosphäre dort herrschte und wie das persönliche Leben der einzelnen Frauen aussah, muß man Bruchstücke von Informationen aus zahlreichen Quellen zusammensetzen, die einander oft widersprechen. Doch allmählich entsteht so ein faszinierendes Mosaik.

Auf dem Gemälde *Die weiße Sklavin* von Lecomte de Nouy raucht eine rothaarige Schönheit eine Zigarette und starrt dabei ins Leere. Was tut sie an diesem einen Tag, einem der vielen in der endlosen Reihe von Tagen, die sich zu Monaten und Jahren verbinden, zu einem Leben, dessen einziger Zeuge die Haremsmauern sind? Und was ist mit dem dunkelhäutigen Mädchen im Hintergrund, das ein Badetuch auswringt? Woran denkt sie? Auf Frederick Goodalls Bild *Ein neuer Stern im Harem* ruht eine Frau auf einem Diwan, während eine schwarze Amme ein nacktes Kind mit einem vogelähnlichen Spielzeug unterhält. Wovon träumt die Ruhende? Ist sie die Mutter des Kindes, deren Leben von der Laune eines allmächtigen Herrschers, des Sultans, und von der Gnade Allahs, des alleinigen Gottes, abhängt?

Jean-Jules Antoine Lecomte de Nouy: Die weiße Sklavin, *1888, Öl auf Leinwand, 146 × 118 cm, Musée des Beaux-Arts, Nantes.*

Wie viele Haremsfrauen fanden sich mit Kismet ab – »das auf ihrer Stirn geschrieben war«, um den Koran zu zitieren –, nachdem man sie gefangengenommen oder als Sklavin gekauft und dann gezwungen hatte, zum Islam überzutreten? Dem *Harem'den Mektuplar*, einer Sammlung von Briefen verschiedener Sul-

Frederick Goodall: Ein neuer Stern im Harem, *1884, Öl auf Leinwand, 123 × 215 cm, Walker Art Gallery, Liverpool.*

Gegenüberliegende Seite oben: *Anton Ignaz Melling:* Der königliche Harem, *Radierung aus* Views of Constantinople and the Bosphorous, *um 1815. Melling wurde zum Architekten von Sultanin Hatice, der Lieblingsschwester Selims III., ernannt. Seine Radierung zeigt die täglichen Rituale und Bräuche des Haremslebens recht zutreffend.*

taninnen, die zwischen 1450 und 1850 gelebt haben, können wir entnehmen, daß es im Harem schreibkundige Frauen gab, die das Arabische, die Sprache ihrer Häscher, nie meisterten. Beteten christliche und jüdische Frauen heimlich zu ihrem Gott, er möge sie von der Strafe erlösen, die er ihnen auferlegt hatte? Lebten sie in der furchtbaren Gewißheit, ihre Seele könne nie gerettet werden? Wir werden es nie genau wissen.

Es gibt Indizien dafür, daß im Harem schwarze Magie praktiziert wurde. Wahrsagerei, Zauberei und Kabbalismus hatten offene und versteckte Anhängerinnen, die nach Mitteln und Wegen suchten, die Zukunft zu prophezeien, die Gegenwart leichter zu machen und die Dämonen, die sie in sich oder anderen glaubten, auszutreiben.

Wir hören auch von Rebellen, von Frauen, die der Leidenschaft ihres Herzens erlagen, Affären riskierten und geheime Rendezvous mit ihren Liebhabern arrangierten. Im Harem des Großen Serails gibt es einen wundervoll lackierten Wandschrank, von dem man sich folgende Geschichte erzählt.

Sultan Ahmed II. erfuhr, daß eine seiner Odalisken ein Verhältnis mit einem gutaussehenden Jüngling hatte, der sich seit einiger Zeit heimlich Zugang zum Harem verschaffte. Zornentbrannt lauerte der Herrscher den Liebenden auf. Bei ihrem verbotenen Tun überrascht, flohen sie, von Todesangst gepackt, durch die Korridore des Harems, doch Ahmed blieb ihnen dicht auf den Fersen. Als die beiden die Gemächer der schwarzen Eunuchen erreicht hatten, verschwanden sie in einem Wandschrank. Mit gezücktem Dolch blieb der Sultan vor dem Schrank ste-

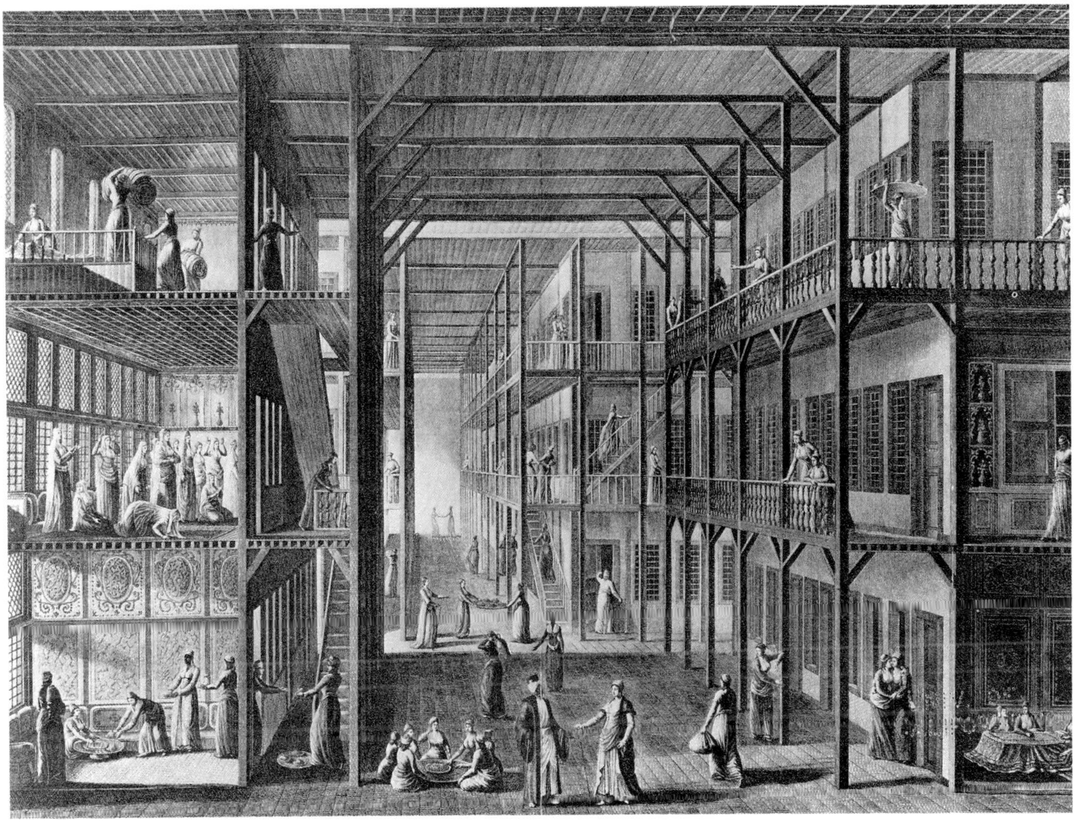

Der Harem im Topkapi-Palast, aus dem Codex Vindobonensis, *spätes 16. Jahrhundert, Tusche auf Papier, Österreichische Nationalbibliothek, Wien.*

hen und riß die Türe auf, um die treulose Odaliske und mit ihr den kühnen Eindringling ins Jenseits zu befördern. Doch zu seiner Verblüffung war der Wandschrank leer – die Liebenden wie vom Erdboden verschluckt. Überzeugt, daß ein Wunder geschehen war, fiel der Sultan auf die Knie und brach in Tränen aus. Er ließ den heiligen Wandschrank mit Gold verzieren und machte ihn zu einem Schrein.

Wer das Gesetz des Harems übertrat, konnte jedoch nur selten mit Hilfe von oben rechnen. Zahllose Unglückliche ruhen – von Spitzeln verraten, von Rivalinnen grundlos beschuldigt oder als Opfer einer unvorsichtigen Bemerkung, die sie im Kreis vermeintlicher Freundinnen machten – auf dem Grund des Bosporus oder des Marmarameers.

Alles, was sich hinter den Haremsmauern abspielte, geschah im Bewußtsein der Tatsache, daß es für eine Frau, die einmal durch die Tore der Glückseligkeit gegangen war, keine Rückkehr gab – die Außenwelt hörte auf zu existieren. Treten nun auch wir durch diese Tore in das Haus der Glückseligkeit, den Harem des Sultans im Topkapi-Palast.

Die Gärten

Die von Platanen- und Zypressenhainen umgebenen Gärten waren reich geschmückt mit Rosen, Jasmin und Verbenen. Schmale Wege führten zu kleinen

Alphonse-Etienne Dinet: Mondschein in Laghouat, *1897, Öl auf Leinwand, 46 × 73 cm, Musée Saint-Denis, Reims.*

John Frederick Lewis: Im Garten des Bey in Kleinasien, *1865, Öl auf Leinwand, 107 × 69 cm, Harris Museum and Art Gallery, Preston (England).*

Teichen mit Seerosen und exotischen Fischen, zu vergoldeten Balkonen und Kiosken, die den Lustwandelnden Schutz vor der Sonne boten. Die Gärten waren ein beliebter Treffpunkt der Frauen, von denen einige selbst Blumen zogen, während andere dort nur spazierengingen. Von ihren persönlichen Eunuchen und Odalisken gefolgt, schlenderten die Favoritinnen die Wege entlang, pflückten Blüten und Früchte, aßen Kebab und Halvah und vergnügten sich mit harmlosen Spielen. Jean-Claude Flachat beschrieb in seinem 1766 erschienenen Werk *Observations sur le commerce* einen solchen Rundgang: »Wenn alles bereit ist, befiehlt der Sultan den *halvet* [Schließung der Gärten für Unbefugte]. Alle Tore zum Palastgarten werden geschlossen. Draußen halten die *bostanji* [die Leibwächter des Sultans] Wache und drinnen die Eunuchen. Aus allen Richtungen schwärmen Frauen herbei wie Bienen, die den Stock auf der Suche nach Honig verlassen, und bleiben stehen, wann immer sie eine Blume entdecken.«

Spiele

Die meisten Spiele der Odalisken muten uns schlicht und naiv an, so als seien sie für kleine Kinder erdacht worden und nicht für erwachsene Frauen – aber im Durchschnitt waren die Haremsfrauen auch nicht älter als siebzehn Jahre. Bei einem Spiel, das »Herren aus Istanbul« genannt wurde, verkleidete sich eine der Frauen als Mann: Ihre Augenbrauen wurden mit *kohl* nachgezogen, man malte ihr

Gegenüberliegende Seite: *A. Passini:* Spaziergang des Harems, *Lithographie, 16,5 × 26,7 cm, Sammlung der Verfasserin.*

Anton Ignaz Melling: Zweite Ansicht des Bosporus von Kandilly, *Radierung aus* Views of Constantinople and the Bosphorous, *um 1815.*

einen Schnurrbart an, stülpte ihr eine ausgehöhlte Wassermelone oder einen ausgehöhlten Kürbis als Hut auf den Kopf und zog ihr einen Pelzmantel an. Sie setzte sich verkehrt herum auf einen Esel, hielt sich mit einer Hand am Schwanz fest und nahm Gebetsperlen in Form von Zwiebeln oder Knoblauchknollen in die andere. Eine der Mitspielerinnen gab dem Esel einen Tritt, und das Tier galoppierte los, so daß die Reiterin sich krampfhaft festhalten mußte, um nicht herunterzufallen. Die anderen Frauen kicherten vergnügt über das sonderbare Rodeo.

Bei einem anderen Spiel tat eines der Mädchen so, als sei es ausgerutscht, und ließ sich in ein Wasserbecken fallen. Wenn es sich bemühte, an Land zu krabbeln, stießen es die anderen immer wieder ins Wasser zurück. Hatte sie es endlich geschafft herauszukommen, lief sie hinter den anderen Frauen her und versuchte, eine oder mehrere von ihnen ins Wasser zu schubsen. Der Sultan betrachtete das kindliche Treiben von seinen Privatgemächern aus, und oft wählte er dabei seine nächste Favoritin unter den Mädchen aus.

Bei einem dritten Spiel, das den Harem – wenn auch in abgewandelter Form – überdauern sollte, verband man einem der Mädchen die Augen und fragte es dann: »Schönheit oder Häßlichkeit?« Das Mädchen mit den verbundenen Augen entschied sich für einen der beiden Begriffe, während die anderen entsprechende

Posen einnahmen und ein entsprechendes Gesicht schnitten. War die Zeit um, nahm die Hauptspielerin die Augenbinde ab und suchte das Mädchen mit der gelungensten Pose aus, dem nunmehr die Augen verbunden wurden – und das Spiel konnte von neuem beginnen.

Die kleinen Töchter des Sultans spielten mit den zirkassischen Sklavenmädchen, die sie geschenkt bekommen hatten, als wären es lebende Puppen. Sie badeten sie, flochten ihnen die Haare und fertigten mit Hilfe ihrer königlichen Mutter Kleider für sie. Sie brachten ihnen Dinge bei, die nur Prinzessinnen wissen oder beherrschen mußten. Wenn diese Kind-Puppen erwachsen waren, wurden sie oft die Zofen der Prinzessinnen und begleiteten sie in ihr neues Heim, nachdem die Prinzessinnen geheiratet hatten.

Wasserbecken

In den heißen und feuchten Sommermonaten vergnügten sich die Frauen in einem großen Marmorbecken, in dem kleine *kayiks* (Ruderboote) schwammen. In einem anderen Becken badeten sie, während schwarze Eunuchen Wache hielten. Murad III., der sogar unter den Sultanen als Schürzenjäger herausragte, sah hinter einem Vorhang oder einem vergitterten Fenster zu, wie die nackten Mädchen im

Jean-Léon Gérôme: Terrasse des Serails, *1886 (?), Heliogravüre, 17,8 × 25,4 cm, Sammlung der Verfasserin.*

Conrad Kiesel: Die Töchter des Scheichs, *um 1889, Heliogravüre, 20,3 × 29,2 cm, Sammlung der Verfasserin.*

Wasser tollten, und erfand oft neue Spiele für sie. Diese Schauspiele müssen eine stimulierende Wirkung auf ihn gehabt haben, denn er zeugte nicht weniger als einhundertunddrei Kinder.

Ibrahim I. pflegte Perlen und Rubine ins Wasser zu werfen, um die Mädchen danach tauchen zu lassen. Während seiner Regierungszeit kaufte sich der schwarze Obereunuch eine wunderschöne Sklavin. Sie wurde ihm als Jungfrau ausgegeben, doch kurz nach ihrer Ankunft im Harem begann ihr Bauch dick zu werden, und sie gebar einen Knaben. Etwa zur gleichen Zeit brachte Sultanin Turhan, die erste Kadin, ebenfalls einen Sohn zur Welt. Die Sklavin wurde zur Amme des kleinen Prinzen Mehmed und zog mit ihrem neugeborenen Sohn in den königlichen Harem. Der Sultan war von dem gesunden und kräftigen Knaben, der genau das Gegenteil seines blutarmen und kränkelnden Sohnes war, so eingenommen, daß er den Prinzen zu vernachlässigen begann und immer häufiger mit dem Sohn der Sklavin spielte und ihn sichtlich bevorzugte. Sultanin Turhan war über diese Entwicklung der Dinge entrüstet und beschwerte sich. Ibrahim war wütend. Er riß den kleinen Prinzen aus den Armen seiner Mutter und warf ihn in das Wasserbecken. Mehmed überlebte, trug jedoch eine Narbe auf der Stirn davon, die ihn bis ans Ende seines Lebens verunzierte.

Rätsel und Geschichten

Man kann sich gut ausmalen, wie die Frauen am Wasser saßen, Stunde um Stunde miteinander plauderten, kindliche Spiele spielten, von *cennet* (Himmel) und *cehennem* (Hölle) sprachen und Geschichten über Riesen und Feen erzählten. Die jüngeren Frauen waren sicher fasziniert von den Erzählungen ihrer erfahrenen Kolleginnen, die Legenden aus der persischen Literatur rezitieren und ergreifende Liebesgeschichten zum Besten geben konnten: zum Beispiel *Leyla und Mejnun*, ein Märchen über die Suche nach dem geliebten Wesen, das in vielen Fassungen als Tier auftrat.

Das Ritual des Erzählens endete stets mit den Worten: »Drei Äpfel sind vom Himmel gefallen. Einer gehört der Erzählerin, der zweite den Zuhörerinnen und der dritte mir.« Dieses »mir« wies vermutlich auf die Hauptperson der Geschichte hin, mit der sich alle identifizierten.

Zwischen Sonnenuntergang und Sonnenaufgang durften die Frauen nicht aus dem Haus gehen; ein Verbot, das letztlich wohl für die Entstehung vieler Geschichten verantwortlich war. Einer Legende zufolge erzählten sich die Frauen gegenseitig einfach wahre oder erfundene Geschichten, um die vielen schlaflosen Stunden auszufüllen. Gern gaben sie einander auch Versrätsel auf, die alle mit einer bedrohlichen Note oder einem Flirt mit dem Tode zu enden schienen. Über dem Harem schwebte eine fortwährende Gefahr:

Gelb wie Safran,
Lockend wie der Koran.
Wenn du dieses Rätsel nicht lösen kannst,
Wird dich heute abend der Tod ereilen.

Dieses Rätsel entstand angeblich im 15. Jahrhundert. Eine ältere Frau stellte es einem noch unreifen Mädchen als Teil eines Initiationsritus. Als meine Großtante es mir aufgab, war ich zehn Jahre alt, und mir fiel beim besten Willen keine Antwort ein. Ich hatte den ganzen Abend schreckliche Angst davor, Asrael, der Todesengel, würde über meine linke Schulter blicken. Meine Großmutter, die merkte, wie sehr ich mich fürchtete, flüsterte mir die Antwort »Gold« ins Ohr und rettete mich so vor einem frühen Tod.

Poesie

Viele, wenn nicht die meisten Haremsfrauen bemühten sich um dichterische Fertigkeiten. Ihre Trennung von der übrigen Welt, ihre Umgebung und ihr Lebenszweck schienen nach einem poetischen Ausdruck zu verlangen. Unglück, Leid, Zurückweisung und unerwiderte Liebe waren die bevorzugten Themen. Eine der bewegendsten Stimmen gehörte Sultanin Hatibullah, der Schwester Mahmuds II., die infolge politischer Meinungsverschiedenheiten mit ihrem Bruder in eine *yali* (Meeresvilla) am Bosporus verbannt wurde. Ihr letztes Gedicht, »Das Lied des Todes«, besteht aus prophetischen und visionären Versen, die auf Gift anspielen und erkennen lassen, daß sie bereits ihr eigenes Ende gewählt hatte, als sie schrieb: »Der Fluß [Bosporus] ist bitter für alle, die sein Wasser trinken.«

Eine unbekannte Odaliske, die in den Kerker des Harems geworfen wurde, weil sie einen wertlosen Spiegel gestohlen hatte, ritzte während ihrer Haft ein Gedicht in die Wand. Sie verwandelte ihre Tränen in Verse:

Für einen billigen
Verlorenen Spiegel
Sitze ich hier gefangen
Von den Männern an der Macht,

Zehra und ich, 1953.

Viele Dichterinnen gaben ihr Talent an ihre Söhne weiter. Das mag die Tatsache erklären, daß elf der vierunddreißig Sultane berühmte Dichter wurden.

Meine Großmutter rezitierte oft mit Tränen in den Augen und bebender Stimme ein Gedicht, das mir bis heute unvergeßlich geblieben ist. Vom Zuhören lernte ich die alten türkischen Worte, die in den Ohren eines Kindes sonderbar, wenn nicht unverständlich klangen, aber ich hörte sie sovielmal, daß ich sie immer noch auswendig weiß. Das Gedicht beschwört das Bild einer einsamen jungen Odaliske herauf, die hinter einem vergitterten Fenster sitzt und gerade noch den Horizont jenseits des Bosporus erkennen kann; sie erinnert sich an eine Vergangenheit, verborgen hinter den Bergen des fernen Kaukasus:

Felek hüsnün diyarinda,
Cüda kuldu bizi shimdi.
Aramizda yüce dağlar,
Iraktan merhaba shimdi.

Das Schicksal, im Land der Liebe,
Trennt uns nun.
Gewaltige Berge zwischen uns
Rufen nun von fern.

Zehra kurz nach dem Tod ihres Mannes mit ihren Söhnen Sadri – meinem Vater (links) – und Aladdin.

Das Gebet

Auch die Frauen führten vor dem Beten rituelle Waschungen durch, bei denen sie Gesicht, Füße, Hände und die Arme bis zu den Ellbogen reinigten. Sie bedeckten ihr Haupt und breiteten einen Gebetsteppich auf dem Boden aus. Nun begannen sie das Gebet, indem sie die flachen Hände vor Gesicht und Augen hielten, um alles Böse abzuwehren. Dann verneigten sie sich nach Osten, in Richtung Mekka, und beugten sich zur Erde, knieten nieder, berührten den Boden mit der Stirn und richteten sich wieder in die Hocke auf, während ihre Lippen sich im stummen Gebet bewegten. Knie, Hände, Füße, Nase und Stirn mußten – und müssen noch heute – beim Gebet den Boden berühren, und das Beten ist nicht allein eine geistige, sondern auch eine körperliche Übung: Es reinigt die Seele und hält gleichzeitig den Körper gesund – ganz ähnlich wie Yoga.

Geheimnisse von Blumen und Vögeln

Frederick Lewis' Gemälde *Ein abgefangener Brief* zeigt eine Frau, die mit einem Blumenstrauß ertappt wird. In Wahrheit ist der Strauß ein Brief, denn im Osmanischen Reich hatte jede Blume eine symbolische Bedeutung, und der Strauß war eine Mitteilung von einem heimlichen Geliebten. Lady Wortley Montagu war von dieser Art der Verständigung zwischen Haremsfrauen und Außenstehenden fasziniert und machte sie in England bekannt, wo sie sich rasch ausbreitete. Es erschienen mehrere Bücher, in denen beschrieben wurde, welches Geheimnis die einzelnen Blumen bargen, welche Heilkraft sie bewirkten und wie man sich durch Blumen mit dem geliebten Wesen verständigen konnte. Die englischen Damen übernahmen die Methode mit Begeisterung, um Rendezvous mit ihren Liebhabern zu vereinbaren.

Das Serail hatte auch eine eindrucksvolle Menagerie. Die Kinder spielten für ihr Leben gern im Elefantenhaus, wo es außer den Dickhäutern auch Käfige mit Löwen, Tigern, Leoparden und allen erdenklichen anderen wilden Tieren gab. Die Sultane schenkten ihren Frauen und Odalisken Affen, Störche, exotische Vögel und Gazellen. »Gazelle« wurde für die Dichter des 17. Jahrhunderts, zum Beispiel für Nedim und Baki, sogar eine Metapher für ein sehr schönes Mädchen. In den Gärten sah man ganze Schwärme von Nachtigallen, Kanarienvögeln und Tauben.

Abd ül-Hamid II. liebte Papageien und glaubte, sie könnten ihn vor bösen Kräften warnen, die seine Familie bedrohten. In seinem Yildiz-Palast (Palast der Sterne) standen in jedem Zimmer Käfige mit verschiedenen Vögeln, und in den Gärten der Herrscher stolzierten Pfauen und schüchterten unerwünschte Besucher ein wie Wachhunde.

Blumen und Vögel wurden oft Gegenstand von Märchen und Fabeln. Am kostbarsten von allen Vögeln waren Nachtigallen: Sogar in einem goldenen Käfig fährt die Nachtigall fort, sich nach ihrer Heimat zu sehnen, sagt ein altes Sprich-

wort. Man kann sich gut vorstellen, daß die Nachtigall in der nun folgenden Geschichte aus dem 18. Jahrhundert vielleicht ein verwunschener, in einem Käfig gefangener Prinz ist.

Es war einmal eine Nachtigall, die eine Rose liebte, und die Rose erwachte von ihrem Gesang und bebte an ihrem Stengel. Die Rose war weiß, wie damals alle Rosen – weiß, unschuldig und jungfräulich. Sie lauschte dem Lied, und etwas in ihrem Herzen regte sich. Dann flog die Nachtigall so nahe zu der zitternden Rose, daß diese nicht umhin konnte, sie zu hören, und flüsterte ihr zu: »Ben seviyorum seni gül, gül« – *»Ich liebe dich, Rose, Rose.« Bei diesen Worten errötete das Herz der kleinen Rose, und in jenem Augenblick wurden rosarote Rosen geboren. Die Nachtigall kam näher und näher, und obgleich Allah bei der Erschaffung der Welt gewollt hatte, allein die Rose dürfe nie erfahren, was Liebe ist, öffnete die Rose ihre*

John Frederick Lewis: Ein abgefangener Brief, *Kairo, 1869, Öl auf Holz, 74 × 87 cm, Foto Copyright © 1985 Sotheby's Inc. Eine Odaliske wird mit einem Blumenstrauß ertappt, der in Wahrheit eine Nachricht von einem heimlichen Geliebten ist – denn jede Blume hat eine symbolische Bedeutung.*

Blütenblätter, und die Nachtigall raubte ihre Jungfernschaft. Am Morgen färbte die Rose sich vor Scham rot und gebar auf diese Weise rote Rosen. Und obwohl seit jener Zeit die Nachtigall Nacht für Nacht kommt und um göttliche Liebe fleht, weist die Rose sie zurück, weil Allah niemals wollte, daß Rose und Vogel sich paarten. Die Rose zittert bei der Stimme der Nachtigall, doch ihre Blütenblätter bleiben geschlossen.

John Frederick Lewis: Die Mittagsruhe, *1876, Öl auf Leinwand, 89 × 112 cm, Tate Gallery, London. Eine von Opium berauschte Schöne sinkt in den Schlummer des Vergessens.*

Opium

Opium wurde aus dem weißen Mohn gewonnen. In seiner einfachsten Form war es eine klebrige schwarze Masse, die manchmal mit Haschisch und Gewürzen gemischt wurde. Anspruchsvollere Konsumenten ließen es mit Ambra, Moschus und anderen Essenzen versetzen. Für besonders wichtige Personen im Palast wurde es unter Zusatz von pulverisierten Perlen, Lapislazuli, Rubinen und Smaragden zu einer Juwelenpaste verarbeitet. Die Opiumkügelchen des Sultans waren außerdem noch vergoldet. Vermutlich daher rührt der Ursprung des Ausdrucks *altinilaci* – »eine Pille vergolden« –, was im Deutschen am besten mit »eine bittere Pille versüßen« wiederzugeben wäre.

Ursprünglich wurde Opium als Medizin benutzt, aber es rief so angenehme Wirkungen hervor, daß es nicht auf diesen Einnahmezweck beschränkt blieb. Es versüßte ein Leben, das geprägt war von fortwährendem Sitzen und Alleinsein.

Die Nächte im Harem standen im Zeichen von *keyf* (höchste Erfüllung), der auf dem Genuß von Opiumkügelchen und dem schläfrigen Frieden der gesättigten Sinne beruhte. Die Frauen frönten langen Opiumritualen, bei denen sie die Droge – das »Elixier der Nacht« – inhalierten oder aßen und von fernen Ländern träumten. Am liebsten aßen sie die Droge, weil der Rausch dann länger anhielt und die Träume bis in den Morgen dauerten. Wieder zu Bewußtsein gekommen, wußten sie oft nicht mehr, was geschehen war. Wenn sie viele Nächte hintereinander Opium nahmen, litten sie unter Schlaflosigkeit, sobald sie es absetzten. Die Frauen begannen, unter Gedächtnisschwund zu leiden, und sie vergaßen ihre ferne Heimat, vergaßen sogar das Leben, das sie vor der Zeit im Serail geführt hatten. Um sich zu erinnern, erzählten sie einander Geschichten. Tausend Geschichten über ferne Länder, Geschichten in der Nacht. Zuerst waren es tausend Nächte mit Geschichten, doch selbst Zahlen konnten Unglück bringen, und so fügten sie eine hinzu.

Eugène Delacroix: Odaliske, *1845, Öl auf Leinwand, 38 × 46 cm, Fitzwilliam Museum, Cambridge.*

Gesang und Tanz

Der *Hünkâr Sofasi* (Halle des Sultans), ein langer rechteckiger Saal, ist der größte und eleganteste Raum des Harems. An einem Ende befindet sich ein Podest, über dem ein Balkon angebracht ist. Hier empfingen die Sultane ihren Harem, wenn ihnen nach Zerstreuung und Belustigung war. Man kann sich vorstellen, wie Selim III. dort, angetan mit scharlachroten, zobelgesäumten Gewändern, auf einem

Baldachinthron Platz nahm. Der Dolch in seinem Gürtel war mit Brillanten besetzt, die Aigrette in seinem Turban hielt eine Blüte aus Smaragden und Rubinen, und seine mit Edelsteinen besetzte *nargileh* (Wasserpfeife) stand neben ihm. Vor dem Thron lag ein von den Haremsfrauen bestickter Teppich. Die Sultansmutter, die Kadins und einige Favoritinnen ruhten auf schwellenden Polstern. Einige Odalisken, die in Anwesenheit des Sultans nicht sitzen durften, lehnten bewegungslos an der Wand. Die Schönheit dieser Frauen, ihre wundervollen, mit kostbaren Juwelen geschmückten Gewänder aus Seide und Satin, die erlesenen Möbel, die Pracht des ganzen Raums stellten gewiß alle Schilderungen aus *Tausendundeine Nacht* in den Schatten.

Hier, in der Halle des Sultans, spielten auf dem Balkon *sazende* (Musikerinnen), während *chengis* (Tanzmädchen) vor ihrem Herrn tanzten. Sie trugen tief ausgeschnittene Musselinblusen, taillierte Samtwesten und weite Röcke, die sich fächerartig öffneten, wenn sie sich drehten. Sie traten immer in Gruppen von zwölf auf: eine Erste Tänzerin, zehn Tänzerinnen und eine Elevin. Und die Darbietung endete immer damit, daß sie eine Kristallkugel zu erhaschen versuchten, die neben dem Thron von der Decke hing. Die Mädchen, denen es gelungen war, erhielten vom Sultan ein Geschenk.

Selim III. war ein hervorragender Musiker und Dichter. In seiner Regierungszeit (1789–1807) durften Tanzmeister und Musiker aus Frankreich die äußeren Höfe des Harems betreten, um den neuen Mädchen, die noch nicht zum Islam übergetreten waren, das Tanzen beizubringen. Als zwischen den Odalisken und ihren Lehrern zarte Bande zu entstehen drohten, sorgte der Sultan dafür, daß die Mädchen nie mehr mit ihnen allein blieben. Und fortan durften sie nur noch in Gruppen lernen – von Eunuchen bewacht.

Manchmal wurden (männliche) Schauspieler und Pantomimen engagiert, um vor den Frauen aufzutreten, doch man verband ihnen vor der Vorstellung sorgfältig die Augen. *The Wilder Shores of Love* (1954), eine Sammlung romanhafter biographischer Berichte von Lesley Blanch, enthält zum Beispiel eine Geschichte über einen Auftritt der Familie Debureau (die Marcel Carné 1945 in seinem Filmklassiker *Die Kinder des Olymp* schilderte) im Harem.

> *1810 wurde die Familie Debureau, eine Pariser Truppe, die für ihre meisterhaften akrobatischen und pantomimischen Darbietungen berühmt war, aufgefordert, vor dem Sultan aufzutreten. Was dabei herauskam, war eine recht sonderbare Art von Theater: Man führte sie durch die prunkvollen Säle in einen verspiegelten Pavillon. Dort herrschte abgrundtiefe Stille: Kein Mensch war zu sehen . . . Die Akrobaten waren verblüfft. Wie konnten sie ahnen, daß die ganze Elite des Harems durch schmale Schlitze in einem Brokatvorhang zusah? Da sie zögerten, gab ein Neger mit Turban ihnen ein Zeichen, mit dem Auftritt zu beginnen. Stumm breiteten sie ihren abgetretenen Vorleger aus, der sich inmitten der Perserteppiche des Serails sehr ärmlich ausnahm. Sie führten ihre Nummer bis zum Höhepunkt vor, einer menschlichen Pyramide: Der Vater stand auf dem Onkel, der Bruder stützte den Vetter. Der*

Hünkâr Sofasi, die Halle des Sultans, in der die Haremsfrauen den Herrscher unterhielten.

Mukaddes (rechte Tänzerin) und Muazzez (rechts von ihr, sitzend) mit Freundinnen im Innenhof ihres Hauses.

Drei sazende *(Musikerinnen), um 1890.*

jüngste Debureau krönte, tapfer auf einer Leiter balancierend, das schwankende Gebilde... Von seinem erhöhten Standort aus konnte Debureau über den Vorhang in das verbotene Paradies hinunterblicken. Dort waren die Damen des Sultans versammelt, »die üppigen Odalisken des Serails, deren Blick genügen konnte, um den Tod erleiden zu müssen«. Sein Blick begegnete dem einer unverschleierten Odaliske. Er war so überwältigt, daß er von der Pyramide stürzte und der ganzen Darbietung ein klägliches Ende bereitete.

Gegenüberliegende Seite: *Palasttänzer und -tänzerinnen, aus dem* Codex Vindobonensis, *spätes 16. Jahrhundert, Tusche auf Papier, Österreichische Nationalbibliothek, Wien.*

Henri Siemiradski: Das Lied der Sklavin, *nicht datiert, Heliogravüre, 11,4 × 30,5 cm, Sammlung der Verfasserin.*

Schattenpuppenspiele

In einer Welt der Schatten liebte man Schattenspiele. Ein sehr beliebtes Schattenpuppenspiel war *karagöz*, eine Sammlung derber erotischer Szenen, die von einer Generation an die nächste weitergegeben wurde und sich bis ins 20. Jahrhundert gehalten hat. Sadri Esat Siyavuşgil beschreibt sie in seinem *Karagöz* (1954).

> *Ein dünnes und durchscheinendes Tuch ist von schönen Teppichen umrahmt, um die geheimnisvolle Puppenwelt dahinter noch gründlicher vor uns zu verbergen: ein bewegungsloses, aber gestochen scharfes und leuchtend buntes Bild. Es kann eine*

Galeere sein, deren Ruder, beleuchtet vom flackernden Licht der Kerzen, sich rhythmisch zu bewegen scheinen; es kann aber auch ein Korb mit Blumen sein, so meisterhaft stilisiert, daß er die Bewunderung eines abstrakten Malers erregen würde. Ein anderes Bild zeigt ein wunderbares und fantastisches Serail, das den Eindruck erweckt, es könnte beim ersten leidenschaftlichen Seufzer einer Odaliske oder dem ersten zornigen Ausruf eines Eunuchen zusammenstürzen.

Karagöz-Stücke hatten einen satirischen, oft politisch gefärbten Inhalt und ein festes Personenrepertoire.

Das Stück *Die große Hochzeit* zum Beispiel ist eine Parodie auf arrangierte Eheschließungen, bei denen Braut und Bräutigam sich in der Hochzeitsnacht zum ersten Mal sehen. Es mokiert sich über diesen jahrhundertealten Brauch, der am Morgen danach oft zu einer schrecklichen Auseinandersetzung führte. Chelebi, einer der Mitwirkenden, hat die lobenswerte Absicht, seinen Bruder, den größten Trunkenbold des Ortes, zu verheiraten, um ihm sein Laster abzugewöhnen. Er bedient sich dabei der Hilfe von Karagoz – immer eine bärbeißige männliche Hauptfigur – und überredet ihn, die Braut zu spielen. Es gibt eine traditionelle Hochzeit, und der Trunkenbold findet sich mit einem bärtigen Geschöpf vereint. Angesichts dieser wenig reizvollen Aussicht schwört er, seinem Laster zu entsagen, wenn nur dieser Alptraum ein Ende hat.

Einkäufe

Im 19. Jahrhundert durften die Frauen in ihren *arabas* (Kutschen) durch die Stadt zum Basar fahren. Am Basartor hielt die Kutsche an, und die Händler eilten herbei, um Stoffe, Tücher, Schleifen und Schuhe vorzuführen. Gelegentlich kamen Hausierer mit solchen Artikeln zum Serail, wo die Eunuchen sie am Eingang begrüßten, die Ware prüften und sie dann den Frauen im Harem zeigten. Die ausgewählten Stoffe wurden sofort zum Palastschneider gebracht, der eine Liste mit den Maßen aller Damen des Harems führte. Manchmal durften auch Händlerinnen, meist jüdische Frauen, die Privatgemächer mit ihrem Bündel betreten und führten dort nicht nur ihre Waren vor, sondern berichteten auch, was sich in der Außenwelt zutrug. Nicht selten heirateten christliche Händler jüdische Frauen, um Zugang zum Haremsmarkt zu bekommen. Diese »Bündelfrauen« vermittelten oft bei heimlichen Liebesaffären und beteiligten sich auch an Palastintrigen.

Ausflüge und Besuche

Unter Mahmud II. (1808–1839) wehte ein Hauch von »Liberalismus« durch das Osmanische Reich. Seine Mutter war die Sultanin Nakschedil, die legendäre Aimée de Rivery, ein französisches Mädchen aus Martinique (und eine Cousine von Josephine Bonaparte). Während der Überfahrt nach Frankreich, wo sie die Klosterschule besuchte, wurde sie von levantinischen Piraten geraubt und dann in den Harem des Sultan Abd ül-Hamids I. verkauft. Aimée machte das Beste aus ihrem unerwarteten Schicksal, es gelang ihr, die Gunst des Herrschers zu erringen, und sie wurde schließlich Sultansmutter. Als solche verstand sie es, ein wenig französische Kultur in den Harem zu bringen. Es war eine Zeit glanzvoller nächtlicher Feste am Bosporus, eine Zeit der Musik und des Tanzes.

Frauen wie Aimée trugen dazu bei, die starren sozialen Strukturen des Harems aufzuweichen, so daß die Bewohnerinnen größere persönliche Freiheiten genießen konnten. Sie durften zum Beispiel, wenn auch von ihren Eunuchen bewacht, zu den »Süßen Wassern Asiens und Europas« – zwei malerischen Zuflüssen des Bosporus – fahren und dort Picknick machen. Ein kleines Gemälde aus jener Zeit zeigt den Brunnen an den Süßen Wassern, den Sultansmutter Aimée de Rivery errichten ließ.

Haremsfrauen bei einer Ausfahrt in einer araba *(Kutsche).*

Die Süßen Wasser Europas waren eine weite Grasfläche am Zusammenfluß der beiden Ströme, die das Goldene Horn bilden. Dort, im Schatten von Walnußbäumen, Terebinthen, Palmen und Platanen, die eine Reihe natürlicher Pavillons bildeten, versammelten sich die Haremsfrauen in großen Gruppen, umgeben von ihren Sklavinnen, Eunuchen und Kindern. Viele Pavillons und Kioske, die die Sultane bauen ließen, wurden beliebte Treffpunkte von Aristokraten, die mit den Damen des Herrschers flirten wollten.

Manchmal fuhren die Frauen mit Booten den Fluß hinunter und setzten die Fahrt auf dem Bosporus fort, um an den Süßen Wassern Asiens, einer Wiese am Küçüksu (Kleines Wasser), der auf der asiatischen Seite Istanbuls in den Bosporus mündet, an Land zu gehen. Genau wie die Süßen Wasser Europas war dies ein beliebtes Erholungsgebiet mit vielen hübschen *yalis* (Villen am Meer). Auf der

Wiese genoß man die frische Luft, veranstaltete üppige Picknicks mit Lamm am Spieß und Maiskolben, die in großen Kesseln gekocht wurden, um sich dann von Akrobaten, Puppenspielern, Tanzbären, wahrsagenden Zigeunerinnen und bulgarischen Flötenspielern unterhalten zu lassen – inmitten eines Meeres von Tulpen und Hyazinthen, die sich in der sanften Brise wiegten.

Solche Ausflüge waren eine hochwillkommene Abwechslung im monotonen Haremsleben. Wenn ein Ausflugstag bevorstand, erschien der Sekretär, um die frohe Nachricht zu verkünden, und es entfaltete sich auf der Stelle eine hektische Betriebsamkeit.

Die Frauen, nach Vorschrift alle in Gewänder von derselben Farbe gekleidet, verließen das Serail in Kutschen mit geschlossenen Vorhängen. Sie nahmen wunderschöne, mit Edelsteinen besetzte Krüge mit Sorbets mit, um ihren Durst zu löschen, und *chantas* (gold- und silberbestickte Samttaschen) mit Taschentüchern, Bakschisch, Almosen für die Bettler und Handspiegeln, die sie benützten, um den Sitz ihrer Schleier zu prüfen. Berittene Eunuchen führten den Zug an und sorgten dafür, daß neugierige Passanten ein Spalier bildeten. Die wichtigsten Frauen saßen in der ersten und der letzten Kutsche, die anderen in den Gefährten dazwischen.

Gelegentlich machten die Frauen auch Ausflüge aufs Land – wie immer in Begleitung der allgegenwärtigen Eunuchen – und hielten an klaren Bächen, um auszuruhen und sich zu erfrischen. Beliebte Musikanten und Tänzerinnen unterhielten sie, waren jedoch immer durch einen Vorhang von ihrem Publikum getrennt.

Manchmal hielt der Zug an einem der Kioske an den Süßen Wassern, wo die Frauen ausruhen, ihre Nachmittagsgebete sprechen oder auf einem verglasten Balkon sitzen und Obst aus den Gärten und Joghurt von berühmten Joghurtmachern essen konnten.

In den Palast zurückgekehrt, erzählten sie den Mädchen, die nicht mitgekommen waren, von ihren Erlebnissen und Abenteuern. Sie schwärmten davon, was sie gegessen und wen sie gesehen hatten, und erfanden oft Erlebnisse, die nichts weiter als Wunschträume waren.

Leyla Saz (1850–1936), eine Dichterin, Musikerin und Haremsfrau, beschreibt in *Haremin Içyüzü* (1936) ein köstliches Ausflugsabenteuer. Das Interview, das den Bericht enthält, wurde am letzten Tag ihres Lebens geführt:

Wie haben Sie sich zerstreut, als Sie jung waren?

Mit Musik.

Auch mit Tanzen?

Im Palast haben wir auch getanzt. Prinz Murad spielte auf dem Flügel, und seine Schwester und ich tanzten Polka. Aber unsere größte Freude war die schlichte Natur. Wir flohen vor dem Lärm der Stadt und sprangen bei Mondschein ins Wasser ... Zu den Süßen Wassern Asiens und den Süßen Wassern Europas. Zwischen Bebik und Emirgan [zwei kleinen Orten am Bosporus] fuhren Hunderte von Ruderbooten, in

Amadeo Preziosi:
Die Süßen Wasser Europas, *um 1845, Tusche auf Papier, Privatsammlung.*

Ansichtskarte von den Süßen Wassern Asiens, um 1900.

> *denen Frauen in Seide und durchscheinenden Schleiern ruhten. Ich kann jene wunderbaren Tage nie vergessen. Die kristallenen Stimmen [der Sängerinnen] streichelten das Ufer des Bosporus, bebten und erstarben dann im Wasser. Wir verbargen unsere innere Bewegung sogar vor dem Mond, schlossen die Augen und gaben uns der Träumerei hin. So fand uns das Morgengrauen.*

Die bemalten und vergoldeten Ruderboote oder *kayiks* waren mit Brokatpolstern, orientalischen Brücken oder silbern und golden, rot und lila bestickten Teppichen ausgelegt. Sie fuhren den Bosporus hinauf und hinunter und zogen dabei einen *hirame*, einen künstlichen Schwarm von Fischen, hinter sich her. Die Hirames waren an Ketten am Heck befestigt und öffneten sich während der Fahrt wie juwelenbesetzte glitzernde Fächer.

Feste und besondere Tage

Am persischen Neujahrstag, der zur Sommersonnenwende (21. März) begangen wurde, bekam der Sultan vom Großwesir und anderen wichtigen Amtsträgern Geschenke überreicht. Die Frauen im Harem erhielten ebenfalls Geschenke und entboten gute Wünsche.

Ein holländischer Gesandter, der im Jahr 1554 Istanbul besuchte, brachte etwas in seine Heimat zurück, das die nationale Identität des Landes verändern sollte. Der Gesandte hieß Ogier Busbecq und hatte an den Süßen Wassern Asiens eine Wiese mit wunderschönen Blumen entdeckt, die er nicht kannte. Er staunte über ihre exotische Pracht, und als er seine Bewunderung zum Ausdruck brachte, schenkte ihm jemand einen Beutel mit Blumenzwiebeln. Im Herbst setzte er sie im Garten seines Hauses, und zu Beginn des nächsten Frühlings erblühten Tulpen in allen Farben. Neugierige kamen von weither, um sie zu sehen, und waren begeistert.

Alsbald wurden die ganzen Niederlande von einer Tulpenmanie erfaßt, die fast zum Ruin der Nation geführt hätte. 1562 verließen Fuhrwerke, die bis obenhin mit Tulpenzwiebeln beladen waren, Istanbul und trafen Monate später an ihrem Bestimmungsort ein. Diese Fahrt wurde zu einer Tradition, die bis zum heutigen Tage besteht. Jeden Sommer fährt ein mit Zwiebeln aller möglichen Tulpenarten beladener Wagen von Istanbul nach Holland – obgleich die Niederländer im Lauf der Jahrhunderte längst ihre eigenen Arten gezüchtet haben. Der Name der Blume ist von ihrem türkischen Kosenamen *tulbend* abgeleitet, der Turban bedeutet.

Jahre später, Anfang des 18. Jahrhunderts, wurde Istanbul von seiner eigenen Tulpenmanie ergriffen. Jener Abschnitt der osmanischen Geschichte, die Regierungszeit Ahmeds III. (1703–1730), der Kriege scheute, sich fast ausschließlich mit kulturellen Dingen beschäftigte und an den Süßen Wassern Sommerpaläste im persischen und europäischen Stil errichten ließ, ist sogar als »Herrschaft der Tulpe« bekannt. Beete mit Tulpen und zahllosen anderen Blumen verwandelten die Gärten in ein Meer von Farben. Istanbul erblühte im wörtlichen und im übertragenen Sinn zu neuer Pracht. Man veranstaltete Feste von unfaßlichem Glanz, die zu großen literarischen Werken inspirierten und das Genre der Miniaturmalerei – in dem die osmanischen Künstler jener Zeit bis heute unübertroffen geblieben sind – zu einem neuen Gipfel der Vollkommenheit führten. In seinen *Observations sur le commerce* (1766) schildert Jean-Claude Flachat voll Begeisterung ein Tulpenfest:

> *Es findet im April statt. Im Hof des Neuen Palasts werden hölzerne Galerien errichtet. Zu beiden Seiten dieser Galerien in Form eines Amphitheaters werden Vasen mit Tulpen aufgestellt. Brennende Fackeln und – auf den obersten Reihen – Käfige mit Kanarienvögeln wechseln mit den Blumen ab. Das Spiel des Lichts ist bei Tage ebenso entzückend anzusehen wie des Nachts. Die hölzernen Bauwerke um den Hof, Laubengänge, Türme und Pyramiden sind herrlich geschmückt und erfreuen das Auge.*
>
> *Die Kunst schafft eine Illusion, und die Harmonie des Ganzen erweckt diesen schönen Ort zum Leben und erlaubt dem Betrachter, das Wunder seiner eigenen Träume zu verwirklichen.*
>
> *In der Mitte befindet sich der Kiosk des Sultans, in dem die Geschenke der Würdenträger des Palastes zur Schau gestellt werden. Man erläutert Seiner Majestät ihre Herkunft. Es ist eine Gelegenheit, Diensteifer und Gefallsucht zu beobachten. Was an Erfindungsreichtum mangeln mag, wird durch Pracht und Reichtum ersetzt.*
>
> *Der Obereunuch hat mir mehrmals berichtet, auf welche Weise die Frauen ihre Fähigkeiten bei solchen festlichen Gelegenheiten zur Schau stellen, um dafür etwas zu bekommen, was sie sich wünschen, oder einfach, um alle Welt zu unterhalten ... Jede von ihnen ist bemüht, sich hervorzutun. Sie entfalten viele Reize, alle mit demselben Ziel ... Nie hat man anderswo erlebt, wozu der Verstand von Frauen fähig ist, die einen Mann durch eitle Schönheit verführen wollen. Anmutige Tänze, wohlklingende Stimmen, harmonische Musik, elegante Gewänder, geistreiche Gespräche, erlesene Wonnen der weiblichen Liebe von der wollüstigsten Art – ich könnte hinzufügen, daß hier die raffiniertesten Koketterien der Lust entfaltet werden.*

Die Ernüchterung

Ende des 19. Jahrhunderts, als Abd ül-Hamid II. den Thron bestieg, verstummte die Musik, und das fröhliche Treiben hatte ein Ende. Von panischer Furcht vor Attentaten besessen, verbot der neue Sultan alle Ansammlungen von Menschen, darunter auch musikalische Veranstaltungen, Bootsausflüge und Tanzdarbietungen. Seine Regierungszeit glich einem nicht endenden Trauerjahr. Grace Ellison berichtet in *Turkey Today* (1908), wie eine Frau auf diese bedrückende Entwicklung reagierte. Halide Edip beschreibt 1914, daß sich gleichsam ein Grabtuch auf die Harems gesenkt und ihre Insassinnen aller Zerstreuungen beraubt hatte, die das Leben in der Gefangenschaft bisher erträglich gemacht hatten:

Wir sind müßig und nutzlos und deshalb sehr unglücklich. Frauen werden überall dringend gebraucht, und es gibt mehr als genug Arbeit, die wir alle tun könnten, aber die Bräuche unseres Landes lassen es nicht zu.

Mit dem blinden Fatalismus unserer Großmütter würden wir wahrscheinlich weniger leiden, doch unsere Bildung ließ uns, wie so oft, an der Weisheit des Glaubens zweifeln, der eigentlich unser Trost hätte sein sollen. Wir analysierten unser Leben und fanden nichts als Unrecht, Grausamkeit und unnötigen Kummer. Resignation und Kultur sind nicht miteinander zu vereinbaren.

Wie kann ich euch einen Eindruck von der Qual unseres täglichen Lebens, von unserer fortwährenden Furcht geben? Niemand außer denen, die es selbst erlebt haben, kann sich das traurige Leben einer türkischen Frau vorstellen. Kummer und

Zeyneb Hanim, das Vorbild für Djénane, die Heldin von Pierre Lotis Haremsroman Die Entzauberten.

Pein sind untrennbar mit den Frauen unseres Landes verbunden und beherrschen ihren Körper wie ihre Seele. Kann die Geschichte irgendeines Landes schrecklicher sein als das Joch, unter dem wir leben? Ihr werdet vielleicht sagen, ich sei morbide; vielleicht bin ich es, aber wie kann ich anders sein, da die besten Jahre meines Lebens vergiftet worden sind?

Ihr fragt, wie wir die Tage verbringen! Vor allem mit Träumen. Was können wir sonst tun? Der Anblick des Bosporus mit all den Schiffen, die kommen und gehen, ist ein Trost für uns Gefangene. Die Schiffe sind unsere guten Feen, die uns eines Tages fortbringen werden, wir wissen nicht, wohin – aber wir betrachten den wunderbaren Bosporus durch die vergitterten Fenster und danken Allah dafür, daß er uns wenigstens diese eine Freude schenkt.

Im Gegensatz zu den meisten Haremsfrauen schreibe ich ... Diese Korrespondenz ist der Traumaspekt meiner Existenz, und in Augenblicken besonders großer Verzweiflung und Auflehnung (denn wir sind immer unglücklich) suche ich Zuflucht bei diesen Briefen, die an niemand Bestimmten gerichtet sind. Und dennoch setze ich mein Leben aufs Spiel, indem ich schreibe. Was macht es mir schon aus?

Hört dies: Ich hasse die westliche Bildung und Kultur für all das Leid, das sie mir gebracht haben. Warum bin ausgerechnet ich in einem Harem geboren worden, warum bin ich nicht eine jener freien Europäerinnen, über die ich lese? Warum hat das Schicksal bestimmte Personen und nicht irgend jemand anderen zu diesem nicht endenden Leid verurteilt?

Manchmal singen wir und begleiten unsere orientalische Musik auf der türkischen Laute. Aber unsere Lieder sind alle in Moll, unsere Landschaften verschwimmen in unserem Kummer, und dann und wann steigen die Nutzlosigkeit und nicht endende Trauer unseres Lebens in uns hoch, ersticken uns und lassen unsere Tränen fließen, doch oft ist unser Leben so bedrückend, daß wir nicht einmal weinen können. Nur der Tod kann das ändern.

Ich beginne den Tag wie eine brave Tochter meines Volkes mit »guten Vorsätzen«. Ich werde etwas tun, um zu beweisen, daß ich wenigstens die Stunden gezählt habe, die sich dahinschleppten! Die Nacht bricht an, und meine alte dadi *(Kinderfrau) kommt, um mich zu entkleiden und mein Haar zu flechten und hochzustecken ... Ich lasse mich auf meinen Diwan fallen und schlafe, ermüdet von den Anstrengungen, die ich nicht unternommen habe, rasch ein.*

Ayhan in einem traditionellen Hochzeitskleid aus rotem, goldbesticktem Samt.

Kleidung und Schmuck

Tausend Nymphen, munter blickend,/Tanzten um die leuchtenden Räder/Himmlische Gestalten, in flüssiges Licht getaucht!/Ihre schimmernden Sandalen spielten wie Sterne,/Ihre glänzenden Mäntel blitzten in der Sonne/(Gewebe doppelt so fein, wie sie der Seidenwurm je spann)/Durchscheinende Gewänder vom Ton des Regenbogens,/Und dünner als des Taues Perlennetz,/Das der Morgen über die Blüte breitet,/Die sich Aurorens neuem Tage öffnet.

Sir William Jones: »Die sieben Brunnen« *(1772)*

Der Harem war jahrhundertelang wie eine große Bühne, auf der die Mitwirkenden in verschwenderischen Kostümen agierten. Das *Kanun-name* (Buch der Gesetze) aus dem 16. Jahrhundert enthielt nicht nur die Regeln des Protokolls und der Hofetikette, sondern auch alle Vorschriften, die bei der Kleidung beachtet werden mußten. Rang und Funktion der einzelnen Mitglieder des königlichen Haushalts waren schon an der Farbe und am Schnitt ihrer Hoftracht zu erkennen – vom Kopfputz bis zu den Schuhen. Die Hofzeremonien boten Gelegenheit, die wohl prachtvollsten Gewänder der Welt zur Schau zu stellen. In Gegenwart des Sultans trug keine Frau zweimal dasselbe Kleid.

In den wenigen erhaltenen Berichten von Haremsfrauen, in Geschichten der Leute, die einen Blick in die Welt des Harems werfen konnten, in der Schilderung eines Mannes, der sich mit einem Eunuchen anfreundete, und in den Erzählungen von Händlern und Verkäufern ist von kostbaren Gold- und Silberbrokaten, von erlesenen Samtstoffen und feinsten Seiden, von außergewöhnlichen Schmuckstücken und Accessoires die Rede. Lady Mary Wortley Montagu schrieb 1717:

> *Ihr Gürtel war so breit wie die breiteste englische Schleife und gänzlich mit Brillanten bedeckt. Um den Hals trug sie drei Ketten, die bis zu den Knien reichten; eine bestand aus großen Perlen, und unten baumelte ein makelloser Smaragd von der Größe eines Truthahneis; eine andere bestand aus zweihundert dicht an dicht aufgezogenen Smaragden so groß wie Halbkronen-Münzen ... Doch ihre Ohrringe stellten alles andere in den Schatten. Es waren zwei Brillanten von der vollendetsten Tropfenform, so groß wie dicke Haselnüsse ... Sie besaß vier Schnüre mit den weißesten und vollkommensten Perlen der Welt, ausreichend für wenigstens vier Halsketten von der Länge derer, die unsere Herzogin von Marlborough ihr eigen nennt!*

Lady Montagu berichtete außerdem von breiten Brillantarmbändern, einem riesigen Rubin, der von zwanzig reinweißen Brillanten in Tropfenform umgeben war, und einem aus »Trauben von Smaragden und Brillanten« bestehenden Kopfschmuck. Dieselbe Haremsdame trug außerdem noch »fünf Ringe ... die größ-

Charles Amadée Philippe van Loo: Eine Sultanin beim Ankleiden oder Madame de Pompadour in der Türkei, *1774, Öl auf Leinwand, 320 × 380 cm, Musée du Louvre, Paris.*

ten, die ich jemals gesehen habe. Nur Juweliere können den Wert dieser Gegenstände berechnen... doch ich bin sicher, daß keine europäische Königin auch nur halb so viele besitzt.«

Bassano da Zara beschreibt in seinem 1545 erschienenen Werk *I Costumi e i modi particolari de la vita de Turchi* (»Die Kostüme und die absonderlichen Lebensgewohnheiten der Türken«) Frauen in prunkvollen Seidengewändern, pelzgefütterten Capes, die bis zum Boden reichten, und eng anliegenden Schnürstiefeletten. Sie trugen Pluderhosen und Hemden aus sehr feinem Leinen oder Musselin, die weiß, rot, gelb oder blau waren. Als Kopfbedeckung hatten sie kleine runde, mit Satin, Damast oder Seide bestickte Kappen und darunter dünne farbige Seidentücher von der Breite einer Priesterstola, deren Säume mit kurzen Fransen besetzt waren.

Einige Damen trugen zwei Kappen, eine kleine weiße und darüber eine aus Seide. Thomas Dallam berichtete 1599 in *Early Voyages and Travels in the Levant*, daß er einmal die Gelegenheit hatte, durch ein Gitter in der Haremsmauer dreißig Konkubinen zu beobachten:

> *Auf dem Kopf trugen sie eine winzige Kappe aus goldenem Tuch, welche nicht einmal die Krone ihres Schädels bedeckte; sie hatten keine Bänder um den Hals, sondern lediglich schönste Ketten aus Perlen und einem Edelstein, die bis zu ihrem*

Busen hingen, und Edelsteine in den Ohren; ihre Gewänder glichen Soldatenröcken und waren von der Farbe roten Safrans oder blau oder andersfarben und wurden mit einem Spitzenband gegürtet, dessen Farbe sich davon abhob; ferner trugen sie Pluderhosen aus dünner Baumwolle, schneeweiß und fein wie Musselin, denn ich konnte die Farbe ihrer Schenkel erahnen. Diese Pluderhosen reichten bis zu ihren Waden. Einige von ihnen trugen Stiefel aus feinem Ziegenleder, andere hatten nackte Beine und goldene Reifen um die Knöchel und an den Füßen zehn oder zwölf Zentimeter hohe Pantoffeln. Ich blieb dort so lange stehen, um sie zu betrachten, daß derjenige, der mir diese unendliche Freundlichkeit erwiesen hatte, sehr zornig auf mich zu werden begann. Er verzog den Mund und stampfte mit dem Fuß, damit ich mich abwandte, was ich außerordentlich ungern tat, weil der Anblick mir wahrlich über alle Maßen gefiel.

In der Abgeschiedenheit des Harems trugen die Frauen kostbare und raffinierte Gewänder mit erlesenen Accessoires, so daß europäische Besucherinnen ihren Augen oft nicht zu trauen glaubten. Das osmanische Protokoll verlangte übrigens, daß sie sich ganz ähnlich kleideten, wenn sie in die Haremsgemächer vordringen wollten. In einem auf den 1. April 1717 datierten Brief an ihre Schwester, Lady Mar, beschreibt Lady Montagu, was sie trug, als sie die Haremsdamen des Sultans aufsuchte:

Das erste Kleidungsstück, das ich anlege, ist ein sehr bauschiger Schlupfer, der bis zu den Schuhen reicht und die Beine vollständiger verbirgt als Deine Unterröcke. Er besteht aus rosenfarbenem Damast und ist mit silbernen Blumen bestickt. Meine

Links: *Théodore Leblanc:* Die Moslembraut Haroufah, *1835, Bibliothèque Nationale, Paris.*

Rechts: *»Verlobtes Drusenmädchen«, Atelier Bonfils, Libanon, 1870–1880, Musée de l'Homme, Paris.* Der tantur, *ein Kopfschmuck aus versilbertem Kupfer, wurde Mitte des 19. Jahrhunderts von verlobten und verheirateten Drusinnen getragen.*

Schuhe sind aus weißem Glacéleder, das mit Gold bestickt ist. Darüber hängt mein Hemd aus feinem weißem Seidenvoile, abgesetzt mit Stickereien. Es hat weite, halblange Ärmel und ist am Hals mit einem Brillantknopf geschlossen, dennoch bleiben die Form und Größe des Busens sehr gut zu erkennen. Der antery *ist eine recht eng anliegende Weste aus weißem und goldenem Fransenwerk und sollte Brillanten oder Perlen als Knöpfe haben. Mein Kaftan, aus demselben Material gefertigt wie der Schlüpfer, ist ganz nach meiner Figur geschnitten, er reicht bis zu den Füßen und hat sehr lange, gerade fallende Ärmel. Darüber trägt man einen etwa vier Finger breiten Gürtel, den man, sofern man es sich leisten kann, zur Gänze mit Brillanten und anderen kostbaren Steinen besticken läßt; wer es sich nicht leisten kann, läßt ihn wenigstens aus Satin arbeiten und mit schönen Stickereien verzieren, aber eine Brillantschließe ist in jedem Fall unerläßlich. Der* curdi *ist ein weites Gewand aus kostbarem Brokat, entweder mit Hermelin oder mit Zobel gefüttert, das man nur bei kühler Witterung anzieht (der meine ist grün und golden); seine Ärmel reichen gerade bis unter die Schultern. Den Kopfputz bildet der* kalpock, *eine Kappe, die im Winter aus schönem Samt gearbeitet ist und mit Perlen oder Brillanten bestickt wird, im Sommer dagegen nimmt man ein dünnes, silbrig glänzendes Material. Die Kappe hat an einer Seite eine goldene Quaste und wird mit einem brillantenbesetzten Band oder einem reich bestickten Taschentuch auf dem Kopf befestigt. Das Haar liegt zu beiden Seiten glatt an, doch können die Damen hier ihrer Phantasie freien Lauf lassen, indem sie es mit Blumen, schönen Reiherfedern oder anderem schmücken, aber die meisten benutzen doch ein großes Bouquet aus Gold und Juwelen, das eine verblüffende Ähnlichkeit mit natürlichen Blumen*

Atelierfoto von Haremsfrauen, 19. Jahrhundert.

aufweist; die Knospen bestehen meist aus Perlen, die Rosen aus unterschiedlich getönten Rubinen, der Jasmin aus Brillanten, die Jonquillen aus Topasen und so fort, und alle diese Edelsteine sind so wundervoll in Gold und Email gefaßt, daß es schwer sein dürfte, sich etwas Schöneres vorzustellen. Hinten fällt das Haar in seiner ganzen Länge herab. Es ist zu Zöpfen geflochten, in die große Mengen von Perlenschnüren oder prachtvollen Schleifen eingearbeitet sind.

Florence Nightingale beschreibt in einem Brief vom 9. März 1850 einen Besuch in einem viel bescheideneren Harem in Ägypten:

Oh! Welch ein absonderlicher Anblick – all diese Widersprüche! Die erste Dame, die verheiratete Schwester, war gekleidet wie eine orientalische Königin, hatte aber kein Hemd am Leib, das gewaschen werden konnte, und hockte auf dem nackten Lehmboden. Einrichtungsgegenstände waren nicht vorhanden, wohl aber eine Sklavin, und die Fenster bestanden aus viereckigen, mit Schilfmatten verhangenen Löchern. Die Mutter buk unten, und zwei Sklavinnen lugten zur Tür hinein. Ich habe noch nie etwas so Schönes, so unzweifelhaft Schönes gesehen wie das Gewand dieser Frau – es war natürlich das einzige, das sie besaß: Kaschmirhosen mit einem exquisiten kleinen Muster – ein yelek *mit wallenden Ärmeln, aus feinster Bursa-Seide, weiß und scharlachrot, mit Goldbesatz – ein* tob *mit sehr weiten Ärmeln, aus lila Seide – und, darüber (denn die Araberin trägt ihre farbenfrohesten Sachen nie zuäußerst), ein mit Silber besticktes purpurnes Gazetuch und ein Schleier von derselben Farbe. All dies verlieh ihr die Aura einer Kaiserin.*

»Junge Prinzessin kommt aus dem Bad«, Atelierfoto einer ägyptischen Prinzessin, 19. Jahrhundert.

Wenn sich die Haremsfrauen in der Öffentlichkeit aufhielten, durfte man nichts von ihrer ungewöhnlichen Schönheit und ihrem reichen Putz ahnen. Bei den seltenen Bootsausflügen zu den Süßen Wassern oder einer Einkaufsfahrt zum Großen Basar wurden sie fast zu Schatten ihrer selbst, denn sie mußten nun eine *feradge* tragen, eine unförmige schwarze Tunika mit langen Ärmeln, die von den Schultern bis zu den Füßen reichte und so gut wie alles verhüllte. Reiche Damen und Frauen des Hofes trugen *feradges* aus rosaroter oder lila Seide, die mit schwarzem oder weißem Satin gefüttert und mit Quasten, Litzen und Samtbesatz verziert waren.

Gegenüberliegende Seite:
Links:
Eine Frau mit yashmak.

Rechts:
Eine Familienangehörige mit yashmak, *die einen* chanta *in der Hand hält.*

Im Freien trugen Frauen immer einen Schleier. Bassano da Zara, der das Osmanische Reich in der Renaissance bereiste, schilderte ihn in *I Costumi e i modi particolari de la vita de Turchi*:

> *Sie tragen ein Tuch (ein Stofftuch oder einen wollenen Schal) solcherart um Hals und Kopf, daß man nur ihre Augen und ihren Mund ahnen kann, doch auch die letztgenannten Teile des Gesichts verschleiern sie mit einem dünnen, zwei Hände breiten Seidenschal, durch den sie sehen können, ohne daß ihre Augen von anderen gesehen werden. Der Schal ist mit drei Nadeln an einem geeigneten Teil des Kopfes über der Stirn befestigt, so daß sie ihn, wenn sie sich auf der Straße bewegen und andere Frauen begrüßen müssen, anheben können, um diese zu küssen.*

Links:
Türkische Adlige in der Tracht des 19. Jahrhunderts.

Rechts:
Eine Frau, die eine feradge *trägt.*

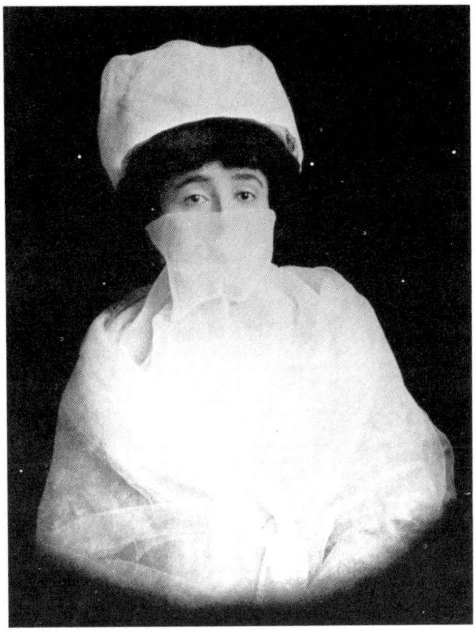

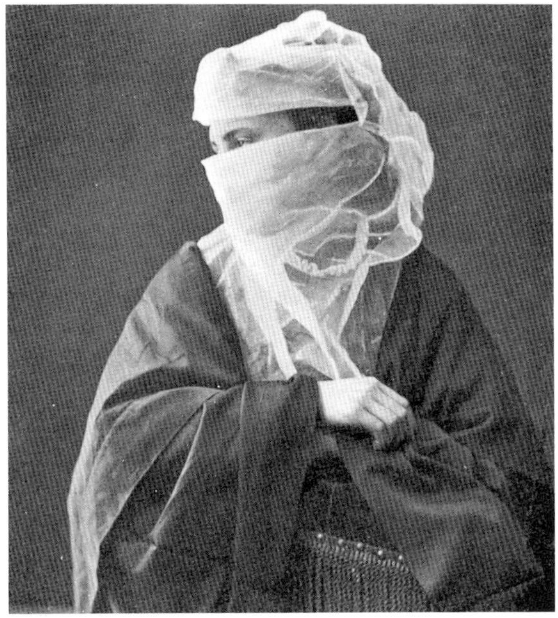

Der Schleier symbolisierte von altersher die geheiligte Abgeschiedenheit des Harems und stellt noch heute ein machtvolles Tabu dar. Der Koran fordert die Frauen auf, ihr Gesicht und ihren Körper vor Männern zu verbergen, um sie nicht in Versuchung zu führen. Die »Annahme des Schleiers« wurde im Laufe der Zeit ein ritueller Vorgang, der den Schritt vom Mädchen zur Frau markierte und den Schutz der Tugend symbolisierte. Nach der ersten Regel bekam ein Mädchen den Gesichtsschleier und Handschuhe. Von diesem Augenblick an war es, mit Ausnahme der nahen Verwandten, keinem männlichen Wesen mehr gestattet, sein Gesicht zu sehen. Denn das Gesicht ist heilig und unverletzlich.

Da über dem Schleier nur die Augen sichtbar sind, beinhaltet ein Blick enorm viel. In Rama Mehtas 1977 erschienenem Roman *Inside the Haveli* lesen wir, daß es auch Vorteile bot, einen Schleier zu tragen. Er erlaubte seiner Trägerin nämlich, »zu denken, während andere redeten. Sie hatte zu ihrer Freude festgestellt, daß sie durch ihren dünnen Musselinschleier alle sehen konnte, ohne von ihnen gesehen zu werden.« Nach uralter Tradition trugen die Frauen in den meisten Dörfern keinen Schleier, da ein Dorf als erweiterte Großfamilie galt. Noch heute kommt es vor, daß Frauen, die zusammen mit ihren Männern auf dem Feld arbeiten, rasch ein dünnes Tuch vor das Gesicht ziehen, wenn sie einen Fremden erblicken.

Nach der Eroberung Konstantinopels im Jahr 1453 beharrten die Haremsdamen auf einer Änderung ihrer Tracht und bekamen die Erlaubnis, anstelle der Leinenmaske mit zwei Löchern für die Augen, die sie bisher hatten tragen müssen, den *yashmak* der Byzantinerinnen zu übernehmen. Der fast nur in Istanbul gebräuchliche *yashmak* war ein aus zwei Teilen bestehender halbdurchsichtiger Schleier aus feinem Baumwollmusselin, der einmal gefaltet oder in einer einzigen Lage getragen wurde, einen Teil wie einen Verband um die Stirn gewunden und im Nacken so geknotet, daß die Enden hinten bis zur Taille hingen, während der andere die untere Gesichtshälfte bedeckte und so mit dem oberen verknotet wurde, daß die beiden Teile aus einem Stück zu bestehen schienen. Die Frauen steckten den unteren Rand in die *feradge* oder verbanden ihn im Nacken mit dem Stirnteil. Das durchscheinende Gewebe gestattete es, die Gesichtszüge mehr oder weniger gut zu erkennen. Die Frauen achteten jedoch sorgfältig darauf, daß ihre Nase nie zu sehen war, da man sie sonst für Treulose oder Prostituierte gehalten hätte.

Sinan Chelebi, ein türkischer Schriftsteller des 17. Jahrhunderts, zeichnet in seinem *Saadabad* folgendes Bild von zwei Haremsdamen:

> *Zwei Schönheiten, die eine in Zitronengelb und die andere ganz in Rosarot, fuhren in ihren goldblitzenden Picknick-Karossen zur grünen Wiese. Ihre Yashmaks waren wie Kristall, ihre Wangen wie Rosen, ihr Hals wie Silber, ihr Haar wie Hyazinthen. Sie hatten keine Angst vor dem bösen Blick, als sie dann in ihren* chedik-*Schuhen mit winzigen Schritten, wie zwei Tauben, über das Gras trippelten.*

Cediks oder *chediks* waren Pantoffeln mit kurzem, angesetztem Schaft, die man für Spaziergänge im Garten benutzte. Sie bestanden gewöhnlich aus gelbem Saffianleder, manchmal aber auch aus Samt oder einem anderen weichen Stoff.

Mohammed betrachtete schöne Hände als den verlockendsten Teil des weiblichen Körpers. Da die Frauen sonst fast gänzlich verhüllt waren, bemühten sie sich, ihre Hände und Augen, ihre einzigen sichtbaren Körperteile, möglichst gut zur Geltung zu bringen. Sie konnten mit einer subtilen Geste tausend Worte sagen. Im 19. Jahrhundert zwangen die »eifersüchtigen Türken« ihre verschleierten Frauen dann, Handschuhe zu tragen, so daß seitdem auch die Hände verborgen waren und man nur noch ihre Augen sehen konnte.

Sonnenschirme und Fächer schützten nicht nur vor der Wärme, sondern auch vor den neugierigen Blicken Fremder. Die Schirmbespannungen bestanden oft aus Spitze mit Perlen- oder Blumenstickerei; manche Schirme hatten Speichen aus Gold, die mit Saphiren besetzt waren. Die Fächer waren aus Pfauen- oder Straußenfedern gefertigt, in denen Brillanten, Rubine und Smaragde funkelten; die Griffe wurden aus Schildpatt, Elfenbein oder Perlmutt hergestellt. Der Zimmerfächer, mit dem jedes Gästezimmer ausgestattet war, bestand aus Dattelpalmwedeln und einem Elfenbeingriff.

Das *mendil* (Taschentuch) nahm einen besonderen Platz im Herzen der Haremsdamen ein. Sie benutzten es, um Früchte und Geschenke darin einzuwickeln, und es gab Geschichten über Taschentücher »voller türkischem Honig«, die

Fremden oder eingebildeten Geliebten in einem unbeobachteten Augenblick zugesteckt wurden. Auch die Farbe des Taschentuchs hatte eine bestimmte Bedeutung:

> *rot – leidenschaftliche Liebe*
> *orange – Herzeleid*
> *grün – Absicht*
> *rosarot – Liebesband*
> *purpurrot – Liebesleid*
> *schwarz – Hoffnungslosigkeit, Trennung*
> *blau – Hoffen auf Vereinigung*

Wenn eine Frau ein Taschentuch zerriß und verbrannte, wollte sie damit sagen: »Ich sterbe vor Herzeleid – ich vergehe und welke dahin.«

»Als ich hierher kam, verstand ich zuerst nicht recht, welche Anziehungskraft das Geheimnis haben konnte, mit dem sich die interessantere Hälfte der Bewohner des Orients umgibt«, schrieb der französische Dichter Gérard de Nerval in seiner *Voyage en Orient* (1843–1851). »Einige wenige Tage genügten jedoch, um zu erkennen, daß eine Frau, wenn sie sich als Gegenstand der Aufmerksamkeit weiß, gewöhnlich eine Gelegenheit finden kann, sich zu zeigen – vorausgesetzt, sie ist schön.«

Für eine Frau, die nicht von einem Eunuchen bewacht wurde oder Mittel und Wege wußte, sich seiner Bewachung zu entziehen, konnte die totale Verhüllung der Gestalt auch Vorteile haben. Sie sorgte dafür, daß man sie nicht von anderen Frauen unterscheiden konnte; außerdem war es einfach undenkbar, daß ein Mann sie in der Öffentlichkeit ansprach, weil der Schleier und die Tunika ebenso unverletzlich waren wie die Türen eines Harems. Nicht einmal der Ehemann konnte sehen, welche von den vielen dunkel gewandeten Gestalten auf der Straße seine Frau war; selbst wenn er sie zu erkennen glaubte, hatte er keine Möglichkeit, seinen Verdacht zu erhärten. Auf diese Weise konnte sie im Schutz ihrer Anonymität den Weg zum Badehaus für ein geheimes Treffen mit ihrem Liebhaber nutzen. Gérard de Nerval berichtet weiter:

> *Eine frei geborene Frau hat das unbestrittene Recht, das Haus zu verlassen und Besuche zu machen. Der Mann darf sie allenfalls von Sklaven begleiten lassen, was als Vorsichtsmaßnahme freilich nur geringen Wert hat, weil die Frau nicht die kleinste Mühe hätte, das Schweigen der Sklaven zu erkaufen oder sich in einer Verkleidung aus dem Bad oder dem Haus ihrer Freundinnen zu stehlen, während die Sklaven den Eingang bewachen. In Wahrheit würden die Maskierung und die Gleichartigkeit ihrer Kleidung ihnen viel mehr Freiheiten erlauben, als Europäerinnen sie haben – vorausgesetzt, sie wären geneigt zu intrigieren. Die lustigen Geschichten, die man sich abends in den Kaffeehäusern erzählt, handeln oft von den Abenteuern Verliebter, die sich als Frau verkleiden, um Einlaß in einem Harem zu finden.*

Die Bade=häuser

Vierzig Tage nach der Geburt wurde das Baby von der Mutter und der Amme zum erstenmal in ein Badehaus gebracht, wo eine besondere Zeremonie stattfand. Die Amme zerbrach ein Entenei über einer Schüssel und bestrich das Gesicht des Kindes mit dem Inhalt. Auf diese Weise wollte man dafür Sorge tragen, daß das Kind imstande wäre, so gut zu schwimmen wie eine Ente.

Musahipzade Celal: Eski Istanbul Yaşayisi
(19. Jahrhundert)

Haremsfrauen waren für ihren makellosen Teint und ihre seidig schimmernde Haut bekannt. Sich zu waschen und zu reinigen, war eine religiöse Pflicht, und deshalb überrascht es nicht weiter, daß es im Serail so viele Bäder und Badehäuser gab. Der Sultan, die Sultansmutter und die Frauen des Herrschers verfügten über eigene Bäder, während die anderen Damen des Harems gemeinsam ein großes Badehaus benutzen mußten, in dem sich manchmal auch der Herrscher einfand.

Das *hamam* (türkisches Bad) war eine Weiterentwicklung des byzantinischen Bades, das wiederum auf die römischen Thermen zurückging. Viele berühmte Hamams waren Umbauten byzantinischer Badehäuser. Thermen gab es fast ausschließlich in größeren Städten und Erholungszentren, Hamams aber auch in den kleineren Provinzorten. Bis vor kurzem wurden sie von römischen oder pompejanischen Aquädukten, die unter dem Boden oder durch die Fundamente nach oben führten, mit Wasser versorgt. Oft hatten zwei unmittelbar nebeneinander liegende Hamams – das Frauenbad und das Männerbad – eine gemeinsame Wärmequelle.

Für die Haremsfrauen, die so vieler Freiheiten beraubt waren, wurde das Hamam eine Leidenschaft und ein beliebter Zeitvertreib. Das Baderitual dauerte mehrere Stunden, wie Julia Pardoe in *Beauties of the Bosphorus* (1830) beschreibt, oft bis in den späten Abend hinein: »Die schweren, undurchdringlichen, schwefelhaltigen Dämpfe füllten alles aus und erstickten mich fast – die Herrinnen [der Sklavinnen] lachten gedämpft und unterhielten sich flüsternd, während ringsum ein Klangteppich aus steten, monotonen Geräuschen gewoben wurde – der Anblick von nahezu dreihundert nur teilweise bekleideten Frauen, deren linnene Hüllen so vollständig mit Dampf gesättigt waren, daß sich die Körper in allen Einzelheiten abzeichneten – die geschäftigen Sklavinnen, die mit Stapeln fransenbesetzter oder bestickter Tücher auf dem Kopf hin und her eilten und, oberhalb der Taille nackt, ihren Busen mit ihren verschrankten Armen bedeckten – Gruppen reizender, lachender und plaudernder Mädchen, die sich mit Konfekt, Sorbets und Limonaden erfrischten – Scharen spielender Kinder, denen der Luftmangel im Gegensatz zu mir gar nichts auszumachen schien... all das schuf ein Bild, das

Jean-Léon Gérôme: Das Bad, *um 1880–1885, Öl auf Leinwand, 74 × 60 cm, The Fine Arts Museums, Mildred Anna Williams Collection, San Francisco.*

Gegenüberliegende Seite:
Oben:
Odalisken bedienen einen Sultan im Bad, Kupferstich, frühes 19. Jahrhundert. Man beachte die Stelzenschuhe der Odalisken, die jede Berührung der Füße mit dem nassen Boden verhinderten.

Unten:
Ignace Mouradja d'Ohsson: Öffentliches Frauenbadehaus, *1787, Lithographie, 24 × 34 cm, aus d'Ohssons* Tableau général de l'Empire Othoman, *1787, Sammlung der Verfasserin.*

an eine flüchtige Fata Morgana gemahnte und mich beinahe fragen ließ, ob das, was ich betrachtete, wirklich die Realität oder vielleicht nur die Schöpfung meines überhitzten Hirns war.«

Wenn Frauen befreundete Damen in anderen Harems besuchten, blieben sie gewöhnlich mehrere Tage. Odalisken begrüßten sie und führten sie sofort zu den Bädern, wo sie sich reinigten und erfrischten. Demetra Vaka, eine Griechin, schildert in ihren 1908 erschienenen Erinnerungen *Haremlik*, wie sie als junge Frau von einer Auslandsreise nach Istanbul zurückkehrte und ihre türkischen Freundinnen besuchte: »Sklavinnen entkleideten uns und brachten uns in das Badehaus am Ufer des Meeres. Nach dem Bad wurden wir in saubere lose Gewänder gehüllt, die die Herrin uns lieh.«

Constantinopoli ed i Turchi (»Konstantinopel und die Türken«), das 1510 erschienene Werk eines anonymen Italieners, enthält einen Stich, der Frauen auf dem Weg zum Badehaus zeigt. Ihnen folgen Sklavinnen, die prachtvolle Badegewänder, Tücher und Parfüms sowie Körbe mit den Früchten und Backwaren auf dem Kopf trugen, die ihre Herrinnen während des langen Aufenthalts im Badehaus verzehren werden. Für Frauen, die in Harems lebten, war das Baden eine Gelegenheit zu einem Ausflug in die Welt, die ihnen sonst verschlossen blieb. Manche von ihnen hatten unterwegs genügend Freiheit, um heimliche Rendezvous zu vereinbaren. Für sie alle war das öffentliche Badehaus ein Treffpunkt, wo sie Neuigkeiten austauschen und manch einen Skandal erfinden konnten. Die Hamams waren die Privatclubs der Frauen.

Das Serail hatte früher einmal rund dreißig Bäder, von denen aber nur wenige erhalten sind. Die meisten wurden für andere Zwecke umgebaut, und nur noch die mit Belüftungsschlitzen versehenen Kuppeln, das Wahrzeichen jedes Hamams, weisen auf ihre ursprüngliche Verwendung hin. Das Bad des Sultans und das unmittelbar angrenzende Bad der Sultansmutter, marmorne Wunderwerke mit hohen schlanken Pfeilern und einem Oberlicht, sind jedoch erhalten. Der Fußboden und die Wände waren früher mit erlesenen Kacheln belegt; das Wasser lief aus Messinghähnen in Marmorbecken, und daraus füllten die Frauen es in silberne und goldene Schalen, um sich zu begießen. Badewannen waren verpönt, weil ein alter Aberglaube besagte, daß unbewegtes Wasser eine Brutstätte von *ifrits* (böse Geister) sei. Übrigens durften die Frauen im Hamam keine Verse oder Suren aus dem Koran rezitieren, da Badehäuser als Lieblingszuflucht von Geistern und Kobolden galten.

Eine Mrs. Harvey aus England, die im 19. Jahrhundert die Türkei bereiste, fand Badehäuser alles andere als angenehm. »Ich fühlte mich augenblicklich so, wie eine Krabbe sich, sofern sie überhaupt Gefühle hat, in kochendem Wasser fühlen muß – wie gekocht«, schrieb sie in ihren *Travels* (1871). »Ich schaute zu meiner Begleiterin hinüber; ihr Gesicht war krebsrot. In unserem besten Türkisch und mit schwacher und flehender Stimme keuchten wir: ›Bringen Sie uns fort von hier!‹ Alles vergebens. Wir mußten gesotten und geschrubbt und geschrubbt und gesotten werden.«

Hundert Jahre später hatte sich, sofern man Marianne Alirezas Erinnerungen *At the Drop of the Veil* (1971) Glauben schenken kann, an der Prozedur nichts geändert: »Ich saß nackt, von weißen Schwaden umhüllt, auf einem Schemel, und die gemalten Cherubim schauten zu, wie ich eingeseift und mit einem Stück von einem schwammähnlichen tropischen Kürbis, einem schrecklich rauhen Gebilde, wundgescheuert wurde. Nachdem Hayat mich gnadenlos mit vielen Eimern Wasser übergossen und dabei fast ertränkt hatte, beendete sie die Sintflut mit Kölnischwasser und Puder und war so klitschnaß wie ich.«

Die Frauen begossen sich ausgiebig mit parfümiertem Wasser und färbten sich das Haar, die Hände und die Füße mit Henna. Bei besonderen Anlässen, zum Beispiel zu Hochzeiten, ließen sie sich am ganzen Körper mit Blumenmustern aus Henna verzieren. In *I Costumi e i modi particolari de Turchi* beschreibt Bassano da Zara ausführlich, wofür Henna benutzt wurde:

> *Sie lieben schwarzes Haar, und wenn eine Frau es nicht von Natur aus besitzt, erwirbt sie es mit künstlichen Mitteln. Wenn sie blond oder infolge des Alters grau ist, benutzt sie eine rote Farbe wie die, mit welcher man die Pferdeschweife färbt. Sie heißt* Chnà *(Henna). Dieselbe wird für die Fingernägel, die Hände, gelegentlich auch für die Fußsohlen benutzt und sogar auf der Schamgegend und vier Finger hoch darüber aufgetragen. Und zu diesem Zweck entfernen sie sich die Haare, da es als eine Sünde gilt, selbige an ihren unaussprechlichen Teilen zu haben.*

»So wie Henna ein gutes Mittel gegen das Transpirieren ist«, berichtet A. M. Penzer in *The Harem* (1936), »schenken gewisse Arten von Augenschminke (*kohl, surme, kajal, tutia* usw.) den Augen angeblich eine gewisse Kühle und schützen damit nicht nur vor dem bösen Blick, sondern beugen auch Bindehautentzündungen vor. Zusammengewachsene Augenbrauen gelten in islamischen Ländern als schön, während sie bei den Hindus nicht gern gesehen sind und in Island, Dänemark, Griechenland, Deutschland und Böhmen sogar als Zeichen dafür gewertet werden, daß ihre Besitzerin ein Werwolf oder ein Vampir ist.« Die Frauen rieben sich die Haut auch mit Bimsstein ab, wuschen ihr Haar mit Eigelb und tupften sich Eiweiß auf die Partien unter den Augen, um Krähenfüße zu entfernen. Jede Frau nahm ihre persönliche Kollektion von Parfüms, Essenzen und Schönheitscremes mit, wenn sie ins Bad ging. Sie experimentierte damit und tauschte ihre kosmetischen Rezepte mit anderen aus.

»Es ist nicht ganz leicht, die Schönheit der türkischen Frauen zu definieren«, sagte Edmondo de Amicis in seinem 1896 veröffentlichten Reisebericht *Constantinople*. »Wenn ich an sie denke, sehe ich immer ein sehr weißes Gesicht mit zwei schwarzen Augen, einem scharlachroten Mund und einem sanften Gesichtsausdruck vor mir. Aber man darf nicht vergessen, daß fast alle von ihnen viel Farbe benutzen: Sie machen ihren Teint mit Mandel- und Jasminpaste weiß, verlängern ihre Augenbrauen mit Tusche, bemalen ihre Augenlider, pudern ihren Hals, ziehen Striche um ihre Augen und tupfen Rouge auf ihre Wangen, doch bei all dem lassen sie im Gegensatz zu den Schönen von Fes, die sich über und über weiß tünchen, Geschmack und Zurückhaltung walten.«

Nelken, Ingwer und andere Gewürze wurden nicht nur für die Zubereitung von Speisen benutzt. Viele Haremsfrauen rieben auch ihren Körper damit ein, weil sie glaubten, daß bestimmte Gewürzmischungen ihre Verführungskräfte vergrößerten. Der englische Forscher Samuel Baker beschreibt, wie eine Frau ein Loch in die Erde grub, es mit glühender Asche von Sandelholz, Weihrauch und Myrrhe füllte, sich darüber hockte und ihre Gewänder zeltartig hochhielt, um die Dämpfe einzufangen. Dieses Ritual sollte den Körper und die Kleidungsstücke parfümieren und gleichzeitig vor dem bösen Blick schützen. John Singer Sargent hat eine ganz ähnliche Szene auf seinem Gemälde *Fumée d'Ambre gris* festgehalten.

Manchmal gab es zwischen den Frauen Streit, der sogar dazu führen konnte, daß Holzschuhe und Wasserschalen durch die Luft flogen. Dann eilten kräftige Badewärterinnen herbei, packten die Schuldigen um die Taille und warfen sie hinaus, damit sie sich unter freiem Himmel, im Hof, abkühlen konnten. Die Holzschuhe – hohe Pantinen, *pattens* – waren in den Badehäusern Vorschrift. Reiche Damen ließen sie mit Perlmutt und Edelsteinen verzieren. Die Pantinen verhinderten, daß ihre Trägerinnen auf dem nassen Boden ausrutschten, und sie schützten die zarten Fußsohlen vor dem Kontakt mit dem heißen Marmor. Außerdem sorgten sie dafür, daß die Frauen immer ein kleines Stück über dem ablaufenden Wasser standen, das oft Enthaarungsmittel und andere hautschädigende Substanzen enthielt. Zu guter Letzt sollten sie jeden Kontakt mit neidischen Geistern verhindern, die in den dunklen Ecken des Hamam lauerten

Da es als Sünde galt, Haare in der Schamgegend zu haben, eilten die Haremsfrauen beim ersten Anzeichen von Flaum ins Badehaus. Sie entfernten nicht nur die Schamhaare, sondern enthaarten auch ihre Arme und Beine und alle Körperöffnungen, selbst Ohren und Nasenlöcher. Zu diesem Zweck rieben sie sich mit einer Paste ein, die höllisch brannte und, wenn sie getrocknet war, mit scharfrandigen Muschelschalen abgeschabt wurde. Laut Jean Thevenots *Travels in the Levant* (1656) bestand diese Paste »aus *rusma*, einem Mineral, das pulverisiert und mit ungelöschtem Kalk und Wasser zu einer Salbe verrührt wurde, die sie dann auf die Körperteile auftragen, welche sie von Haaren befreien wollen. In weniger als einer halben Stunde fallen die Haare zusammen mit der Salbe ab, wenn sie heißes Wasser darauf gießen. Sie wissen, wann es Zeit ist, die bestrichenen Körperteile zu begießen, damit die Haare sich lösen, und zögern nicht, es zu tun, denn falls sie die Salbe zu lange haften ließen, würde sie, nachdem sie die Haare abgelöst hat, die Haut zerfressen.« *Rusma* enthielt Arsen und konnte, wenn es nicht mit größter Sorgfalt aufgetragen wurde, die Haut verfärben. Ein Enthaarungsmittel zu verwenden, war vorteilhafter als der Gebrauch eines Rasiermessers, weil es die Haare mit den Follikeln entfernte, während sie beim Rasieren nur unmittelbar über der Haut abgeschnitten werden und schneller und stärker nachwachsen als vorher.

Meine Großmutter machte mich mit dem Gebrauch von *ada* vertraut, das in der türkischen Provinz noch heute ein beliebtes Enthaarungsmittel ist. Es ist freilich nicht ganz leicht, diese Paste aus zwei Teilen Rübenzucker und einem Teil Zitronensaft in die richtige Konsistenz zu bringen. Man läßt den Zucker karamelisieren, fügt Zitronensaft hinzu und rührt die Mischung so lange auf kleiner Flamme, bis sie anfängt, Blasen zu bilden. Dann nimmt man sie rasch vom Feuer und prüft sie, indem man ein kleines Kügelchen der Masse in ein Glas mit Wasser fallen läßt. Wenn das Kügelchen kristallisiert, ist das *ada* fertig, wenn nicht, muß es noch länger köcheln. Die fertige Mischung wird mit kühlen Händen zu einer klebrigen Masse geknetet und auf die behaarten Teile des Körpers aufgetragen. Sobald sie festgetrocknet ist, reißt man sie samt den Haaren mit einem kräftigen Ruck ab.

Wenn die Badenden stundenlang in den heißen Dämpfen gesessen hatten und gebürstet und massiert worden waren, gingen sie in das Tepidarium, die Ruheabteilung, wo das sinnliche Badevergnügen in süßer Entspannung gipfelte. Die größeren Tepidarien hatten öffentliche und private Räume. Die Frauen schritten durch ein Vestibül und verschiedene gut beheizte Räume in einen geschlossenen Mittelhof, wo ein Brunnen mit lauwarmem Wasser plätscherte. Dort wurden sie massiert, enthaart, mit Bimsstein abgerieben und in einem Nebenraum gründlich abgespült. Danach konnten sie sich auf weichen Lagern entspannen.

Husein Fazil Enderuni: Frauenbad, *18. Jahrhundert, Miniatur aus* Zanan-Name, *Bibliothek der Universität Istanbul.*

Dienerinnen brachten ihnen Kaffee und erzählten die neuesten Geschichten. Die Wände waren mit wunderschönen Behängen aus perlendurchwirkten Goldschnüren geschmückt. Schwere persische Teppiche und niedrige, silbern und golden bestickte Diwane mit schwellenden Kissen vervollständigten die Einrichtung. Die Frauen hielten ein Nickerchen, frisierten einander, rauchten aus juwelenbesetzten *chibuks* (sehr lange Pfeifen), knabberten Melonenscheiben oder tranken parfümierte Sorbets. »Wenn sie sich dann endlich in die äußere Halle wagen, hüpfen sie sogleich auf ihre Diwane, wo aufmerksame Sklavinnen sie in warme Tücher hüllen und Essenzen auf ihre Haare gießen, sie aber nicht trocknen, sondern nur hübsche Taschentücher oder bestickten Musselin auflegen«, berichtet Julia Pardoe in *Beauties of the Bosphorus*. »Dann werden Gesicht und Hände mit parfümiertem Wasser benetzt, und die erschöpfte Badende sinkt unter einer Decke aus Satin oder einer mit leichter Daunenfüllung in einen wollüstigen Schlummer. Die Mitte der Halle gleicht inzwischen einem Basar; Konfekt-, Sorbet- und Obsthändler gehen dort auf und ab und preisen ihre Ware an. Negerinnen kommen und gehen, um ihren Herrinnen einen Imbiß oder *chibuks* zu bringen, und man tauscht flüsternd Geheimnisse und Vertraulichkeiten aus – das Schauspiel ist so sonderbar, so neu und alles in allem so reizvoll, daß keine Euro-

Jean-Léon Gérôme: Das Große Badehaus in Bursa, *um 1885, Heliogravüre, 24,1 × 16,5 cm, Sammlung der Verfasserin. Das Wasser von Bursa ist seit Jahrhunderten für seine Heilkräfte bekannt, und die Sultane ließen mehrere wunderschöne* hamams *bauen, um darin zu »kuren«.*

John Singer Sargent: Fumée d'Ambre gris, *1880, Öl auf Leinwand, 139 × 91 cm, Sterling and Francine Clark Institute, Williamstown (Massachusetts). Die Frauen des Osmanischen Reichs vertrieben unangenehme Gerüche mit Parfüms und dem duftenden Rauch brennender Ambra.*

päerin umhin kann, einen Besuch in einem türkischen Hamam interessant und amüsant zu finden.«

Das Hamam war auch ein Ort, wo Frauen relativ leicht von Außenstehenden beobachtet werden konnten, die von dem, was sie sahen, meistens sehr angetan – und nicht etwa schockiert – waren. Lady Montagu glaubte 1717 eine gewisse lesbische Atmosphäre wahrzunehmen:

Jean-Auguste Dominique Ingres: Das türkische Bad, *1832, Öl auf Leinwand, auf Holz aufgezogen, Durchmesser 110 cm, Musée du Louvre, Paris.*

Die ersten Diwane waren mit Kissen und kostbaren Teppichen bedeckt, und auf ihnen saßen die Damen, während ihre Sklavinnen auf den dahinter befindlichen Diwanen ruhten, ohne sich in der Art ihrer Bekleidung irgendwie von ihnen abzuheben, denn sie alle waren so, wie der Herr sie geschaffen hatte, oder, um es einfach und unmißverständlich auszudrücken, splitternackt. Schönheit wie auch Makel waren den Blicken der anderen preisgegeben, doch ich beobachtete nicht das

Paul-Louis Bouchard:
Nach dem Bad,
1894,
Öl auf Leinwand,
215 × 125 cm,
Privatsammlung.

kleinste grausame Lächeln und nicht die kleinste zudringliche Geste. Sie gingen und bewegten sich mit derselben majestätischen Anmut, die Milton unserer aller Mutter zuschreibt. Viele von ihnen hatten ebenso vollkommene Proportionen wie die schönsten Göttinnen Guido Renis oder Tizians – und der Teint der meisten war vom reinsten Weiß, umrahmt von prachtvollem Haar, das in vielen mit Perlenschnüren oder Schleifen durchzogenen Zöpfen auf ihre Schultern fiel und sie vollends zu Abbildern der Grazien machte ... Welch ein Anblick, so viele schöne nackte Frauen in den verschiedensten Posen, manche in ein Gespräch vertieft, andere bei der Arbeit, wieder andere mit einer Kaffeetasse oder einem Sorbetglas in der Hand und viele auf weichen Kissen ruhend, während ihre Sklavinnen (gewöhnlich hübsche Mädchen von siebzehn oder achtzehn Jahren) damit beschäftigt sind, ihr Haar zu phantasievollen Frisuren zu arrangieren! Es ist kurz gesagt das Kaffeehaus der Frauen, wo alle Neuigkeiten der Stadt ausgetauscht, Skandale in die Welt gesetzt werden und so fort.

Im Hamam hatten die Frauen auch mehr als genug Gelegenheit, einander unter die Lupe zu nehmen, und die Kupplerinnen unter ihnen fanden dort ein lohnendes Tätigkeitsfeld. Die Schwester eines Sultans beschreibt eine Sklavin, die sie ihrem mächtigen Bruder zum Geschenk machen will: »Ihre Proportionen waren unvergleichlich. Sie hatte einen Körper wie Kristall, Arme wie Elfenbein und die schmalsten Handgelenke. Sie hatte einen unbeschreiblich schönen Teint! Wie frischer Ziegenkäse oder türkischer Honig. Und die Farbe? Wie Rosen. *Maschallah* (möge der Herr sie schützen)!«

Wenn die Bäder den Frauen eine sinnliche Zuflucht boten, so boten sie dem Herrn des Harems oft einen erotischen Kitzel. Der französische Industrielle Jean-Claude Flachat berichtet, wie Sultan Mahmud I. seine Odalisken neckte: Er versteckte sich an einem geheimen Fenster zum Bad und beobachtete ihre Ankunft. Sie hatten Hemden angezogen, aber ihr einfallsreicher Herr und Gebieter hatte die Fäden aus den Säumen entfernen und diese mit Leim zukleben lassen. Nun sah er amüsiert zu, wie die Hemden sich von den Körpern der Frauen lösten, sobald sie mit dem dampfenden Wasser in Berührung kamen.

Die Badehauserotik war nicht dem Herrn vorbehalten. All jene Frauen, die in den raffiniertesten Künsten der Lust unterwiesen worden waren und nur selten vom Sultan zu sich befohlen wurden, konnten ihren Blick dort an schönen Körpern weiden und einander befriedigen. Während sie sich gegenseitig wuschen oder massierten oder sich auf die ersten Zeichen von sprießendem Haarflaum untersuchten, wurden sie oft mehr als Freundinnen. Bassano da Zara bemerkt dazu: »Es ist allgemein bekannt, daß die Frauen sich infolge dieser Intimität des Waschens und Massierens heftig ineinander verlieben. Man sieht oft eine Frau, die eine andere Frau liebt, wie ein Mann es tun könnte. Ich habe griechische und türkische Frauen gekannt, die sich beim Anblick eines hübschen jungen Mädchens um eine Gelegenheit bemühten, mit ihm zu baden, um es nackt sehen und liebkosen zu können.«

Edmondo de Amicis machte ähnliche Beobachtungen: »Frauen haben die feurigsten Beziehungen zueinander. Sie tragen dann dieselben Farben wie ihre Herzensfreundin, benutzen dasselbe Parfüm, legen Schönheitspflaster von derselben Größe und Form auf und geben sich öffentlichen Bezeugungen ihrer Neigung hin. Eine europäische Reisende behauptet, daß alle Laster des alten Babylons unter ihnen verbreitet seien.«

Das Essen

Das Abendessen wurde auf einem mit Silberfäden bestickten Samttuch angerichtet. Man stellte ein Silbertablett mit Salaten, Kaviar, Oliven und verschiedenen Käsesorten auf einen sechsbeinigen silbernen Servierständer. Die Salz-, Pfeffer- und Zimtstreuer waren mit kostbaren Edelsteinen inkrustiert. Der Zitronensaft wurde in einem geschliffenen Kristallkrug serviert. In der Mitte stand ein silberner Dreifuß. Rings um das Tablett lagen wunderbar bestickte seidene Servietten in Ringen aus brillantenverziertem Perlmutt.

Leyla Saz: Haremin Içüzü *(1921)*

Afiyet şeker olsun – Möge es zu Zucker werden
Teşekkür ederim, sizede afiyet – Ich danke dir. Das deine ebenfalls.

Mit diesen Worten begann jede Mahlzeit, und erst danach fing man an zu essen. Das Essen war im Harem keine nebensächliche Tätigkeit, sondern ein ausgeklügeltes Ritual. Den ganzen Tag lang wurden Tabletts mit Naschwerk und Sorbets zu den Gemächern der Sultansmutter, der Kadıns und der Lieblingsodalisken gebracht. Sorbets waren die bevorzugte Erfrischung der Damen, die übrigens fast alle eine große Vorliebe für Süßes hatten. Um Sorbets zubereiten zu können, mußte zunächst einmal eine Karawane zum über hundert Kilometer entfernten Olymp ziehen, um Schnee zu holen. Der Schnee wurde in Flanellbahnen gewikkelt und dann auf Maultieren zum Großen Serail gebracht, wie es Evliya Chelebi in seinem Reisebericht *Seyahatname* (1314–1328) schildert. Später lud man ganze Berge des reinsten Schnees auf Fuhrwerke, die von siebzig bis achtzig Maultieren gezogen wurden. M. de M. d'Ohsson beschreibt in seinem *Tableau général de l'Empire Othoman*, einem historisch-soziologischen Bericht aus dem 18. Jahrhundert, das *gülhane* (Haus der Rosen), wo Sorbets und Konfitüren zubereitet wurden: »Die Sorgfalt, die sie bei der Zubereitung von Sorbets walten ließen, war ebenso groß wie die der Franzosen beim Keltern von Wein. Sorbets bestanden zumeist aus verschiedenen Fruchtsäften, die mit Essenzen von Blumen wie Rosen, Gardenien, Stiefmütterchen, Lindenblüten und Kamille versetzt und mit Moschus, Ambra und Aloe gewürzt wurden.« Andere Sorbets wurden aus Veilchen und Rosen zubereitet, aber es gab auch Sorbets aus Kaffee, gewürzt mit Nelken, Zimt und Blütenblättern von Rosen.

Unbekannter Künstler: Haremsszene am Hof Schah Dschahans, *Albumblatt, zweites Viertel des 17. Jahrhunderts, Tinte, Farben und Gold auf Papier, 20 × 12,7 cm (Blatt 33,3 × 21 cm), The Metropolitan Museum of Art, Theodore M. Davis Collection, Vermächtnis von Theodore M. Davis (1915), New York.*

Ehe man dem Sultan das Essen servierte, wurde es im *kusane* (Vogelhaus) vorgekostet, um Giftanschläge auf den Herrscher zu verhindern. Massive Steinsimse säumten eine ganze Wand im Speisenkorridor, wo die schwarzen Eunuchen die Tabletts aus der Küche entgegennahmen, um sie im Harem zu verteilen. Die Gerichte für die Sultansmutter wurden auf hohe Marmorsimse neben den Türen zu ihren Gemächern gestellt. Dann erschienen Sklavinnen, die sie zu ihr brachten und in der Mitte des dafür vorgesehenen Zimmers abstellten, so daß die anwesenden Damen sich nach Belieben bedienen konnten. Die Sultansmutter wurde von perfekt ausgebildeten Odalisken bedient, während die Kadins und die Favoritinnen, die ihre eigenen Gemächer hatten, von silbernen Tabletts auf niedrigen Tischen aßen. Bestecke wurden erst unter Mahmud II. (1808–1839) im Harem eingeführt. Bis dahin führten die Frauen die Speisen mit der Hand zum Mund – sie behaupteten, der Geschmack werde zuerst von den Fingerspitzen übertragen.

Das Essen mit den Fingern wurde im Harem zu einer regelrechten Kunstform entwickelt. Alle Odalisken erhielten Unterricht, um dieses Ritual mit scheinbar müheloser Grazie ausführen zu können. Sie bewegten die Finger ganz ähnlich wie Japanerinnen bei der Teezeremonie, und jede Geste – das Zulangen, das leichte Neigen des Kopfes, das Biegen des Arms – mußte harmonisch und präzise ausgeführt werden. Man aß nur mit der rechten Hand (die linke war unreinen Aufgaben vorbehalten), benutzte nur drei Finger und sollte sich dabei kaum die Fingerspitzen besudeln.

Nach der Mahlzeit brachten Sklavinnen einen silbernen Krug, eine Schüssel zum Händewaschen und gold- und silberbestickte Tücher, um die Hände abzutrocknen. Dann war es Zeit, auf großen Kissen zu ruhen und eine Zigarette oder eine *nargileh* (Wasserpfeife) zu rauchen. Tabak – er war von erlesener Qualität – gehörte zu den größten Freuden des Haremslebens. Die Frauen rauchten außeror-

»Eine Haremsschöne« – so stellte sich der Inhaber eines amerikanischen Fotoateliers des 19. Jahrhunderts eine Haremsbewohnerin vor. Eine Hälfte einer stereoskopischen Ansicht.

dentlich viel und zu allen Tages- und Nachtzeiten, allerdings nicht in Gegenwart von Männern. Die neuen Odalisken, die noch nicht rauchen durften, taten es heimlich. Elizabeth Warnock Fernea beschreibt in *Guests of the Sheik* (1965) einen Streit, den zwei Frauen in einem irakischen Harem wegen des Rauchens hatten:

> *»Es ist besser, nicht zu rauchen«, sagte die ältere Frau, die mich zu Selmas Tür geführt hatte. »Hadschi Hamid mag es nicht, wenn Frauen rauchen.«*
>
> *Selma sah die alte Frau an. »Kulthum«, entgegnete sie. »Hadschi Hamid ist ebenso mein Mann wie deiner«, und damit zündete sie herausfordernd Zigaretten für sich und einige andere an.*

Langstielige Pfeifen und Wasserpfeifen verliehen dem Ritual des Rauchens eine gewisse Eleganz. Théophile Gautier probierte es persönlich aus:

> *Nichts ist poetischen Träumereien förderlicher als eine ausgedehnte Ruhepause auf den schwellenden Polstern eines Diwans, in der man mit kurzen Zügen den duftenden Rauch einatmet, der, gekühlt von dem Wasser, das er passieren muß, durch rote oder grüne Lederschläuche, die sich zwischen den Armen des Rauchers hindurchwinden und diesem das Aussehen eines mit seinen Schlangen spielenden Kairoer Schlangenbeschwörers verleihen, in den Mund strömt.*

Da die Haremsdamen allen erdenklichen leiblichen Genüssen frönten, ohne sich Zügel anzulegen, wurden die meisten von ihnen rasch dick. »Sie haben... krumme Füße, da sie mit gekreuzten Beinen auf der Erde sitzen«, beobachtete Bassano da Zara. »Sie sind gewöhnlich recht fett, da sie große Mengen Reis mit Butter und Ochsenfleisch essen, viel mehr als die Männer. Sie trinken nicht Wein, sondern Zuckerwasser oder Cervosa (Kräuterbier), das sie auf ihre Weise herstellen.« Mit »Cervosa« meinte er sicherlich *boza*, ein angegorenes Getränk aus Gerste, das angenehm säuerlich schmeckt und kühl, mit *leblebi* (geröstete Kichererbsen) und Zimt bestreut, serviert wird. Für mich schmeckt es wie eine mit einem Löffel milden Essigs versetzte Mischung von Sake und Tapiokabier. In meiner Kindheit gingen weißgekleidete *Boza*männer an lauen Herbstabenden durch die Straßen und riefen: »*Boza, boza,* Ahmans *boza* ist die beste!« Auf dem Kopf trugen sie große Messingeimer, die mit dem süßsauren Getränk gefüllt waren. Wir riefen ihren Namen und rannten auf die Straße, um unsere hohen Glasbecher füllen zu lassen. Als ich kürzlich wieder in der Türkei war, hallte jenes »*boza, boza*, köstliche *boza*«, das letzte Echo des Osmanischen Reichs, nirgendwo mehr durch die Straßen. Das Getränk war im Begriff, aus dem Bewußtsein des Volkes zu verschwinden, und man konnte es angeblich nur noch in einem schäbigen Café bekommen, das »Bei Ahman« hieß und sich in Ulus, einem Stadtteil von Ankara, befand. Aber die *boza*, die mir dort vorgesetzt wurde, hatte weder den Reiz noch den köstlichen Geschmack des Getränks, an das ich mich erinnere.

Das Mittagessen und das Abendessen waren die Hauptmahlzeiten des Tages, und sie gerieten oft zu wahren Festmählern. Man servierte Lammgerichte, *börek* (Pasteten mit einer Füllung aus Fleisch, Käse oder Spinat), Pilaw, Auberginen, ver-

Paul-Désiré Trouillebert: Die Haremsdienerin. *1874, Öl auf Leinwand, 130 × 97 cm, Musée des Beaux-Arts, Nizza.*

schiedene in Olivenöl gegarte Gemüse und eine reiche Auswahl kalorienhaltiger Nachspeisen und Kompotte. Am späten Nachmittag wurden Früchte und Gebäck oder Kuchen als Zwischenmahlzeit gereicht.

Viele Haremsfrauen waren meisterhafte Zuckerbäckerinnen und machten einander oft süße Geschenke. Am begehrtesten war türkischer Honig. Alljährlich wurden – und werden noch heute – einige tausend Tonnen davon in fremde Länder exportiert. Die klebrige Paste besteht aus dem Fruchtfleisch von weißen Trauben oder Maulbeeren, Grießmehl, Honig, Rosenwasser und verschiedenen Nüssen und heißt in der Türkei *Rahat Lokum* – »um der Kehle Ruhe zu geben«, eine Ruhe, die nach einem Haremsschmaus unbedingt notwendig ist.

Andere Nachspeisen und Gebäckarten hatten verführerisch klingende Bezeichnungen wie »Lippen der Schönheit«, »Hanums Finger«, »Damenschenkel« oder »Frauennabel«.

Lippen der Schönheit

Sirup:
2½ Tassen Zucker
1 Teelöffel Zitronensaft
3 Tassen Wasser

Teig:
ca. 50g Butter
1¾ Tassen Wasser
1½ Tassen Mehl
1 Teelöffel Salz
2 geschlagene Eiweiß
und 1 Eigelb
1 Tasse Safloröl

Um den Sirup zuzubereiten, löst man den Zucker in Wasser und Zitronensaft auf und läßt die Mischung unter gelegentlichem Umrühren fünfzehn Minuten kochen. Dann vom Feuer nehmen und abkühlen lassen.

Die Butter in einem Topf erhitzen, bis ihre Farbe sich zu ändern beginnt. Mehl und Salz hinzufügen, zu einer Paste verrühren und langsam das Wasser dazugeben. Etwa zehn Minuten unter ständigem Umrühren köcheln lassen. Vom Herd nehmen und auf Zimmertemperatur abkühlen lassen. Die beiden Eiweiße und das Eigelb langsam dazugeben und gut unterziehen. Die Masse auf ein mit Mehl bestreutes Brett legen und gründlich durchkneten. Den Teig in walnußgroße Stücke teilen, flachdrücken und zu lippenähnlichen Gebilden falten. Das Öl erhitzen und die »Lippen« hineingeben. Auf beiden Seiten braten, bis sie goldgelb sind. Herausnehmen und überschüssiges Öl auf Kreppapier abtropfen lassen. Mit Sirup übergießen und warm servieren.

»Lippen der Schönheit« sind eine unglaublich süße Nachspeise, die wir als Kinder über alles liebten. Großtante Meryem war die große Zuckerbäckerin der Familie und machte uns mit ihnen und mit ihrem wunderbaren Joghurt-Dessert immer wieder glücklich.

Nach den üppigen und ungeheuer befriedigenden Desserts kam das große Kaffeeritual. Eine Sklavin brachte den Kaffee, eine andere ein Tablett mit kostbarem Porzellan und brillantenbesetzten Löffeln, und eine dritte schenkte ein. Der türkische Kaffee wurde nicht etwa in der Türkei angebaut, sondern kam aus dem

Jemen – und stieß zunächst auf einen feindseligen Empfang. Er galt als Quelle der Unmoral und war viele Jahre lang verboten. Mitte des 17. Jahrhunderts wurden seine Vorzüge dann aber mit dem typischen osmanischen Überschwang gepriesen, so beispielsweise von Katib Chelebi in seinem Werk *Das Gleichgewicht der Wahrheit* (1650), in dem es unter anderem hieß, brühheißer Kaffee habe die wunderbare Eigenschaft, keine Verbrennungen zu verursachen:

> »Kaffee ist unzweifelhaft kühl und trocken. Selbst wenn er in Wasser gekocht und eingeschenkt wird, behält er seine Kühle: Vielleicht nimmt sie noch zu, denn Wasser ist ebenfalls kalt. Aus diesem Grund löscht Kaffee den Durst und verbrennt nicht, wenn er auf die Gliedmaßen geschüttet wird, denn seine Hitze ist eine sonderbare Hitze, eine Hitze ohne Wirkung.
>
> Er eignet sich hervorragend für Personen, deren Temperament allem Feuchten zuneigt, vor allem für Frauen. Sie sollten eine große Menge starken Kaffees trinken. Selbst wenn sie ihn im Übermaß genießen, werden sie, sofern sie nicht schwermütig sind, keinen Schaden nehmen.«

Türkischer Kaffee besteht aus äußerst fein gemahlenen Bohnen und wird auf eine spezielle Weise zubereitet.

Türkischer Kaffee

½ Tasse Wasser
2 Teelöffel Zucker
2 Teelöffel feinstgemahlener Kaffee

Man gieße das kalte Wasser in einen jezve *[kleiner zylindrischer Topf mit einem langen Griff]. Zucker und Kaffee hinzufügen. Gut umrühren. Bei geringer Hitze erwärmen, bis sich kleine Blasen zu bilden beginnen. Vom Feuer nehmen und den Schaum in Mokkatassen abgießen. Zum Kochen bringen, aber nicht überkochen lassen. Vom Feuer nehmen. Auf den Schaum in den Mokkatassen gießen und servieren.*

Das Rezept scheint ganz einfach zu sein, aber die perfekte Zubereitung gehört zu den schwierigsten Dingen auf der Welt. Es kommt darauf an, die richtige Menge von Schaum zu erzielen, das heißt, das Gefäß auf die Sekunde genau vom Feuer zu nehmen.

Die Zubereitung von gutem Kaffee gehörte zu den wichtigsten Dingen im Leben eines jungen Mädchens, da es als Ehefrau von Anfang an – und bis ans Ende seiner Tage – danach beurteilt wurde, wie sein Kaffee schmeckte. Frauen übten monatelang, um später das Herz ihrer Schwiegermutter zu gewinnen.

Ich selbst machte schon mit neun Jahren eine intensive Lehre durch, und nahm an, daß die Tradition, bei der die älteren Frauen den Mädchen beibringen, wie man guten Kaffee zubereitet, noch generationenlang weiterbestehen würde,

Isma'il Jala'ir: Damen an einem Samowar, *drittes Viertel des 19. Jahrhunderts, Öl auf Leinwand, Victoria and Albert Museum, London.*

Türkische Haremsfrauen ohne Schleier.

doch als ich vor einiger Zeit in meine alte Heimat zurückkehrte, mußte ich feststellen, daß das nicht mehr so war. Immer mehr Leute bevorzugten »Nescafé«, das heißt, *irgendeine* Art von löslichem Kaffee, und wenn ich »türkischen Kaffee« bestellte, wurde ich oft ungläubig oder sogar mißbilligend angesehen.

Es galt als schlechtes Benehmen, wenn die Haremsfrauen Alkohol tranken, aber sie durften den Männern Raki servieren, einen Anisschnaps, der dem griechischen Ouzo und dem französischen Absinth ähnelt. Wenn man kaltes Wasser hinzufügt, wird er milchig weiß, was ihm den Beinamen »Löwenmilch« eingetragen hat – und er ist wirklich ein sehr starkes Getränk.

Links:
Camille Rogier: Frauen im kaiserlichen Harem, *Öl, Topkapi-Museum, Istanbul.*

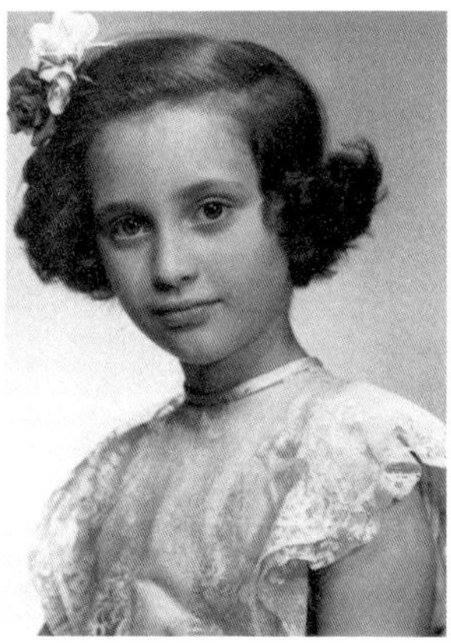

Ich im Alter von neun Jahren – als ich Tanzen, Singen und Kaffeekochen lernte.

Das Frühstück im Harem war – verglichen mit den anderen Mahlzeiten – einfach und bescheiden. Es bestand aus Dickmilch mit Sahneklümpchen, Honig, Feta (Ziegenkäse), Marmeladen, Oliven und starkem russischem Tee – nie Kaffee. Übrigens gilt es noch heute als unpassend, zum Frühstück Kaffee zu verlangen. Das Frühstück war zwar einfach, doch im königlichen Harem war es, wie Leyla Saz in *Haremin Içyüzü* berichtet, trotzdem etwas Besonderes: »Verschiedene Sahnekäse und Feta wurden in Silberbehältern zubereitet und in Körben zum Palast gebracht. Diese Delikatessen waren nur für das Große Serail bestimmt und wurden niemals anderswo verkauft. Als Gegenleistung für diese Köstlichkeiten bekam der Händler gefüllte Muscheln.«

Kleopatra hatte angeblich vierundzwanzig Küchen – für jede Stunde eine. Im Serail gab es zehn Doppelküchen (oder zwanzig einzelne Küchen), wo für den Sultan, die Sultansmutter, die Kadins, die Eunuchen und andere Mitglieder des Hofes gekocht wurde. Auch davon zeigte sich Ottaviano Bon in seiner *Narrative of Travels* (1604) beeindruckt:

> *Die Küchengerätschaften lohnen eine längere Betrachtung, denn die Töpfe, Kessel und anderen notwendigen Dinge sind sehr groß und bestehen fast alle aus Kupfer, und es ist nicht denkbar, daß es irgendwo sonst schönere oder besser gepflegte gibt. Das Anrichtegeschirr besteht aus Kupfer mit einem Zinnüberzug und ist in so gutem Zustand und so makellos, daß es einen überraschend schönen Anblick bietet. Es gibt eine gewaltige Menge davon, und es kostet die Hohe Pforte eine sehr erkleckliche Summe, zumal die Küchen so viele Menschen innerhalb und außerhalb des Palastes speisen, insbesondere an den vier Tagen des »öffentlichen Diwan« (an denen neben den gewohnten tausend oder mehr Personen noch viertausend bis fünftausend zusätzlich gespeist werden)...*

In den königlichen Küchen arbeiteten hundertfünfzig Köche. Der wichtigste Mann war der, der die Speisen des Sultans anrichtete. Nicolas de Nicolay, der das Serail 1551 besuchte, berichtete später: »Die Köche in den Küchen des Sultans haben getrennte Feuerstellen, damit das Fleisch keinen Geruch von Rauch annimmt, wenn sie es anrichten und mit Sauce übergießen und auf Porzellanplatten legen, um es anschließend den Servierern zu übergeben, die es dem Höchsten Gebieter vorlegen, nachdem es in seiner Gegenwart vorgekostet worden ist.«

Das Holz für die Herde in den königlichen Küchen und den Wärmpfannen kam aus Wäldern, die dem Sultan persönlich gehörten. Dreißig kräftige Holzfäller im Dienst des Serails segelten regelmäßig über das Schwarze Meer, um Nachschub zu holen. Sie nahmen Hunderte von Sklaven mit, um die Bäume zu fällen und zu zersägen.

Als ich meine Großmutter einmal fragte, was das Lieblingsgericht der Haremsfrauen gewesen sei, rechnete ich damit, daß sie eine exotische Speise wie Baklava nennen würde. »Auberginen natürlich«, sagte sie. »Sie sind das Essen mit dem größten Zauber. Wir glaubten damals, daß eine Frau schwanger wird, wenn sie von Auberginen träumt. Wir tranken ihren bitteren Saft, um die bösen Geister zu vertreiben, und rieben unser Gesicht damit ein. Vor allem aber mußten wir tausend Arten der Zubereitung von Auberginen kennen, um das Herz eines Mannes zu gewinnen. Du mußt mindestens fünfzig kennen«, fuhr sie fort. »Sonst endest du als alte Jungfer.«

Jean-Joseph Benjamin Constant: Harem, *um 1885,* Öl auf Leinwand, *102 × 76 cm, Privatsammlung.*

Die Sultaninnen

Mögest du, umgeben von Diamanten und Pomp, als Frau des Sultans leben!

Zirkassisches Wiegenlied

Eheschließungen der Sultane

Die Hochzeit von Sultan Orhan und der byzantinischen Prinzession Theodora wurde 1346 mit einer unglaublichen Pracht am europäischen Ufer Konstantinopels gefeiert, das damals noch nicht unter osmanischer Herrschaft stand. Orhan, der sein Lager am asiatischen Ufer aufgeschlagen hatte, schickte dreißig Schiffe mit einer berittenen Eskorte hinüber, um seine Braut zu holen. »Auf ein Zeichen hin wurden die Vorhänge unvermittelt geöffnet, um die Braut – oder das Opfer – freizugeben, die von knienden Eunuchen und Hochzeitsfackeln umringt war«, schrieb Edward Gibbon in *The Decline and Fall of the Roman Empire*. »Flöten und Trompeten verkündeten das frohe Ereignis, und Theodoras angebliches Glück war das Thema des Vermählungsliedes, das die größten Poeten jener Epoche sangen. Sie wurde ihrem barbarischen Gebieter ohne die Riten der Kirche überstellt, aber es war ausbedungen worden, daß sie ihren Glauben im Harem von Bursa behalten durfte.«

In der Anfangszeit des Osmanischen Reichs heirateten die Sultane die Töchter byzantinischer Kaiser, anatolischer Fürsten und balkanischer Könige. Diese Eheschließungen verfolgten rein diplomatische Zwecke. Nach der Eroberung von Konstantinopel wurde der Harem mit nichttürkischen Odalisken bevölkert, ein Brauch, der bis zum Ende des Osmanischen Reichs fortbestand. Da diese Sklavinnen in Übereinstimmung mit dem islamischen Gesetz das persönliche Eigentum des Sultans waren, brauchte er sie nicht zu heiraten. Doch ab und zu kam es vor, daß einer von ihnen – der erste war Süleiman der Prächtige – beschloß, eine seiner Favoritinnen zu heiraten.

Im Gegensatz zu den Odalisken wurden die Konkubinen des Sultans als seine Frauen – *kadinlar* oder *kadinefendiler* – betrachtet. Er hatte gewöhnlich vier bis acht solcher Frauen. Die erste Frau hieß *bash kadin* (Oberfrau), nach ihr kam die *ikinci kadin* (zweite Frau), die *uchuncu kadin* (dritte Frau) und so fort. Wenn eine Kadin starb, rückten die nachgeordneten eine Stufe auf, nachdem der schwarze Obereunuch die Zustimmung des Herrschers für die Beförderung eingeholt hatte.

Man nimmt allgemein an, die Sultane hätten mit allen der vielen hundert Frauen in ihrem Harem sexuelle Beziehungen unterhalten. Manche von ihnen mögen es tatsächlich getan haben. Als Murad III. starb, wurden zum Beispiel über hundert Wiegen geschaukelt. Einige Sultane nahmen jedoch nur eine einzige

Kadin, so Selim I., Mehmed III., Murad IV. und Ahmed II., und vieles spricht dafür, daß sie dieser einen mehr oder weniger treu blieben.

Die meisten Sultane verbrachten ihre Nächte abwechselnd mit ihren Favoritinnen, und um Streitigkeiten zwischen den Frauen zu verhindern, hielten sie einen bestimmten Terminplan ein. Der *haznedar* (Oberkämmerer) verzeichnete jedes »Beilager« in einem Hauptbuch, in dem auch die Geburt von Kindern und

Jean-Léon Gérôme: Palastwächter, *1865, Öl auf Holz, 34 × 24 cm, The Fine Art Society, London. Der hier dargestellte Wächter ist ein Hellebardier während der Abendwache.*

vor allem ihre Legitimität festgehalten wurde. Diese ungewöhnliche, bis heute erhalten gebliebene Chronik offenbart nicht nur sexuelle Intimitäten, sondern auch historische Ereignisse wie die Hinrichtung Gülfems, einer Kadin Süleimans des Prächtigen, die die Frechheit besessen hatte, einer anderen Dame ihr »Beilager« zu verkaufen.

Was manche Leute aus dem Westen bedauern werden: Allem Anschein nach scheinen die Sultane keine Orgien gefeiert zu haben, an denen viele Frauen beteiligt waren. Man darf jedoch annehmen, daß einige der ausschweifenderen und rücksichtsloseren Herrscher, so Ibrahim, auch recht ungewöhnlichen sexuellen Praktiken frönten.

Wenn ein Herrscher nicht allen seinen Kadins die gleiche Begeisterung und Aufmerksamkeit schenkte, löste er damit natürlich Angst, Unsicherheit und Mißgunst aus. Sultanin Mahidevran entstellte aus Eifersucht das Gesicht Roxalenas, Sultanin Gülnusch stieß die Odaliske Gülbeyaz von einer Klippe, Sultanin Hürrem wurde erdrosselt, und Sultanin Bezmialem verschwand auf geheimnisvolle Weise. Jedes Glas Sorbet konnte ein tödliches Gift enthalten. Es gab Bündnisse, Cliquen und einen fortwährenden lautlosen Krieg, was sich nicht nur auf die Atmosphäre im Harem, sondern auch auf die Politik des Staates auswirkte. »Die unerbittliche Disziplin, die den Harem in ein Gefängnis verwandelt, wird durch das leidenschaftliche Temperament dieser Frauen gerechtfertigt, das sie zu allen erdenklichen Verirrungen treiben kann«, bemerkt der Historiker Alain Grosrichard dazu in *Structure du Sérail* (1979).

Wenn eine Odaliske die Geliebte eines Prinzen wurde und er später auf den Thron kam, bestand die Wahrscheinlichkeit, daß er sie zu seiner Kadin machte. Selbst die Ehefrauen durften in Gegenwart des Herrschers nicht ohne seine ausdrückliche Erlaubnis sitzen, und sie mußten auch sonst eine komplizierte Etikette einhalten, was dazu führte, daß sie ein ausgesprochen gekünsteltes Benehmen an den Tag legten. Mütter von Prinzen empfingen ihre Söhne immer stehend und redeten sie mit »Mein Löwe« an.

Die Beziehungen zwischen den einzelnen Frauen waren in der Regel sehr formell. Wenn eine der Damen sich mit einer anderen unterhalten wollte, mußte der *kalfa* (Sekretär) ein offizielles Ersuchen um ein Gespräch unterbreiten. Die Haremsetikette verlangte, daß ältere Frauen respektvoll und höflich behandelt wurden. Die gewöhnlichen Frauen mußten die Röcke der Kadins aus Respekt küssen; oft forderten die Kadins sie jedoch aus Höflichkeit auf, diese sklavische Geste zu unterlassen. Die Prinzen küßten den Kadins ihres Vaters immer die Hand.

Haremsfrauen und Politik

Die exzessive Einmischung der Haremsfrauen in die Politik trug wesentlich zum Niedergang und Ende des Osmanischen Reichs bei. Sie begann ausgerechnet unter Süleiman dem Prächtigen (1520–1566), also in der Zeit der größten Machtentfaltung der Hohen Pforte. Damals – 1541 – zogen die Frauen zusammen mit Roxalena vom Alten Palast, den Mehmed der Eroberer hatte erbauen lassen, in den Harem des Großen Serails und näherten sich dem Sitz der Macht. Es war der Anfang der »Herrschaft der Sultaninnen«, die rund eineinhalb Jahrhunderte, bis zum Ende des Kampfes zwischen den Sultaninnen Kösem und Turhan, andauerte.

Nach Süleimans Tod führten die Sultane ihre Armeen nicht mehr ins Feld, sie zogen sich statt dessen mehr oder weniger in die Treibhausatmosphäre des Harems zurück.

Sie interessierten sich kaum noch für internationale Angelegenheiten und verbrachten die meiste Zeit in der Gesellschaft der Frauen. Diese Haltung führte dazu, daß sie ihre Regierungsgeschäfte vernachlässigten, und die Sultaninnen gewannen mehr oder weniger Einfluß auf die Würdenträger des Staats, wobei Bestechung und Günstlingswirtschaft an die Stelle von Erfahrung und Können traten. Nach dem Tod Mehmeds III. im Jahr 1603 kam eine Reihe minderjähriger oder geistig gestörter Herrscher auf den Thron, und die Frauen übten praktisch die uneingeschränkte Regierungsgewalt aus.

Es ist faszinierend, wie diese Frauen ihre allgemeine Benachteiligung in einen Vorteil ummünzten. Wohl in jedem Reich gab es Frauen, die hinter den Kulissen Einfluß ausübten, so Madame Pompadour in Frankreich und die Kaiserinwitwe Jung-shu in China, doch in keinem anderen Land saßen sie – wenn auch heimlich – so unmittelbar an den Hebeln der Macht. Von ihrem luxuriösen Gefängnis aus kontrollierten sie den Hof, den *Diwan* (Staatskanzlei) und das ganze Serail. Durch ihre Obereunuchen hielten sie Verbindung zum Großwesir und anderen wichtigen Amtsträgern, und manchmal gaben sie sogar, durch vergitterte Fenster oder Vorhänge von ihren Gesprächspartnern getrennt, lange Audienzen. Sie legten sich ein gründliches Wissen vom Hof und von anderen Ländern zu, und oft gelang es ihnen, ihre Gegner zu stürzen und ihren Verbündeten wichtige Ämter zuzuschanzen. Sie bestimmten Statthalter und intrigierten gelegentlich sogar gemeinsam mit anderen Staaten gegen den Sultan.

Die Venezianerin Baffa war zu Sultanin Safiye geworden, nachdem türkische Soldaten sie während einer Schiffsreise nach Korfu geraubt hatten, wo ihr Vater, ein Mitglied der Adelsfamilie Baffo, Gouverneur war. In den Harem Murads III. verkauft, war sie fest entschlossen, die Interessen Venedigs zu fördern, um sich für ihre Entführung zu rächen. Selbst als venezianische Schiffe die Handelsflotte der Türken bedrängten und beleidigten, gelang es ihr, den Sultan von einem Angriff auf den »Löwen von San Marco« abzubringen und zu besonders günstigen Handelsbedingungen für Venedig zu überreden.

Der venezianische Botschafter und auch Katharina von Medici verständigten sich durch die Jüdin Chiarezza oder Kira mit Baffa. Die Jüdin tarnte sich als Bündelfrau und verkaufte Stoffe und Schmuck im Serail. Als Elizabeth I. von England ihr wertvolle Geschenke überbringen ließ, erklärte die Sultanin sich sogar bereit, den Engländern in politischen und kommerziellen Angelegenheiten zu helfen. Sie korrespondierte persönlich mit der Königin, was nach den osmani-

Melchior Lorchs: Süleiman der Prächtige, *1559, Kupferstich, 31 × 44 cm, The British Museum, London. Süleiman der Prächtige war der erste Sultan, der eine Haremsfrau heiratete: Roxalena.*

schen Gesetzen nichts anderes als Hochverrat war. Ihr Sohn, Sultan Mehmed III., war sich ihres gefährlichen Tuns bewußt, betete sie aber so sehr an, daß er sie gewähren ließ. Dennoch fand sie ein klägliches Ende. Sie wurde 1583 von Unbekannten in ihrem Bett erdrosselt. Eine Zeitung aus Genua berichtete über den Tod dieser Sultanin, die im rivalisierenden Stadtstaat Venedig das Licht der Welt erblickt hatte: »Ermordet worden ist jene Sultanin, welche ›Die Schmutzige‹ genannt wurde und eine böse alte Vettel war.«

Die Prozession der Sultansmutter

Jeder Thronwechsel hatte eine wichtige Machtverschiebung zur Folge, denn nun wurde eine andere Frau Sultansmutter. Sie wurde bei einer glanzvollen Prozession, die aus bis zu hundert Karossen bestehen konnte, durch von Janitscharen bewachte Straßen auf einer Sänfte vom Haus der Tränen zum Serail gebracht. Ihr

Kämmerer, der ein Zepter trug, fuhr mit den Herolden des Diwan unmittelbar hinter ihr, und es folgte ein weiterer hoher Würdenträger des Palastes, der Münzen an die Neugierigen verteilte, die die Route säumten. In den restlichen Kutschen saßen die Odalisken und andere weibliche Mitglieder des Hofstaats der neuen Sultansmutter. Der Sultan ritt seiner Mutter bis zum Kaiserlichen Tor entgegen, begrüßte sie, küßte ihr die Hand und brachte sie in den Harem des Großen Serails.

Prinzessinnen

Die Töchter des Sultans wuchsen gemeinsam mit den anderen königlichen Kindern und den Kindern der Odalisken im Harem auf. Sie wurden wie ihre Brüder

Pierre Auguste Renoir: Mädchen mit einem Falken *(Mlle. Fleury in algerischer Tracht), 1880, Öl auf Leinwand, 125 × 78 cm, Sterling and Francine Clark Institute, Williamstown (Massachusetts).*

in der Palastschule unterrichtet, bis sie die Pubertät erreichten. Ihre Vermählung war, genau wie bei den europäischen Herrschertöchtern, meist von politischen Erwägungen diktiert. Der Sultan wählte die Männer für seine Töchter und Schwestern aus, und der Großwesir unterrichtete sie und ihre Zukünftigen offiziell über die Entscheidung. Sobald der Bräutigam das diesbezügliche Schriftstück erhielt, mußte er sich von seinen bisherigen Frauen und Odalisken scheiden lassen.

Bis zum 19. Jahrhundert wurden die Prinzessinnen gewöhnlich mit wichtigen Staatsmännern verheiratet, die viel älter waren als sie. So kam es, daß sie oft in jungen Jahren zur Witwe wurden. Einige der Mädchen waren bei ihrer Verlobung erst zwei oder drei Jahre alt. In den Annalen des Serails findet sich eine anschauliche Schilderung der Hochzeit der fünfjährigen Prinzessin Fatma, der Tochter Ahmeds III., mit Ali Pascha, einem Höfling, der bereits in den besten Jahren war. Die Zeremonie war rein symbolischer Natur. Der Bräutigam sollte acht Jahre warten, bis die Ehe vollzogen werden konnte, und er durfte seine Frau nie ohne das Beisein einer Anstandsdame sehen, ehe sie die Pubertät erreicht hatte. Sieben Jahre nach der Zeremonie, also ein Jahr vor Ablauf der Frist, fiel Ali Pascha auf dem Schlachtfeld.

Im 19. Jahrhundert wurde der Brauch der Kinderhochzeiten abgeschafft und die Pubertät zum Mindestalter für Eheschließungen erklärt. Es gab sogar Prinzessinnen, die sich ihren Mann selbst aussuchen durften und damit ein größeres Maß an Freiheit erreichten als irgendeine andere Frau in der islamischen Gesellschaft. Einige heirateten aus Liebe; einige heirateten mehrere Male.

Die Sultane ließen sich die Hochzeit einer Tochter viel Geld kosten, und die Mitgift wurde, wie Helmuth von Moltke 1836, nach der Vermählung von Prinzessin Mihrimah, berichtete, öffentlich zur Schau gestellt:

> *Gestern (Mittwoch, den 4. Mai 1836) wurde die Mitgift der Prinzessin zu ihrer neuen Residenz gebracht. Die von leichten Reitern bewachte Prozession, der mehrere Paschas voranritten, bestand aus vierzig Maultieren, die mit Ballen kostbarer Stoffe beladen waren, zwanzig Kutschen mit Schals, Teppichen, seidenen Kleidungsstücken und anderen Dingen und dreihundertsechzig Trägern, die große silberne Tabletts auf dem Kopf trugen. Auf dem ersten Tablett lag ein prachtvoller Koran mit perlenverziertem Goldeinband, darauf folgten silberne Stühle, Kohlepfannen, Schmuckschatullen, goldene Vogelkäfige und dergleichen mehr. Wahrscheinlich werden einige von diesen Dingen heimlich wieder in den Schatz zurückgeschafft, um bei der nächsten Heirat einer Prinzessin erneut vorgeführt zu werden.*

Das Fest, nicht nur Prozessionen und Bankette, sondern auch Tanzvorführungen, musikalische Darbietungen und Feuerwerke, zog sich oft über mehrere Wochen hin. Jeden Tag gab es eine neue Belustigung. Die Bevölkerung der Stadt wurde von Trommlern, Taschenspielern und Akrobaten unterhalten, und man veranstaltete Ring- und Hahnenkämpfe.

Nach der Hochzeitszeremonie und dem Festmahl begaben sich die Jungvermählten in einen Palast, den der Sultan für sie gekauft und ausgestattet hatte. Der Bräutigam betrat das Zimmer der Braut in Begleitung des schwarzes Obereunuchen. Er sagte zuerst seine Gebete, legte sich dann ins Bett und küßte die Füße der Prinzessin. So begann die Hochzeitsnacht.

Einige Prinzessinnen, zum Beispiel Süleimans Tochter Mihrimah und seine Enkelin Ayshe Humashah, übten viel Einfluß auf ihren Ehemann aus. Prinzessin Hatice, die Tochter Ahmeds III. (1703–1730) und Frau des Großwesirs, war in der Tulpenzeit die wahre Herrscherin und diktierte ihrem Vater und ihrem Mann, wie sie die Regierungsgeschäfte führen sollten, während sie gleichzeitig mit dem Marquis de Villeneuve intrigierte, um den Franzosen bei ihrem Krieg gegen Rußland beizustehen.

Wiederverheiratung von Sultaninnen

Die osmanischen Herrscher boten Kadins, die unfruchtbar waren oder eine Fehlgeburt erlitten hatten, oft anderen mächtigen Männern zur Heirat an. Auch für Odalisken und kinderlose Favoritinnen wurden Heiraten arrangiert.

Wenn ein Sultan starb, waren seine Favoritinnen nicht mehr *die* Favoritinnen. Schlagartig aller Vorrechte beraubt, mußten sie in das Haus der Tränen ziehen, und der Harem des Serails bekam neue Insassinnen. Die Witwen heirateten in manchen Fällen ein zweites Mal.

Niederkunft und Geburt

Wenn eine Geburt bevorstand, wurde einer der größeren Pavillons des Serails gründlich geputzt und neu ausgestattet. Die Bettdecken waren rot, und die Waschschüsseln, Wasserkrüge und die anderen Utensilien bestanden aus Gold oder Silber.

Als natürlichste Stellung für die Entbindung galt das Sitzen, nicht das Liegen. Man benutzte dazu speziell konstruierte Gebärstühle. Eine Schar von Hofdamen leistete der werdenden Mutter Gesellschaft, während die Hebamme das Baby entband, das anschließend sofort von einer Amme übernommen wurde. Manchmal wurden Sängerinnen, Tänzerinnen oder der Palastzwerg – der ein Eunuch war – aufgefordert, die Frau während der Wehen zu unterhalten. Das ganze Ereignis wurde fast wie ein Fest begangen und galt keineswegs als eine lästige Heimsuchung.

Sobald das Kind zur Welt gekommen war, verbreitete der schwarze Obereunuch die frohe Botschaft im Palast. Jede Abteilung opferte fünf Widder, wenn es ein Junge war, und drei Widder, wenn es ein Mädchen war. Die Kanonen feuerten sieben Salutschüsse für einen Jungen und drei für ein Mädchen ab, die in den nächsten vierundzwanzig Stunden fünfmal, bei jedem Ruf zum Gebet, wiederholt wurden.

Die Sultansmutter und der Großwesir arrangierten Audienzen, bei denen

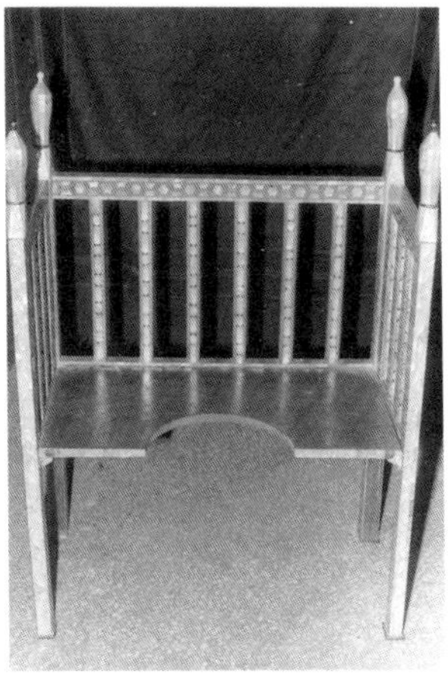

Gebärstuhl, frühes 18. Jahrhundert.

Rechts:
Husein Fazil Enderuni: Eine Geburt im Harem, *Miniatur aus* Zanan-Name, *17. Jahrhundert, Bibliothek der Universität Istanbul Eine Sultanin in den Wehen sitzt auf einem eigens konstruierten Gebärstuhl und wird von ihren Odalisken und dem Palastzwerg, einem Eunuchen, unterhalten.*

das Neugeborene, die Mutter und die mächtigen Haremsfrauen reiche Geschenke erhielten. Auf das königliche Baby wartete bereits eine kostbare, mit Edelsteinen eingelegte Wiege mit perlenbestickten Decken. Ausrufer verkündeten die Nachricht überall in der Stadt, und Dichter hielten das frohe Ereignis in Gedichten und Liedern fest.

Der Harem verwandelte sich in eine Welt aus Farben und Licht und kam während der einwöchigen Feiern anläßlich der Geburt kaum zur Ruhe. Lampions, Lampen und Fackeln beleuchteten das Innere und die Gärten ringsum. Osmanische Edelleute kamen, um sich in ihren prachtvollsten Gewändern zu zeigen. In dieser einen Woche glich die ganze Stadt einem Schauspiel aus *Tausendundeine Nacht.*

Wenn Sultaninnen starben

Die Identität der Frau, die neben Mehmed dem Eroberer in einem unbezeichneten Sarg ruht, ist bis heute von einem Geheimnis umgeben. Die *Mullahs* (islamische Theologen) behaupten, es handle sich um die nach ihrem Tod zur orthodoxen Heiligen erhobene Irene, in die der Sultan sich unsterblich verliebt hatte. William Pointer erklärte 1566 in seinem allegorischen Bericht *Palace of Pleasure*: »Er brachte nicht nur seine Tage und Nächte mit ihr zu, sondern verzehrte sich darüber hinaus in immerwährender Eifersucht.«

Er schenkte ihr alles, doch Irene weigerte sich hartnäckig ihrem Glauben zu entsagen. Die Mullahs warfen ihm vor, eine *gavur* (Ungläubige) zu umbuhlen. Laut Richard Daveys Werk *Sultan and His Subjects* (1897) befahl Mehmed eines Tages alle Mullahs in den Palasthof. Irene stand, von einem glitzernden Schleier verhüllt, in der Mitte, und der Sultan hob langsam den Schleier, so daß alle sahen, wie unsagbar schön sie war. »Ihr seht, daß sie schöner ist als alle Frauen, die ihr jemals zu Gesicht bekommen habt«, sagte er, »schöner als die Huris eurer Träume. Und ich liebe sie mehr als mein Leben. Aber mein Leben ist wertlos im Vergleich zu meiner Liebe für den Islam.« Er packte sodann Irenes lange goldblonde Zöpfe, riß daran und trennte ihren Kopf mit einem Streich seines Säbels von ihrem Körper. Charles Goring schilderte das schreckliche Geschehen 1708 in seinem Gedicht »Irene«:

Voll Sorge um mein Reich und mein verlorenes Ansehen
Tötete ich eine Gebieterin, um meine Krone zu behalten.
Doch hätte die Schöne meine Flamme erwidert,
Wäre ich ihr, ohne des Reiches zu gedenken,
Für alle Zeiten verfallen.

Süleiman der Prächtige ließ seine Frau Gülfem hinrichten, weil sie eines Abends nicht an seinem Lager erschienen war. Der geistig verwirrte Sultan Ibrahim befahl während einer seiner nächtlichen Orgien, alle seine Frauen zu ergreifen, in Säcke zu stecken und sie in den Bosporus zu werfen. Eine von ihnen wurde von französischen Seeleuten gerettet und nach Paris gebracht, wo sie sicher einiges zu erzählen hatte...

Drei der vielen mächtigen und interessanten Frauen, die im Serail lebten, liebten und herrschten, verdienen ganz besondere Aufmerksamkeit. Jede von ihnen verkörperte die Zivilisation des Jahrhunderts, in dem sie lebte. Roxalena war die erste Frau, die einen Sultan vor dem Gesetz heiratete und mit ihrem Gefolge in das Serail zog – um anschließend die uneingeschränkte Kontrolle über Süleiman den Prächtigen, den größten osmanischen Herrscher überhaupt, zu gewinnen. Sultanin Kösem herrschte am längsten und sah am meisten. Und Sultanin Nakschedil alias Aimée de Rivery lebte eines der Leben, aus denen Legenden gewoben werden.

Roxalena (Sultanin Hürrem)

Auf dem dritten der sieben Hügel Istanbuls erhebt sich die Moschee Süleimans des Prächtigen, das wundervollste Bauwerk auf dem Vorgebirge am Bosporus. Sie ist gewaltig und eindrucksvoll und gleichzeitig von einem schwerelosen Zauber, der das Genie und den Geist ihres Architekten, Sinan, widerspiegelt. Die Zentralkuppel wird von zahlreichen kleinen Kuppeln umgeben, wie von zarten Seifenblasen. Vier schlanke Minarette ragen in den Himmel.

Innen ist die Moschee trotz der schönen Fenster aus buntem persischen Glas und der farbigen Kacheln des *mihrab* (Gebetsnische in Richtung nach Mekka) recht düster. Das feierliche Dämmerlicht und die Stille geben ihr etwas Friedliches, fast Entrücktes. Den gleichen Eindruck vermittelt der Garten, in dem die Mausoleen Süleimans und seiner Gemahlin Roxalena stehen. Ein Weinstock rankt sich über die Mauern ihrer Gräber, und ringsum blühen in verschwenderischer Fülle tiefrote Amarante, die Blumen, die »blutende Liebe« genannt werden.

Unbekannter Künstler: Porträt der Roxalena *(Sultanin Hürrem), 16. Jahrhundert, Topkapi-Palast, Porträtgalerie, Istanbul.*

Die Liebenden, einst die mächtigsten Sterblichen dieser Stadt, heute zwei Säcke mit Gebeinen, schlummern in ihren letzten Ruhestätten. Man denkt unwillkürlich an Istanbuls Gegensätze und Widersprüche: Vom Bosporus auf zwei Kontinente verteilt, kann es sich, gespalten zwischen Reichtum und Hunger, dem Körperlichen und dem Geistigen, dem Heiligen und dem Profanen, nicht entscheiden, wem es gehören will. Der Singsang der Muezzins treibt wie Rauch vom Minarett über die Dächer der Stadt, genau wie in den Tagen, als Roxalena hier lebte.

Roxalenas Herkunft liegt ebenso im dunkeln wie die der meisten Frauen, die ihr Leben weitgehend in den Harems der Mächtigen verbrachten. Wahrscheinlich war sie eine russische Sklavin aus der Ukraine – was ihren Namen, Roxalena oder »Russalena« erklären könnte –, die von Süleimans bestem Freund, dem Großwesir Ibrahim (nicht mit dem gleichnamigen verrückten Sultan verwandt), auf einem öffentlichen Markt gekauft wurde.

Ihr Porträt zeigt ein Gesicht wie das allerfeinste Mosaik, mit klassischen Zügen und flammend rotem Haar. Ihre Augen blicken aufmerksam und intelligent. Sie war eine außergewöhnliche Strategin und eine kluge Politikerin. Roxalena plante ihre Schritte wie beim Schachspiel.

Süleiman fühlte sich zunächst von ihrem zurückhaltenden Charme angezogen und machte sie dann zu seiner Favoritin. Sie schenkte ihm bald einen Sohn und wurde damit zur dritten Kadin, zur drittmächtigsten Frau in der Hierarchie des Harems. Roxalena war sich bewußt, daß der Thron gemäß dem von Mehmed dem Eroberer durchgesetzten Buch der Gesetze an das älteste männliche Mitglied der Herrscherfamilie gehen würde, der sich deshalb gezwungen sehen konnte, alle seine Brüder auszuschalten, um ihn für seine eigenen Söhne zu sichern. Prinz Mustafa, der mutmaßliche Erbe, war also der Todesengel ihrer männlichen Kinder.

1526 berichtete Pietro Bragadino, der venezianische Gesandte bei der Hohen Pforte, dem Senat der Serenissima in einer Geheimdepesche von einem erbitterten Streit zwischen Sultanin Gülbahar, erste Kadin und Mustafas Mutter, und Roxalena, in dessen Verlauf Gülbahar die Rivalin heftig an den Haaren gezogen und ihr Gesicht zerkratzt hatte. Roxalena schloß sich in ihren Gemächern ein und weigerte sich unter dem Vorwand, ihr Gesicht sei entstellt, vor dem Sultan zu erscheinen. Sie fuhr fort, ihm ihre Gunst zu versagen, und forderte ihn auf, sie nach dem islamischen Gesetz zu heiraten und außer der Lust auch die Macht mit ihr zu teilen. Dieses Verlangen hätte sie fürwahr das Leben kosten können, doch Süleiman zeigte sich von ihrem scharfen Verstand und ihrer Furchtlosigkeit beeindruckt.

Um sie zu beschwichtigen, verbannte er Prinz Mustafa als Statthalter nach Manisa, einer Stadt in der westlichen Türkei, die weit genug vom Zentrum der Macht entfernt war. Mustafas Mutter, Gülbahar, mußte ihn entsprechend dem osmanischen Protokoll dorthin begleiten. Um seine Ergebenheit weiter zu beweisen, löste Süleiman die Bande zu seinen anderen Konkubinen, indem er die schönsten von ihnen nacheinander mit seinen Paschas vermählte. Er erfüllte alle Wünsche Roxalenas und heiratete sie sogar. Damit war sie die erste Frau, die offiziell einen Sultan geehelicht hatte, eine Tatsache, deren Bedeutung Sir George Young, einem zeitgenössischen britischen Beobachter, nicht entging. Er berichtete 1530:

> *Diese Woche hat hier in der Stadt ein ganz außergewöhnliches Ereignis stattgefunden, das in der Geschichte der Sultane unbedingt ohnegleichen ist. Der Große Gebieter Süleiman hat eine Sklavenfrau aus Rußland, eine gewisse Roxalena, zu seiner Kaiserin gemacht, und es gab ein üppiges Fest. Die Zeremonie fand im Serail statt, und die Festlichkeiten sprengten jeden bislang bekannten Rahmen. Die großen Straßen waren des Nachts bunt erleuchtet, und es gab viel Musik, und die Leute schmausten reichlich.*
>
> *Die Häuser sind mit Girlanden geschmückt, und man hat überall Schaukeln angebracht, in denen die Menschen stundenlang mit großem Vergnügen schaukeln. Im alten Hippodrom wurde eine große Tribüne aufgebaut, wo die Plätze für die Kaiserin und ihre Damen mit güldenem Gitterwerk abgetrennt sind. Hier wohnten Roxalena und der Hof einem prachtvollen Turnier bei, an dem christliche und auch moslemische Ritter teilnahmen, ferner Akrobaten und Taschenspieler und eine Prozession wilder Bestien und Giraffen, deren lange Hälse gleichsam den Himmel zu berühren schienen ... Man redet eine Menge über die Hochzeit, und niemand kann sagen, was sie eigentlich bedeutet.*

So wurde Süleiman als der erste osmanische Herrscher bekannt, der sich dem Einfluß einer Frau ergab. »Das einzig Ungünstige, was sich gegen Süleiman vorbringen ließe, ist die übermäßige Ergebenheit seiner Gemahlin gegenüber«, schrieb der habsburgische Gesandte nach Wien. Die schöne Roxalena herrschte über den Sultan, bis sie zweiunddreißig Jahre später starb. Da Zara berichtet:

> *Er erweist ihr so viel Liebe und schenkt ihr so viel Vertrauen, daß alle seine Untertanen staunen und sagen, sie habe ihn verhext. Sie nennen sie die* ziadi *[jadi] oder Hexe. Die Armee und der Hof hassen sie und ihre Kinder deshalb, doch weil er sie liebt, wagt keiner zu protestieren: Was mich betrifft, so hörte ich immer nur Schlechtes über sie und ihre Kinder und nichts als Gutes über den Erstgeborenen und seine Mutter.*

Süleiman war ein Dichter. Er liebte die Sprache der Poesie, und auch Roxalena hatte eine dichterische Ader. Sie umwarben einander mit Versen, und er hörte ihre Stimme auf dem Schlachtfeld, wo sie den Knall der Kanonen und das Zischen der niedersausenden Säbel übertönte. Süleiman hatte eine Frau gefunden, die ihm ebenbürtig war, die ihn nicht nur im Bett glücklich machte, sondern auch in Angelegenheiten des Staates beriet und seine Liebe zur Kunst teilte. Der Harem wurde von einem Verlies ohne Hoffnung zu einem Ort der Schönheit und Erleuchtung.

Roxalena strahlte so viel Licht aus, daß Süleiman ihre dunkle Seite nicht zu sehen schien. Wegen ihres kristallhellen Lachens und ihrer natürlichen Unbefangenheit nannte er sie Hürrem, »die Lachende«.

Aber Hürrem war innerlich zerrissen. Als der Alte Palast, wo der Harem des Sultans untergebracht war, 1541 teilweise niedergebrannt war, zog sie mit ihrem Hofstaat von Odalisken und Eunuchen in das Große Serail, wo sie Süleiman und der Zentralgewalt näher war. Dieser Schritt markierte den Beginn des Großen Harems oder der »Herrschaft der Frauen«.

Mustafa und Gülbahar waren in sicherer Entfernung, doch Roxalena mußte noch mit einem anderen Widersacher fertig werden, mit dem Mann, dem sie ursprünglich gehört hatte, Ibrahim, dem unzertrennlichen Freund des Sultans, der dessen Zelt wie dessen Träume teilte und vom Königlichen Falkner zum Herrn von Rumelien und später zum Großwesir aufgestiegen war. Süleiman hatte ihm seine Schwester Hatice zur Frau gegeben und ihn mit Reichtümern und Ehren überhäuft. Vielleicht hatte Ibrahim ihm Roxalena nur deshalb geschenkt, weil er seine Stellung festigen wollte. Wenn ja, ging der Schuß letztlich nach hinten los. Neidisch auf seinen Einfluß und eifersüchtig auf Süleimans Zuneigung zu ihm, suchte Roxalena nach Mitteln und Wegen, um seinen Tod herbeizuführen. Sie hetzte ihren Gemahl mit böswilligem Tratsch gegen seinen Freund auf. Als

Anton Ignaz Melling: Das Innere des Palasts der Sultanin Hatice, *Radierung aus* Views of Constantinople and the Bosphorous, *um 1815.*

Ibrahim eines Nachts als privilegierter Freund des Herrschers im Serail weilte, wurde er von den taubstummen Wärtern im Schlaf erdrosselt. Vielleicht war Roxalena für den Mord verantwortlich. Viele haben sie der Anstiftung zu dem Verbrechen beschuldigt, aber es gibt keinen schlüssigen Beweis.

Kurz darauf eröffnete der Sultan ihr, daß er einen neuen Palast für sie errichten lassen wolle. Sie fürchtete, er wolle sie nicht nur räumlich entfernen, sondern auch aus seinen Gedanken vertreiben, so daß sie seine Gunst verlieren würde. Um ihn von seinem Vorhaben abzubringen, ließ sie sich ein reizvolleres Bauprojekt einfallen, eine Moschee, die von Sinan, dem größten Architekten jener Zeit, errichtet werden und den Namen Süleimaniye, Moschee Süleimans des Prächtigen, tragen sollte. Wieder einmal triumphiere sie. Man schrieb das Jahr 1549.

Roxalenas Söhne wuchsen heran, und damit wurde Prinz Mustafa ein immer größeres Hindernis. Er war ein intelligenter und tüchtiger Prinz, den das Volk und die Armee sehr bewunderten. Und er war Süleimans Lieblingssohn. Wie konnte sie es einfädeln, daß er in Ungnade fiel?

Sie ließ einen Brief fälschen, in dem Mustafa dem Schah von Persien mitteilte, er wolle seinen Vater entthronen und ihn dabei um Hilfe bitten. Der Brief wurde Süleiman zugespielt, nahm ihn gegen seinen Sohn ein und führte schließlich dazu, daß Vater und Sohn einander in der Schlacht auf der Ebene von Eregli gegenüberstanden. Es heißt, Süleiman und auch Mustafa seien auf dem Weg in den Kampf beide mehrere Male umgekehrt, aber das Schicksal habe dafür gesorgt, daß sie es sich jedesmal wieder anders überlegten: Das Kismet hatte über sie bestimmt.

Mustafa trat seinem Vater unbewaffnet entgegen. Er begab sich zu dessen Zelt und durchschritt vier Innenzelte. Als er das fünfte betreten hatte, gellten seine Schreie über die Ebene. Angeblich vergoß Süleiman Tränen für den Sohn, den er getötet hatte, und für den Vater, der es fertig gebracht hatte, einen solchen Sohn zu töten.

Einer der vier Söhne Roxalenas, Mehmed, starb jung eines natürlichen Todes; Cihangit, der einen glänzenden Verstand besaß, war deformiert und epileptisch; Bajesid war tüchtig, aber grausam. Sie bestimmte Selim, den vierten Sohn, zum Erben des Throns, weil sie überzeugt war, daß er es aufgrund seines äußerst gutmütigen Charakters nicht über sich bringen würde, seine Brüder zu ermorden. Auch wußte sie, daß er trank, um eine dumpfe Ahnung von seinem unmittelbar bevorstehenden Tod zu betäuben. Sie riskierte Süleimans Zorn und sorgte dafür, daß Selim immer genug Wein hatte, um Vergessen zu finden. Er wurde als Selim der Trunkenbold bekannt.

Doch wie sehr Roxalena auch intrigierte, sie konnte nichts gegen das Kismet ausrichten. Sie sollte nicht erleben, daß ihr Traum, Sultansmutter zu werden, in Erfüllung ging. Sie lebte auch nicht lange genug, um Zeugin davon zu werden, wie ein Bruder sich gegen den anderen wandte und wie der Vater sich gegen den Sohn wandte. Sie erlebte nicht, wie Selim und Bajesid um den Thron kämpften und wie Bajesid im Verlauf dieses Kampfes zum Schah von Persien floh. Und sie erlebte nicht, wie Süleiman den Schah zwang, Bajesid auszuliefern, um dann nicht nur ihn, sondern auch den persischen Herrscher und dessen Söhne umbringen zu lassen.

Roxalena starb 1558. Ihr Platz wurde von ihrer Tochter Mihrimah und ihrer Enkelin Aisha Humashah eingenommen. Selim der Trunkenbold und sein Sohn – und Nachfolger – Murad III. beschäftigten sich beide lieber mit Frauen als mit Regierungsangelegenheiten. Ihre Schwestern, Gemahlinnen und Töchter nutzten diese Schwäche aus, um sich in die Politik einzumischen und ihren Männern bzw. Günstlingen oder Söhnen einflußreiche Posten zuzuschanzen. In wichtigen politischen Angelegenheiten fragte Süleiman nicht etwa seine Söhne um Rat, sondern Mihrimah.

Roxalena hatte ihre Tochter gut ausgebildet.

Kösem

Die Prinzen Ahmed und Mustafa lebten zusammen im Goldenen Käfig. Als Ahmed Sultan geworden war, hatte er nicht das Herz, seinen Bruder umzubringen, aber er sorgte dafür, daß Mustafa im Käfig blieb – mit einigen wenigen Frauen. Er ließ den Eingang bis auf eine kleine Öffnung zumauern, durch die man dem Unglücklichen Essen, Alkohol und Opium reichte. Vierzehn Jahre später wurde die Mauer eingerissen, und man erklärte den inzwischen geistig verwirrten Mustafa zum Sultan.

Die Jahre der Isolation hatten in Ahmed eine Leere bewirkt, die durch ständig neue Zerstreuungen ausgefüllt werden mußte. Er ließ jede Nacht eine andere Frau an sein Lager kommen, bevorzugte jedoch Kösem, eine schöne griechische Odaliske, der er die kostbarsten Juwelen aus seinem Schatz schenkte. Kösem war fünfzehn Jahre alt, als sie die Geliebte des ebenfalls fünfzehnjährigen Ahmed I. wurde.

Ahmed herrschte von 1603 bis 1617, und Kösem wurde in jungen Jahren zur Witwe. Mustafa wurde aus dem Goldenen Käfig befreit und zum Sultan ausgerufen, während Kösems Söhne, Murad, Bajesid und Ibrahim, in den Käfig kamen. Doch schon wenige Monate später wurde Mustafa von der Eunuchenstreitmacht, die ihn nicht mochte, entthront und wieder in den Käfig gesperrt. Sein Sohn Osman folgte ihm nach, fiel jedoch einer Erhebung der Janitscharen und *sipahis* (leichte Reiter) zum Opfer. Truppen marschierten in das Serail ein und schleppten den Herrscher in die *yedikule* (Sieben Türme), ein Gefängnis für gewöhnliche Verbrecher. Dort wurde er ermordet. Man schnitt ihm ein Ohr ab und brachte es seiner Mutter, um sie zu demütigen. Brudermord war im Osmanischen Reich an der Tagesordnung, aber dies war der erste Königsmord an der Hohen Pforte. Abermals zerrte man den armen geisteskranken Mustafa aus dem Käfig und setzte ihn auf den Thron (1622). Er befahl, Kösems Söhne umbringen zu lassen, aber die Eunuchen griffen – erneut – ein und krönten Kösems ältesten Sohn zu Murad IV. (1623–1640).

Auf diese Weise fand Kösem sich als Sultansmutter am Ziel ihrer Wünsche. Murads Grausamkeit beunruhigte sie jedoch. Er erließ ein Gesetz, das den Genuß von Alkohol und Tabak im ganzen Reich verbot, während er selbst fortfuhr, reichlich zu trinken und zu rauchen. Er ließ jeden hinrichten, der gegen das neue Gesetz verstieß. Wenn er betrunken war, streifte er oft in Begleitung eines geheimnisvollen Derwisches durch die Straßen und suchte nach Opfern. An jeder Ecke hingen die Leichname der Leute, die er seinen Schergen überantwortet hatte.

Kösems jüngster Sohn, Ibrahim, war ebenfalls geistig gestört. Deshalb setzte sie ihre Hoffnung auf den gutaussehenden, aufgeweckten und tapferen Bajesid, der ein vielbewunderter Turnierkämpfer war. Eines Tages stieß er Murad bei einem Reiterspiel vom Pferd. Kurz danach wurde Bajesid während eines Feldzugs in Persien auf Befehl seines Bruders getötet, ein Vorfall, der Racine zu seiner Tragödie *Bajazet* inspirierte.

Unter Ibrahim erreichte Kösem ihre größte Macht als Sultansmutter und regierte das Reich mit Hilfe des Großwesirs Mustafa Pascha. Der schwache Ibrahim, der sich voll und ganz den Freuden des Harems hingab, wurde von seinen grenzenlosen Ausschweifungen ausgezehrt. Die Franzosen nannten ihn den »Pelznarren«, weil er von einer krankhaften Leidenschaft für Pelze besessen war und überall im Harem Pelze sehen und berühren wollte. Er ließ im Reich nach der dicksten Frau suchen, die es gab. Sie war eine Armenierin. Er verliebte sich unsterblich in sie und erhob sie zur Generalstatthalterin von Damaskus. Seine Favoritinnen durften im Basar kaufen, was sie wollten. Der Oberkämmerer bezahlte ihre Rechnungen. Er befahl seinen Schwestern, die Haremsodalisken zu bedienen, und schenkte den Sklavinnen die einträglichsten kaiserlichen Besitzungen. In einer besonders turbulenten Nacht ließ er dann aber alle Frauen des Harems in Säcke stecken und ertränken.

Es wäre besser für das Reich gewesen, wenn Ibrahim keine Kinder gehabt hätte. Aber Kösem war fest entschlossen, so lange wie möglich an der Macht zu

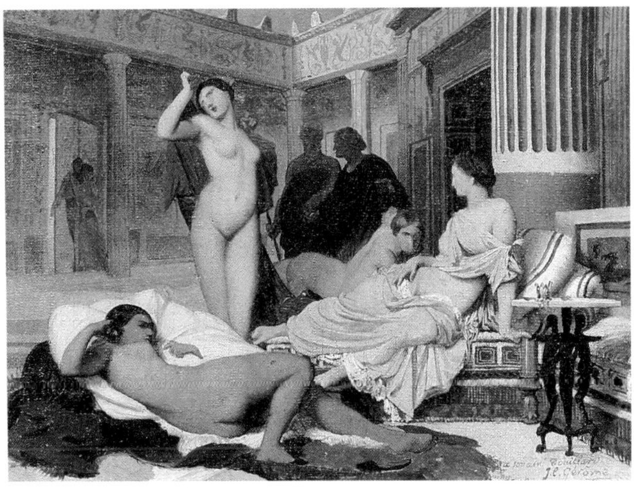

Jean-Léon Gérôme: Griechisches Interieur, *1848, Öl auf Leinwand, Musée d'Orsay, Paris.*

bleiben. Sie bezahlte einen Mann namens Cinci Hoca (Hüter der *djinns* oder Kobolde) dafür, verschiedene Fruchtbarkeitstrünke aus Kräutern zu machen. Vielleicht waren sie allzu wirksam, denn Ibrahim bekam sechs Söhne hintereinander.

Überall im Reich verbreiteten sich Geschichten von Ibrahims wahnwitzigen Taten, was die Janitscharen schließlich zu einer Meuterei veranlaßte. Sie marschierten zu den Toren der Glückseligkeit und forderten den Kopf des Sultans. Kösem verhandelte mehrere Stunden mit ihnen. Als sie endlich versprachen, ihren Sohn nicht zu töten, sondern wieder in den Goldenen Käfig zu sperren, ergab sie sich.

Erneut gefangen, verfiel Ibrahim in Raserei und stieß Tag und Nacht gellende Schreie aus, die sogar die dicken Mauern des Palastes durchdrangen. Zehn Tage nach seiner Einkerkerung wurde er dann auf Befehl des *Mufti* (des obersten Imams oder moslemischen Priesters) erdrosselt.

Neuer Sultan wurde der siebenjährige Mehmed, ein Sohn Ibrahims und der Sultanin Turhan. Kösem zeigte keine Neigung, die Würde der Sultansmutter aufzugeben und weigerte sich, ins Haus der Tränen überzusiedeln. Sie intrigierte, um Mehmed vergiften zu lassen und einen jungen verwaisten Prinzen, den sie manipulieren konnte, zum Herrscher zu machen. Ein Krieg zweier Sultaninnen begann. Es war das Jahr 1651.

Die Janitscharen unterstützten Kösem, aber der neue Großwesir, Köprülü Mehmed Pascha, und die übrigen hohen Würdenträger des Palasts unterstützten Turhan. Kösem konspirierte mit den Janitscharen und wollte sie eines Nachts in den Harem lassen, damit sie den jungen Herrscher und seine Mutter töteten. Aber Turhan erfuhr rechtzeitig von der Verschwörung, und Kösem stand plötzlich vor den Eunuchen, den Anhängern der Rivalin, die ihr Leben forderten.

Sie geriet in Panik, stopfte sich hastig ihre kostbarsten Juwelen in die Taschen und floh durch das Labyrinth der Haremskorridore, das sie besser kannte als jeder andere. Sie verschwand in einem Kabinett und hoffte, die Eunuchen würden daran vorbeilaufen, und die Janitscharen würden sie retten, doch unglücklicherweise war ein Zipfel ihres Rocks in der Türritze steckengeblieben und verriet das Versteck.

Die Eunuchen zerrten sie heraus, zerrissen ihre Gewänder und stahlen den Schmuck, den sie mitgenommen hatte. Sie wehrte sich, aber sie war schon eine alte Frau. Einer der Angreifer erdrosselte sie schließlich mit einem Vorhang. Ihr nackter, blutiger Leichnam wurde nach draußen geschleppt und den Janitscharen vor die Füße geworfen.

Kösem hatte länger geherrscht als irgendeine andere Haremsfrau der osmanischen Geschichte, fast ein halbes Jahrhundert. Doch sie starb, von allen preisgegeben, einen grauenvollen Tod.

Turhan triumphierte. Da ihr Sohn noch ein Kind war, übte sie die uneingeschränkte Macht aus. Sie blieb im Grunde eine einfache Frau und war nie sehr geschickt in Regierungsangelegenheiten, doch die Haremsinsassinnen mochten sie. Als sie 1687 starb, endete die Herrschaft der Frauen.

Leon Bakst: Die Gelbe Sultanin, *um 1912, Kreide, Tusche, Gouache und Gold- und Silberfarbe auf Papier, 47 × 69 cm, Privatsammlung.*

Aimée Debucq de Rivery (Sultanin Nakschedil)

Nakschedil war wohl die schillerndste und faszinierendste Persönlichkeit unter den Sultaninnen. Ihr Leben ist geheimnisumwoben, und wir können bis heute nicht zweifelsfrei sagen, ob Nakschedil und Aimée de Rivery, das blonde, blauäugige Mädchen aus Martinique, wirklich ein und dieselbe Person waren. Ich hörte schon in jungen Jahren von ihr, weil sie, wie meine Großmutter Zehra behauptete, eine gewisse Rolle in der Geschichte meiner eigenen Familie gespielt hatte. Zu den vielen Geschichten, die Zehra erzählte, gehörte auch die von meiner Ururgroßmutter Naime:

Unter Sultan Abd ül-Asis, der 1861 bis 1876 herrschte, kam die französische Kaiserin Eugenie nach Istanbul. Sie äußerte den Wunsch, die Frauen im Harem des Sultans zu besuchen. Der Wunsch wurde erfüllt, und die Damen lernten einander kennen. Sie waren fasziniert voneinander, konnten sich aber nicht unterhalten.

»Spricht jemand von Ihnen französisch?« fragte die Kaiserin schließlich mit Hilfe aller möglichen Gesten und Zeichen. Die Frauen sahen sich an, tuschelten aufgeregt und schüttelten den Kopf.

»Dann«, fuhr meine Großmutter fort, »meldete sich eine alte Frau zu Wort: ›Ehe Sultanin Nakschedil starb, lebte hier ein junges Mädchen, das sie gern hatte. Sie nannte sie Naime, weil es so klang wie der Name, den sie getragen hatte, ehe sie hierher gebracht worden war. Sie gab dem jungen Mädchen Unterricht im Französischen, und ich glaube, das Mädchen lebt immer noch im Alten Palast.‹«

Naime wurde sofort aus dem Palast der Unerwünschten befreit und zur Kaiserin gebracht. Sie war ein sehr schüchternes Mädchen, aber sie sprach wirklich fließend französisch, mit dem Akzent von Martinique.

Als der Sultan sah, daß Kaiserin Eugenie Gefallen an Naime fand, schenkte er sie ihr, und sie beschloß, sie nach Frankreich mitzunehmen. Ein junger Mann aus ihrem Gefolge verliebte sich jedoch in Naime und bat die Kaiserin schließlich um die Hand des Mädchens. An diesem Punkt intervenierte der Sultan und erklärte, Naime sei Mohammedanerin, und ein *gavur* (Ungläubiger) könne sie nur dann heiraten, wenn er zum Islam übertrete. Obgleich der junge Mann aus einer frommen katholischen Familie stammte, zögerte er nicht, den Glauben zu wechseln. Zum Moslem geworden, bekam er ein Amt in der makedonischen Stadt Prilep bei Skopje. Das junge Paar zog dorthin, bekam viele Kinder, fing an, Wein anzubauen, um dann, als die Reben nicht recht tragen wollten, eine Schießpulverfabrik aufzumachen, die bald reichen Gewinn abwarf. Die türkische Bezeichnung *barutçu* (Schießpulvermacher) wurde dann unser Familienname.

Dies war eine von meinen Lieblingsgeschichten, und ich drängte meine Großmutter immer wieder, sie mir zu erzählen. Ich verdarb sie nie mit der Frage, in welcher Sprache die alte Frau der Kaiserin eigentlich von Naime berichtet habe. Mein Vater, der Archivar der Familie, behauptete immer, an der Geschichte sei kein wahres Wort – obgleich er nie herausgefunden hat, woher Ururgroßmutter Naime stammte und was es mit ihrem geheimnisvollen *dönme* (konvertierten) Gemahl in Prilep auf sich hatte. Die Familienpapiere gingen nicht weit genug zurück, weil ein großer Teil von ihnen verlorengegangen war, als die noch lebenden Angehörigen der Familie meiner Großmutter während der Balkankriege aus Prilep geflohen waren, um sich in Istanbul niederzulassen. Ist die Geschichte wahr, oder beweist sie nur, daß meine Großmutter eine Meisterin im Erfinden unwahrscheinlicher Begebenheiten war? Die Wahrheit liegt ebenso im dunkeln wie Nakschedils Leben selbst.

Wir wissen, daß Aimée Debucq de Rivery 1763 als Tochter einer aristokratischen Familie auf Martinique zur Welt kam. Ihre Cousine Joséphine Tascher de la Pagerie heiratete Napoleon Bonaparte. Einer Legende zufolge gingen die beiden jungen Mädchen einmal zu einer kreolischen Wahrsagerin in Pointe-Royale, und die prophezeite ihnen, sie würden später beide Königin werden, die eine im Osten und die andere im Westen.

Als Aimée 1784 nach dem Besuch der Klosterschule in Nantes nach Martinique zurückkehrte, wurde sie von Korsaren entführt. Dann – sie war einundzwanzig Jahre alt – verkaufte man sie an den Dey von Algier. Der Herrscher war von ihrer Schönheit bezaubert und sah eine Chance, die Gunst des Sultans zu gewinnen. Er machte sie Abd ül-Hamid I. zum Geschenk.

Aimée war sanft, zurückhaltend und intelligent. Der Sultan gab ihr den Namen Nakschedil (»Die auf dem Herzen bestickte«) und machte sie zu seiner Favoritin. Sie stieg zum Rang der vierten Kadin auf und war damit am Brennpunkt der politischen Haremsintrigen: Die Hauptkadin, Nükhet Seza, und die zweite Kadin, Mihrimah, versuchten beide, den Thron für ihren Sohn zu sichern. Nakschedil beobachtete und lernte.

1789, im Jahr der Französischen Revolution, starb Abd ül-Hamid, und der siebenundzwanzigjährige Selim III. wurde Sultan. Er bat Nakschedil, mit ihrem Sohn Mahmud – seinem Neffen – im Harem des Großen Serails zu bleiben, weil sie für ihn das Frankreich verkörperte, das er immer bewundert hatte. So wurde sie seine Vertraute. Sie brachte ihm Französisch bei, und zum erstenmal in der Geschichte des Osmanischen Reichs entsandte der Sultan einen ständigen Botschafter nach Paris. Selim gründete eine französischsprachige Zeitung und ließ den Palast von Nakschedil im Stil des Rokoko dekorieren.

Diese frankophilen Reformen kosteten ihn das Leben. Er wurde 1807 von religiösen Fanatikern umgebracht, die seinen Liberalismus verurteilten. Die Mörder versuchten auch Mahmud zu töten, aber Nakschedil rettete ihren Sohn dadurch, daß sie ihn in einem Ofen versteckte. So wurde Mahmud der übernächste Sultan. Er führte im Reich wichtige Reformen durch, die weitgehend auf den Einfluß seiner Mutter zurückgingen.

Aimée trat aus offensichtlichen Gründen zum Islam über, blieb in ihrem Herzen aber immer eine Christin. Ihr letzter Wunsch galt einem Priester, der ihr die Sterbesakramente geben möge. Mahmud schlug ihr diese Bitte nicht ab, und als Aimée auf dem Totenbett lag, passierte zum erstenmal ein katholischer Geistlicher die Tore der Glückseligkeit und betrat den Harem.

Jean-Léon Gérôme:
Der Wächter des
Harems, *1859,*
Öl auf Holz,
24 × 15 cm,
The Wallace
Collection, London.

Eunuchen

Eines Abends verließ ich das Haus eines wohlhabenden Muselmanen, von dessen vier Frauen eine herzkrank war; es war mein dritter Besuch gewesen, und jedesmal, wenn ich kam oder ging, schritt mir ein großer Eunuch voran, der mit lauter Stimme die übliche Warnung rief: »Frauen, zieht euch zurück«, damit die Damen und ihre Sklavinnen wußten, daß sich ein Mann im Harem befand, und Räumlichkeiten aufsuchten, wo er sie nicht erblicken würde. Nachdem ich den Hof erreicht hatte, kehrte der Eunuch um und ließ mich allein weitergehen. Als ich im Begriff war, die Tür zu öffnen, fühlte ich eine leichte Berührung am Arm, und als ich mich umwandte, sah ich dicht neben mir einen anderen Eunuchen, einen gutaussehenden jungen Mann von achtzehn oder zwanzig Jahren, der Tränen in den Augen hatte und mich stumm anschaute. Da er nichts sagte, fragte ich ihn, was ich für ihn tun könne. Er zögerte einen Moment, umklammerte dann meine Hand mit seinen beiden Händen und sagte mit rauher Stimme, aus der Verzweiflung klang: »Doktor, Sie wissen doch ein Heilmittel für jede Krankheit – sagen Sie, gibt es denn keine für mein Leiden?« Ich kann nicht beschreiben, welche Wirkung diese einfachen Worte auf mich hatten. Ich wollte ihm antworten, aber meine Stimme schien zu versagen, und da ich nicht wußte, was ich entgegnen sollte, zog ich schließlich die Tür auf und floh. Doch an jenem Abend und noch viele Abende später sah ich immer wieder sein Gesicht vor mir und hörte jene verzweifelten Worte, und ich kann Ihnen versichern, daß ich mehr als einmal fühlte, wie mir bei der Erinnerung an ihn Tränen in die Augen stiegen.

Edmondo de Amicis, ein junger Arzt aus Pera: Constantinople *(1896)*

Süleyman Aga

Als ich ein kleines Kind war, Ende der vierziger Jahre, wohnten wir in Izmir in einem fünfgeschossigen Haus, das früher der Harem eines Paschas gewesen war. Ich kannte dort einen Eunuchen, der Süleyman Aga hieß, einen Mann mit einem bartlosen, gelblichen Gesicht, der viel jünger aussah, als er war.

Süleyman schien immer ein kleines Geschenk für mich zu haben. Ich weiß nicht mehr genau, was für Geschenke es waren, doch an eines erinnere ich mich. Als ich einmal auf seinen Knien saß, zwickte er meinen kleinen Finger und steckte mit seinen dicken, braunen Fingern einen Ring mit einem leuchtend roten Stein darauf. Dann steckte er einen wunderschönen Ring mit einem farblosen Stein auf meinen Ringfinger. Als nächstes wurde mein Mittelfinger mit einem Ring geschmückt, der einen grünen Stein hatte. Er fuhr fort, mir Ringe auf die Finger zu stecken: auf den Zeigefinger einen mit einem blauen Stein und auf den Daumen einen mit einem tiefroten Stein. Er holte die Ringe ganz langsam aus der Tasche und lächelte dabei und beobachtete meinen Gesichtsausdruck. Kein Mensch hat mich seitdem so reich beschenkt.

Als wir später, in den fünfziger Jahren, nach Ankara gezogen waren, besuchte er uns manchmal und brachte jedesmal eine große Schachtel mit gefüllten Pralinen mit. Am liebsten mochte ich die, die mit Bananencreme gefüllt waren (die mit Pfefferminzcreme haßte ich). Er kam zwar immer, ohne sich vor-

Mit meinen Eltern in unserem Haus in Izmir, 1949.

her anzumelden, oft gerade dann, wenn wir uns zum Essen hinsetzten, aber ich freute mich jedesmal. Ich fühlte, wie mein Herz einen Satz machte, wenn ich die Tür öffnete und seine kraftlose Gestalt vor mir sah. Mein Blick wanderte sofort zu seinen Händen, die unweigerlich eine verführerische Schachtel mit Pralinen hielten.

»Sesam, öffne dich, so öffne dich«, sagte er dann mit seiner hohen Stimme – ich wußte damals noch nicht, was sie bedeutete –, und seine goldenen Schneidezähne blitzten. Mir war immerhin klar, daß er mit seinem sonderbar wiegenden Gang, seinen breiten Hüften und seinen weichen Zügen mehr Ähnlichkeit mit einer Frau hatte als mit einem Mann. Er hatte eine Figur wie eine Sanduhr, und er war für mich so etwas wie eine alte Tante.

Meine Eltern nannten ihn immer *hadim* (Eunuch), wenn er nicht dabei war. Meine Mutter sagte mir, das Wort bedeute »bartlos«, und manche Männer seien einfach so. Einmal bekam ich mit, wie mein Vater sagte, es seien nicht mehr viele von »ihnen« übrig, und mit ihrem Tod wäre ihre Art in der Türkei ausgestorben, und es wäre der Abschluß einer Epoche der Unterdrückung.

Ich war etwa neun Jahre alt, als wir hörten, daß er gestorben war.

Ungefähr zu jener Zeit erfuhr ich, daß Eunuchen kastrierte Männer waren. Da ich noch nicht mit den Einzelheiten der männlichen Anatomie vertraut war, meinte ich, man habe ihnen den Penis abgeschnitten, was eine sehr beunruhigende Vorstellung war. Ich hatte das Alter hinter mir, in dem ich meine Eltern oder irgend jemanden nach intimen Dingen fragte, und ich konnte mich nur an meine guten Freundinnen wenden, die auch nicht viel mehr zu wissen schienen als ich. Im Geschichtsunterricht erfuhren wir dann aber etwas über die verschnittenen Männer aus der Zeit der Sultane. Wir erfuhren, wie wichtig sie gewesen waren und wie sie sich in die Politik eingemischt hatten. Süleyman Aga war einer der letzten von ihnen gewesen.

Ich habe seitdem Darstellungen von Eunuchen im Kino, im Ballett oder in der Oper gesehen. Sie werden oft von kraftvollen und muskulösen Männern gespielt, die halbnackt, mit einem prachtvollen Turban und einem blitzenden Dolch auftreten, aber sie haben keine Ähnlichkeit mit Süleyman Aga, und man kann sich kaum vorstellen, daß das Wort Eunuch beide bezeichnet.

Ursprünge

Eunuchen üben fast noch mehr Faszination aus als die sexuellen Geheimnisse, die der Harem heraufbeschwört, und diese Faszination ist ebenso unwiderstehlich wie morbide. Ich habe nicht versucht, mich gegen sie zu wehren.

Wie kam es überhaupt, daß man Männer zu Eunuchen machte? Wessen Idee war es – und warum wurde sie ausgeführt? Die Bücher und die anderen Dokumente, die ich gelesen habe, enthalten einige Hinweise, aber das meiste davon sind Mutmaßungen.

Das Eunuchentum läßt sich offenbar bis nach Mesopotamien zurückverfolgen, also bis zur Wiege der Zivilisation am Zusammenfluß von Euphrat und Tigris. Ihr Delta am Persischen Golf war ein wunderschönes fruchtbares Tal, das viele Stämme ernährte, darunter auch matriarchalische Gesellschaften. Im 9. vorchristlichen Jahrhundert ließ die assyrische Königin Semiramis männliche Sklaven kastrieren. Andere Königinnen taten das gleiche. Gérard de Nerval behauptet in *Voyage en Orient*, daß die Königin von Saba mit einem Hofstaat von Eunuchen zu reisen pflegte.

Arten von Eunuchen

Die Geschichte kennt mehrere Arten von Eunuchen: Männer, die als Eunuchen zur Welt kamen, Männer, die gewaltsam von anderen kastriert wurden, und solche, die sich freiwillig kastrieren ließen, um das Ideal der Keuschheit zu erreichen. »Denn etliche enthalten sich der Ehe, weil sie von Geburt an zur Ehe unfähig sind«, sagt der Apostel Matthäus (19:12). »Etliche enthalten sich, weil sie von Menschen zur Ehe untauglich gemacht sind; und etliche enthalten sich, weil sie um des Himmelreichs willen auf die Ehe verzichten. Wer es fassen kann, der fasse es!«

Der Brauch, Wehrlose zu entmannen, verbreitete sich über Persien bis nach China. Kriegerstämme wie die Perser verschnitten ionische Gefangene und machten sie zusammen mit erbeuteten Jungfrauen ihren Königen zum Geschenk. Als der Perserkönig Cyrus 538 v. Chr. Babylon eroberte, ließ er verkünden, Eunuchen seien die wohl treuesten Diener, die es gebe, weil sie nicht imstande seien, zu zeugen und eine eigene Familie zu gründen. Der griechische Historiker und Biograph Xenophon berichtete um 400 v. Chr.:

> *Zu selbigem Schluß brachten ihn andere Lebewesen: Wenn zum Beispiel ungebärdige Hengste kastriert werden, hören sie unzweifelhaft auf zu beißen und um sich zu treten, bleiben aber ebenso für den Dienst im Krieg geeignet wie zuvor; und wenn man Bullen kastriert, verlieren sie einen Teil ihres Übermuts und ihrer Aufsässigkeit, sind aber weder ihrer Kraft noch ihrer Eignung zur Arbeit verlustig. Entsprechend hören verschnittene Hunde auf, ihrem Herrn zu entlaufen, ohne für Wachdienste oder für die Jagd weniger nützlich zu sein. Und auch Männer werden sanftmütiger, wenn man sie dieses Verlangens beraubt, ohne daß sie die ihnen anvertrauten Pflichten weniger sorgfältig verrichteten.*

Der jüdisch-christliche Keuschheitswahn und die Überzeugung, Frauen seien ein Hindernis auf dem Weg zur Reinheit, begünstigten die Kastration. Der lateinische Kirchenschriftsteller Tertullian erklärte im zweiten Jahrhundert, auch Eunuchen könnten in den Himmel kommen, und ermutigte viele Männer dazu, sich selbst zu kastrieren.

Die meisten von ihnen bereuten ihre Entscheidung später.

Herodot berichtet von dem Sklavenhändler Panionus von der Insel Chios, der für seine sexuellen Praktiken berüchtigt war. Panionus kaufte ungewöhnlich schöne Knaben, ließ sie kastrieren und verkaufte sie auf den Sklavenmärkten. Einer von ihnen war ein gewisser Hermotimus. Jahre später kreuzten sich die Wege des Sklavenhändlers und seines Opfers wieder. Hermotimus war als Obereunuch in einem reichen Palast in Sardis sehr mächtig geworden. Er überredete Panionus, zusammen mit seiner Familie dorthin zu ziehen, und versprach ihm Einfluß und Reichtum. Panionus ahnte nicht, daß Hermotimus sich rächen wollte, und zog mit den Seinen in den Palast, wo er alsbald feststellen mußte, daß er dem Obereunuchen ausgeliefert war. Hermotimus zwang ihn, seine vier Söhne zu kastrieren, und dann zwang er die Söhne, ihren Vater zu entmannen.

Die katholische Kirche hat seit der Renaissance Knaben verschneiden lassen, damit sie auch nach der Pubertät im päpstlichen Chor der Sixtinischen Kapelle die Sopranstimme singen konnten, und dieser Brauch endete erst 1878. Im 18. Jahrhundert wurden die Frauenrollen in der italienischen Oper ebenfalls von *castrati* gesungen, und manche von ihnen, so Grimaldi, Farinelli und Nicolini, wurden das, was wir heute Superstars nennen.

In den heiligen Moscheen des Islam in Mekka und Medina waren mehrere hundert Eunuchen beschäftigt. Die Wärter hatten unweigerlich Kontakt zu den Frauen, die die Moscheen besuchten, und da solche Kontakte zwischen Männern und Frauen in der islamischen Gesellschaft nicht zulässig waren, besonders nicht an heiligen Stätten, durften sie keine richtigen Männer sein.

Ende des 18. Jahrhunderts blühte in Mittelrußland die Geheimsekte der Skoptsi (von *skopez* oder Entmannter). Die Skoptsi glaubten an einen recht ungewöhnlichen Garten Eden: Ihrer Meinung nach waren Adam und Eva im Paradies geschlechtslos, doch nach dem Sündenfall wurden ihnen Teile der verbotenen Frucht als Genitalien und Brüste transplantiert. Um die Reinheit der Zeit vor dem Sündenfall wiederzuerlangen, ließen viele freiwillig ein Entmannungsritual über sich ergehen, bei dem sie sich oft selbst mit Messer, scharfkantigen Steinen oder sogar mit Glasscherben verstümmelten. Noch heute gibt es Skoptsi.

Im fünften vorchristlichen Jahrhundert waren die Priester des Tempels der Sibylle und des Artemistempels in Ephesus (einem der Sieben Weltwunder) Eunuchen. Später degenerierte die heilige Funktion der Verschnittenen in Griechenland und Rom zu so etwas wie einer privilegierten Lebensform. Gibbons schreibt dazu: »Von den strengen Edikten Domitians und Nervas zurückgehalten, von dem stolzen Diokletian begünstigt und von dem umsichtigen Konstantin auf eine bescheidene Rangstufe degradiert, vervielfältigten sie sich in den Palästen seiner kraftlosen Söhne und erlangten unmerklich Einfluß und schließlich die Leitung der Geheimen Staatsräte des Constantius Chlorus.«

Der Brauch hielt sich im Byzantinischen Reich und wurde schließlich von den osmanischen Türken übernommen. Als die Osmanen ihre Frauen im 14. Jahrhundert abzusondern begannen, belieferten die Byzantiner sie mit Eunuchen, doch es dauerte nicht lange, bis die Türken selbst Sklaven entmannten. In China war das Kastrieren damals schon ein gängiger Brauch, dem erst nach dem Fall des Großen Palastes in Peking ein Ende gemacht wurde. Doch während die Eunuchen im Reich des Himmels ausschließlich Einheimische waren, stammten die türkischen Eunuchen aus fremden Ländern, weil der Koran das Entmannen von Gläubigen verbot. Zuerst kauften sich die Türken weiße Eunuchen aus eroberten christlichen Ländern wie Zirkassien, Armenien und Georgien, doch sie waren oft kränklich und starben früh. Schwarze Eunuchen erwiesen sich als kräftiger und widerstandsfähiger. Ägypten, Abessinien und der Sudan wurden bevorzugte Jagdgründe.

Der Eunuchenhandel

Nach der islamischen Lehre wurden Kriegsgefangene automatisch das Eigentum ihres Häschers und konnten, wie jedes andere Eigentum auch, verkauft oder verschenkt werden. Moslemische Sklavenhändler suchten regelmäßig afrikanische Stammeshäuptlinge auf, die gewillt waren, ihre Untertanen zu verkaufen. Solche Transaktionen erwiesen sich als ein höchst einträgliches Geschäft.

Die meisten Sklaven kamen vom oberen Nil, aus Kordofan, Darfur, Dongola und der Gegend um den Tschad-See. Sie wurden, wie Vieh auf Nilbooten zusammengepfercht, nach Alexandria oder Kairo gebracht oder mußten, wenn sie aus Darfur oder Senna im Sudan kamen, die Sahara zu Fuß oder auf Kamelen durchqueren. Andere Sklaven wurden von Abessinien aus zu Häfen am Roten Meer getrieben und von dort zu den großen Umschlagplätzen am Mittelmeer – Mekka, Medina, Beirut, Smyrna (Izmir) und Konstantinopel (Istanbul) – transportiert.

Methoden der Entmannung

Einige der Knaben unter den schwarzen Sklaven wurden unterwegs in Karawansereien von Kopten oder Juden kastriert, da der Koran den Gläubigen verbot, diesen Eingriff selbst vorzunehmen. Es war eine riskante Operation, bei der viele Opfer ums Leben kamen, und wer sie überstand, brauchte in dem heißen und trockenen Klima oft lange, um wieder zu Kräften zu kommen. Da Wüstensand als wirksamster Wundbalsam galt, wurden die frisch Kastrierten bis zum Hals darin vergraben und erst wieder befreit, wenn ihre Wunden verheilt waren. Die Knaben, die die Schmerzen, den Blutverlust und das Grab im Wüstensand überlebten, waren Luxusobjekte, die den Händlern hohe Gewinne brachten. Da die Eunuchen von wohlhabenden Leuten gekauft wurden, konnten sie wenigstens hoffen, es später einmal zu Macht und Wohlstand zu bringen.

Das grausame Geschäft des Entmannens ist bis heute von Geheimnissen umgeben, doch Wörter wie Zermalmen, Schlagen, Schneiden und Ziehen, die in historischen Quellen im Zusammenhang mit dem Kastrieren benutzt werden, erlauben Rückschlüsse auf die verschiedenen Methoden, die man dabei anwandte.

Dem Historiker N. M. Penzer zufolge waren die verschiedenen Arten von Eunuchen in der klassischen Zeit präzise definiert. Es gab:

Castrati – *sowohl Penis als auch Hoden entfernt.*
Spadones – *Hoden entfernt, indem man sie aus dem Hodensack zog.*
Thlibiae – *Hoden zerquetscht und zermalmt, Keimdrüsen irreparabel geschädigt – diese Methode wurde vor allem bei sehr jungen Knaben angewandt.*

Der berühmte Reisende und Arabist Richard Burton schildert drei ähnliche Arten des Kastrierens, die im Orient üblich waren:

> Sandali, *oder Glatte. Die Genitalien werden mit einem einzigen Schnitt des Rasiermessers entfernt, man steckt einen Tubus in die Harnröhre, brennt die Wunde mit siedend heißem Öl aus und gräbt den Patienten in einem Haufen frischen Dungs ein. Die Operierten werden mit Milch ernährt, und die Überlebensquote ist bei Knaben vor der Pubertät recht hoch.*
>
> Eunuchen, *deren Penis entfernt wird, ohne daß sie die Fähigkeit des Beischlafens und Zeugens, wohl aber den normalerweise damit verbundenen Genuß einbüßen.*
>
> Eunuchen, *die den Thlibiae insofern ähneln, als sie durch Entfernen der Hoden durch Herausschneiden mit einem Steinmesser, Zermalmen, Versengen oder Abdrehen geschlechtslos gemacht wurden.*

Offenbar waren die Kastrationsmethoden überall auf der Welt gleich. Was sich unterschied, waren allein die Techniken, mit denen man das Blut stillte. Carter Stent beschrieb 1877, wie Chinesen entmannt wurden:

> *Die Operation wird auf die folgende Weise durchgeführt: Man windet weiße Binden oder Bandagen möglichst straff um den Bauch und die oberen Partien der Oberschenkel, um den Blutverlust gering zu halten. Dann werden die zu operierenden Teile dreimal mit heißem gepfeffertem Wasser gewaschen, wobei der Patient eine ruhende Stellung einnimmt. Wenn die Teile genügend gewaschen sind, werden sie – sowohl Hodensack als auch Penis – mit einem sichelförmigen Messer möglichst dicht am Unterleib abgetrennt. Nach der vollzogenen Entmannung wird eine Nadel oder ein Zapfen aus Zinn sorgsam in die Hauptöffnung an der Wurzel des Penis eingeführt, und man bedeckt die Wunde mit in kaltem Wasser getränktem Papier und verbindet sie sorgsam. Wenn die Wunde versorgt ist, muß der Verschnittene, gestützt von zwei Männern, zwei oder drei Stunden im Raum auf und ab gehen und darf sich erst danach hinlegen. Er darf drei Tage lang nichts trinken und leidet in dieser Zeit schreckliche Qualen, nicht nur, weil er Durst hat, sondern auch, weil die Wunde schmerzt und er seinem natürlichen Drang in diesem Zeitraum nicht nachgeben kann. Nach drei Tagen wird der Verband entfernt, man zieht den Zapfen heraus, und der Leidende erleichtert sich in einem reichen Strahl von Urin, der wie eine Fontäne hervorschießt. Wenn dies zufriedenstellend erledigt ist, meint man, der Patient sei außer Gefahr, und beglückwünscht ihn, doch wenn der Unglückliche kein Wasser lassen kann, ist er zu einem elenden Ende verurteilt, weil der Harnleiter entzündet und geschwollen ist. Dann kann ihn nichts retten.*

Der Historiker Paul Rycaut berichtet, daß manche Eunuchen eine dünne Röhre aus Silber in ihrem Turban versteckt hatten und sie jedesmal, wenn sie urinieren wollten, in den Harnleiter schoben.

Knaben, die noch nicht pubertierten, hatten die größte Chance, den Eingriff zu überleben. Nach der Pubertät führte die Kastration natürlich zu dem Gefühl, das Wichtigste im Leben verloren zu haben, und rief Verzweiflung, Frustration und Rachegelüste hervor.

Chinesische Eunuchen

Pekings Verbotene Stadt wurde fast ausschließlich von Männern bewohnt, und die meisten von ihnen waren Verschnittene. Während der Ming-Zeit (1368–1644) lebten über tausend Eunuchen in dem von Mauern umgebenen Palastbezirk. Die Zahl nahm allmählich ab, und unter dem letzten Kaiser, Pu Yi, der Anfang des 20. Jahrhunderts regierte, betrug sie nur noch zweihundert. Die meisten Eunuchen der Verbotenen Stadt verrichteten zwar nur körperliche Arbeiten, aber die Aufstiegschancen waren so groß, daß viele Arme den schmerzhaften Eingriff vornehmen ließen. Die Entmannung war nicht teuer, und die Sterblichkeitsquote lag zwischen vier und fünf Prozent, ein Risiko, das die meisten als gering erachteten. Die Kandidaten hatten größere Aussichten, eingestellt zu werden, wenn sie Beziehungen im Palastbezirk hatten, denn neue Eunuchen wurden gewöhnlich von denen eingestellt, die bereits dort arbeiteten.

Viele Eunuchen der Verbotenen Stadt erhielten eine vorzügliche Ausbildung und wurden als Schreiber eingesetzt. Wer eine gute Singstimme hatte, trat bei Theaterdarbietungen auf, andere wurden hohe Beamte. Da nach der konfuzianischen Tradition der gesamte Körper bestattet werden mußte, um in den Himmel zu kommen, bewahrten die Entmannten ihre Genitalien in kleinen Gefäßen mit einer Salzlösung auf, die sie ständig bei sich trugen. Diejenigen unter ihnen, die nicht in der Lage waren, ihre Organe aufzubewahren, konnten sich auf einem blühenden Schwarzmarkt die intimen Teile anderer kaufen.

Wirkungen der Kastration

Die körperlichen Auswirkungen der Kastration sind Haarverlust, eine Falsettstimme, Muskelerschlaffung und Fettleibigkeit. Außerdem leiden Eunuchen häufig an einer schwachen Blase, an schlechtem Erinnerungsvermögen, Schlaflosigkeit und Sehstörungen. Sie lernen Alkohol zu meiden, weil er ihre Energie mindert und Schmerzen im Harnleiter verursacht.

Verschiedene Autoren haben berichtet, daß Haremseunuchen eine ausgeprägte Vorliebe für Geld hatten – und für die schönen Dinge, die sie damit kaufen konnten. Sie aßen gern schwere und süße Näschereien wie Pralinen und Gebäck. Sie liebten es, Geschichten zu erzählen, und bevorzugten dabei unwahrscheinliche und märchenhafte Stoffe wie aus *Tausendundeine Nacht*. Außerdem liebten sie Musik und Tanz, die beiden Künste, die den Geist ihrer Heimat mehr wachriefen als alle anderen. »Eunuchen und Sklaven wiegten sich, halb von den Wolken der Parfüms und brennenden Spezereien verhüllt, die die Brise vom Schwarzen Meer über das ganze Serail trieb, zu den Klängen einer barbarischen, kriegerisch anmutenden Musik«, schrieb Edmondo de Amicis 1896 in *Constantinople*.

Leon Bakst: Eunuche, *Kostümentwurf für das Fokine-Ballett* Scheherazade, *1910, Tusche und Gold auf Papier, Privatsammlung.*

Sexuelles Verlangen und Erfüllung

Der Verlust der Sexualorgane führt offenbar nicht zu einer Minderung des sexuellen Verlangens, vor allem dann nicht, wenn die Kastration während der Pubertät durchgeführt wurde.

Das berichtet wenigstens der römische Satiriker Juvenal: »Den Gipfel ihrer Lust erreichen sie freilich, wenn sie als Jünglinge in der Hitze der Jugend, mit einem bereits sichtbaren dunklen Haarflaum und im Anschwellen begriffenen Hoden zum Arzt geführt worden sind.«

Ein Eunuch, der nur seine Hoden verloren hat, konnte Erektionen haben und ohne weiteres mit Frauen verkehren. Sir Richard Burton sagt in der Einleitung seiner Übersetzung von *Tausendundeine Nacht*, eine solche Erektion habe so lange dauern können, wie das Herz geschlagen habe, und die Leidenschaft sei ebenso groß gewesen wie bei anderen Männern. In der »Geschichte des Ersten Eunuchen« mißbraucht ein schwarzer Jüngling ein Mädchen und wird durch Entmannung bestraft. Später wird er ihr Eunuch und fährt trotz der Kastration bis zu ihrem Tod fort, sie sexuell zu lieben.

Manche Eunuchen hatten sogar leidenschaftliche Affären mit den Haremsfrauen. Montesquieu schildert in den *Lettres persanes* die Leiden eines liebestollen Verschnittenen:

> *Beim Betreten des Serails, wo mich alles mit Bedauern um all das erfüllte, was ich verloren hatte, nahm meine Erregung unablässig zu, und mein Herz war voll Zorn und meine Seele voll unsagbarer Verzweiflung... Ich erinnere mich, daß ich eines Tages, als ich eine Dame im Bad bediente, die Kontrolle über mich verlor und die Hand dorthin zu legen wagte, wo sie nicht liegen durfte. Zunächst wähnte ich mein letztes Stündlein gekommen. Ich war jedoch glücklich genug, einem furchtbaren Tod zu entrinnen, aber die Schöne, die ich zur Zeugin meiner Schwäche gemacht hatte, forderte einen hohen Preis für ihr Schweigen: Ich verlor gänzlich die Herrschaft über sie, und sie zwang mich unter Androhung meines Endes, ihren tausend Launen zu willfahren.*

Eunuchen, die noch im Besitz ihres Penis waren, wurden von den Haremsdamen bevorzugt, weil sie den Akt nach Belieben in die Länge ziehen konnten. Sie waren nicht nur potent, sondern boten auch die Garantie gegen eine unerwünschte Empfängnis.

Wie ein Hellebardier des Sultans in *Risale-i Taberdariye fi Ahzal-i Agă'yi Darüssade* (1714) schildert, hielten manche Eunuchen sich eigene Odalisken, während andere junge Knaben bevorzugten:

> *Diese unglückseligen Männer verlieben sich in gut aussehende Jünglinge und bringen sie bei sich unter, denn sie haben sehr viel Verlangen in ihren verderbten Körpern. Jeder einzelne von ihnen kauft mehrere junge Sklavinnen und läßt sie*

> *heimlich in seinem Zimmer wohnen, weil er seinen Genossen ihren Anblick nicht gönnt. Sie kämpfen miteinander um diese Frauen, die sie in ihren Zimmern halten. Wie könnte ein Verräter eine solche Tat begehen, wenn er nicht von fleischlicher Lust getrieben würde?*

Eunuchen experimentierten auch mit Aphrodisiaka und anderen erotischen Anregungsmitteln. Da sie den Kontakt zur Außenwelt hatten, konnten sie sich die verschiedensten Spielzeuge der Liebe beschaffen, darunter künstliche Phalli und andere intime Hilfsmittel. Sie waren außerdem wahre Meister in oralem Sex, und dem Hellebardier zufolge waren Frauen, die vor ihrer Heirat mit Eunuchen verkehrt hatten, in vielen Fällen nicht mit den diesbezüglichen Leistungen ihres Gatten zufrieden:

> *Es heißt, daß diese Odalisken, die sich mit Eunuchen einlassen, einen unstillbaren sexuellen Hunger entwickeln! Daß dem so ist, ist in ganz Istanbul wohl bekannt. Zwei Odalisken erhielten ihre Freiheit und wurden verheiratet. Eine Woche nach der Vermählung ließen die Männer sich von ihnen scheiden. Der Grund war, daß die Odalisken ihnen gesagt hatten, sie leisteten nicht so viel wie die Eunuchen. Deshalb wurden sie von ihren Männern verstoßen. Dies trug sich zu meinen Lebzeiten zu.*

Eunuchen waren offenbar sehr uneigennützige Liebhaber, und da ihre erotischen Leistungen zwar anerkannt, aber nicht an die große Glocke gehängt wurden, wissen wir so wenig über die Art ihrer eigenen Erfüllung. Ihre erogenen Zonen waren die Partie um die Harnöffnung und der Anus. Burton lernte die Frau eines Eunuchen kennen, die ihm erzählte, ihr Mann fröne der Masturbation, der Fellatio und der analen Stimulation, bis er einen Orgasmus habe, der von einem Ausfluß der Prostatadrüse angezeigt werde. Kurz vor dem Höhepunkt mußte sie ihm ein Kissen hinhalten, in das er dann biß. Sie hatte mehr als einmal befürchtet, er würde ihr in einem Anfall sexueller Raserei die Brüste abreißen oder das Gesicht entstellen.

Eunuchenehen

Heiraten von Eunuchen und Haremsodalisken waren nicht selten, doch einmal vermählt, durfte das Paar nicht mehr im Serail wohnen. Sümbül Aga, der Obereunuch von Sultan Ibrahim, heiratete ein schwangeres Mädchen, weil er gern eine Frau und ein Kind haben wollte, für die er sorgen konnte. Viele andere füllten ihren eigenen Harem mit Jungfrauen. »Ich suchte nicht Liebe, sondern Leidenschaft«, berichtete ein schwarzer Obereunuch im 19. Jahrhundert. »Es gab viele Frauen, die ich mit Verlangen betrachtete, doch Visionen vom Galgen schreckten mich ab. So beschloß ich zuletzt zu heiraten. Ich heiratete eine Frau, die im Palast gedient hatte. Man konnte fragen, warum eine solche Frau einen Mann wie mich heiraten konnte. Ich weiß die Antwort nicht. Ich habe sie in all den Jahren, die wir zusammen lebten, nicht ein einziges Mal danach gefragt.«

John Richards äußerte sich in seinen *Diaries* (1699–1700) sehr verächtlich über solche Praktiken:

> *Es gibt, sofern man denn diese Bezeichnung benutzen mag, eine Art von Ehe zwischen einem Eunuchen und einer Frau, und ich spreche hier von vollständig verschnittenen Männern, und glaubwürdige Personen berichten, daß sie auf eine uns unbekannte Weise miteinander verkehren, was hier niemanden verwundere. Sogar die Frauen haben Mittel und Wege, dem Mangel an Männlichkeit abzuhelfen, und es darf auch nicht verwundern, daß sich diese erbarmungswürdigen Geschöpfe, die von sich selbst nur wissen, daß sie für die Benutzung durch den Mann geschaffen wurden, und nicht den Glauben teilen, daß die Tugend einen Lohn haben wird, während die Sünde eine Strafe nach sich zieht, allen erdenklichen Arten der Lust und Sinnlichkeit ergeben, wobei sie alle anderen Frauen zu übertreffen behaupten.*

Regeneration von Geschlechtsorganen

In manchen Fällen wachsen Genitalien nach. Wie Carter Stent berichtet, wurden bei Ermittlungen am chinesischen Hof mehrere Eunuchen entdeckt, die im Besitz ihrer Geschlechtsorgane waren. Man ließ sie umgehend wieder kastrieren, doch diesmal waren sie in einem anfälligeren Alter, und die meisten überlebten den Eingriff nicht.

Ein Eunuch namens Wei-chung-hsien, der am Pekinger Hof lebte, hielt sich heimlich eine Konkubine und unternahm alles Erdenkliche, damit seine Geschlechtsorgane nachwuchsen. Ein Arzt sagte ihm, wenn er das Gehirn von sieben Männern äße, würde er das Ziel seiner Wünsche erreichen. Wei-chung-hsien beschaffte sich sieben Kriminelle, ließ ihre Schädel spalten und ihre Gehirne herausnehmen und verzehrte sie anschließend restlos. Das Ergebnis kennen wir leider nicht.

Die Eunuchen wurden vor der Aufnahme in das Serail auf Herz und Nieren geprüft. Ärzte untersuchten sie bei der Ankunft und vergewisserten sich später in unregelmäßigen Abständen, daß nichts »nachgewachsen« war. Übrigens bevorzugten die zuständigen Hofbeamten Eunuchen mit unattraktiven Gesichtern; die schönen, juwelengeschmückten »blauen« Eunuchen blieben den Geschichten aus *Tausendundeine Nacht* vorbehalten.

In der Blütezeit des Osmanischen Reichs waren sechs- bis achthundert Eunuchen im Serail beschäftigt. Die meisten von ihnen waren Geschenke von den Statthaltern der verschiedenen Provinzen. Ihre Wohn- und Schlafräume lagen unmittelbar hinter den Toren der Glückseligkeit, dem Eingang des Harems. Man konnte sie nur durch zwei hintereinander gelegene Doppeltüren erreichen, eine eiserne und eine aus Messing. Der Obereunuch nahm jeden Abend vom Wärter, dem *baltacilar* (Hellebardier), die Schlüssel entgegen und gab sie erst am Morgen zurück.

John Frederick Lewis: Leben im Harem zu Kairo, *1858, Tusche und Deckfarbe auf Papier, 61 × 48 cm, Victoria and Albert Museum, London.*

Im Vorzimmer der Eunuchengemächer kann man noch heute die für die Bastonade bestimmten Stöcke sehen, mit denen die Neulinge, ob sie es verdienten oder nicht, unweigerlich Bekanntschaft machten. Jeder neue Eunuch wurde mit gebundenen Händen und Füßen auf den Boden gelegt, und dann schlug ein älterer Eunuch so lange mit dem Stock auf seine bloßen Fußsohlen, bis der Knabe die Schmerzen nicht mehr ertragen konnte. Alle anderen mußten zusehen, um zu lernen. »Die Knaben werden von den anderen Jünglingen des Serails beobachtet und gezüchtigt, bis sie in einem bestimmten Alter zum Dienst bereit sind. Dann werden sie zu den Frauen geschickt und unter den Befehl von anderen Eunuchen im Dienst der Sultanin gestellt, die wiederum unter der Leitung des Obereunuchen oder des Hüters der Jungfrauen stehen. Sie erhalten außer reichen Zuwendungen von anderen Stellen ein beträchtliches Taschengeld von sechzig bis hundert Aktscha am Tag, jährlich zwei Gewänder aus feinster Seide und andere Dinge. Sie tragen Blumennamen wie Hyazinth, Narziß, Rose und Nelke, denn da sie im Dienst von Frauen stehen, sollten ihre Namen Keuschheit, Reinheit und Duft beinhalten«, schrieb Ottavio Bon 1608 in *Seraglio of the Grand Signor*.

Die Jungeunuchen schliefen während ihrer Lehrzeit in einem überfüllten Schlafsaal. Sie wuchsen heran und spielten in dieser Zeit mit anderen Knaben und den jungen Odalisken. Die Disziplin ihrer Ausbildung glich der Zucht auf einer Militärakademie. Am Ende der Ausbildung wurde jeder von ihnen – wie die Odalisken – einer wichtigen Haremspersönlichkeit zugeteilt, einem Prinzen, einer Kadin, einer Tochter oder Schwester des Sultans oder der Sultansmutter. Ihr Traum war, später einmal *kizlar agasi* (Hüter der Mädchen) zu werden, schwarzer Obereunuch.

Der schwarze Obereunuch

Der schwarze Obereunuch hatte enormen Einfluß und genoß großes Ansehen. Er war nach dem Sultan und dem Großwesir der höchste Würdenträger im Reich. Er kommandierte die Streitmacht der Hellebardiere, war ein Pascha und trug noch andere erlauchte Titel. Er hatte jederzeit Zugang zum Sultan und fungierte als Bote zwischen dem Großwesir und dem Herrscher. Gleichzeitig hatte er ungehinderten Zugang zur Sultansmutter und war der Verbindungsmann zwischen ihr und ihrem Sohn. Jede Haremsfrau, die mit dem Sultan sprechen wollte, wurde von ihm ins Verhör genommen. Er war ein äußerst wohlhabender Mann, gefürchtet und umbuhlt – und er war gewöhnlich derjenige Amtsträger, der die meisten Bestechungsgelder im Osmanischen Reich erhielt.

Der schwarze Obereunuch führte die jungen Odalisken zum Lager des Sultans, eine Zeremonie, die Jean Flachat in seinen *Observations sur le commerce* (1766) so beschrieb:

> *Schließlich präsentiert die* Saray Usta *(Hüterin des Hauses) dem Sultan das Mädchen, das er am attraktivsten findet... Sie beeilt sich, all ihre Fertigkeiten zu*

zeigen, um ihm zu gefallen. Er wirft ihr als Zeichen, daß er ihr beizuwohnen wünscht, ein Taschentuch zu, und unverzüglich werden die Vorhänge rings um den Raum, in dem er sitzt, zugezogen. Der Kizlar Aga *wartet auf das Zeichen, die Vorhänge zurückzuziehen, während all die anderen anwesenden Frauen, die entweder tanzten oder sangen oder ein Musikinstrument spielten oder – in der Mehrzahl – einfach ruhten, den Kiosk betreten, um dem Sultan ihre Ehrerbietung zu bezeigen und die neue Favoritin zu beglückwünschen.*

Wenn es nachts einen Zwischenfall im Harem gab, durfte der schwarze Obereunuch als einziger die Gemächer der Frauen betreten. Er hatte die Pflicht, die Frauen zu schützen, die nötigen Odalisken für den Harem zu beschaffen, die

Zwei Eunuchen im Serailhof.

Beförderung der Frauen und der Eunuchen zu kontrollieren, als Zeuge für die Hochzeitszeremonien des Sultans und die Geburt der Herrscherkinder zu fungieren, alle königlichen Feste – zum Beispiel Beschneidungszeremonien und Hochzeitsfeiern – zu organisieren und den Haremsfrauen, die sich eines Verbrechens schuldig gemacht hatten, das Urteil zu überbringen; er führte die Mädchen zum Henker, der sie dann in Säcke steckte und ertränkte.

Die Macht der Eunuchen nahm in der zweiten Hälfte des 16. Jahrhunderts noch zu. Im 17. und 18. Jahrhundert nutzten sie genau wie die Frauen die Ohnmacht derjenigen Sultane aus, die geistig zurückgeblieben waren oder den Thron in kindlichem Alter bestiegen. Während der Herrschaft der Frauen (1558–1687) war der schwarze Obereunuch der intimste und wichtigste Helfer der Sultansmutter und der Kadins. Die Obereunuchen spielten beim Niedergang des Osmanischen Reichs eine wichtige Rolle:

> *Obgleich es hieß, daß vierzig von ihnen nicht genug Verstand hätten, um eine Feige damit zu füllen, waren die aufgrund des Einflusses dieser Agas des Harems verübten Morde ohne Zahl. Unter Abd ül-Hamid waren diejenigen, die zum Rang des* musahip *(Oberkammerherr des Sultans) aufstiegen, ebenso mächtig wie der Sultan selbst. In der Zeit Abd ül-Hamids empfing der Kizlar Aga häufig die größten Staatsmänner der Epoche in seinen Gemächern. Einer der Verschwörer, die hinter der Tragödie des 31. März standen, war Jevher Aga. Nach der Ausrufung des Zweiten Tansimat ordnete das Kriegsministerium seine Hinrichtung an. Nach meinen persönlichen Erfahrungen im Palast teile ich die Eunuchen in drei verschiedene Kategorien: die Überempfindlichen, die Närrischen und die Dummen. Manche nahmen bereits Anstoß, wenn das Wort »schwarz« fiel. Sie tranken keinen Kaffee, weil er schwarz war, und nahmen statt dessen Tee.*
>
> *Ali Seydi Bei:* Teşrifat ve Teşkilatimiz
> *(»Zeremonie und Organisation«; 1904)*

Vom frühen 19. Jahrhundert bis zum Fall des Reiches nahm die Macht des Obereunuchen stetig ab. Anfang des 20. Jahrhunderts hatte er nur noch folgende Aufgaben: die Kleidung der Frauen zu überwachen und dafür zu sorgen, daß sie den Gesetzen der Schicklichkeit entsprach; die Frauen bei ihren Ausflügen zu begleiten, damit sie sich nicht zu weit vom Palast entfernten; für die Einhaltung der Etikette zu sorgen; Händler, Handwerker und Wahrsager am unerlaubten Betreten des Harems zu hindern; und Besuche von Frauen im Harem zu überwachen. Er mußte den Harem spätestens um Mitternacht verlassen, aber jederzeit erreichbar sein, falls etwas Unvorhergesehenes geschah.

Mit dem Ende des Harems verschwanden auch die Eunuchen. In den Monaten unmittelbar vorher sorgten sie sich verständlicherweise darum, wie sie im Alter zurechtkommen sollten. Sie unternahmen sogar den schwachen Versuch, eine Interessenvertretung zu gründen. Niemand wollte mehr etwas mit ihnen zu tun haben, weil sie eine Zeit verkörperten, unter die man einen Schlußstrich ziehen wollte. »Inmitten eines dicht bevölkerten Basars«, schreibt Edmondo de

Freigelassene Frauen aus dem Harem Sultan Abd ül-Hamids II. und zwei Eunuchen auf dem Weg nach Wien – wo sie dann gegen Eintrittsgeld betrachtet werden konnten. Diese Haremsinsassinnen hatten keine Verwandten, zu denen sie gehen konnten, als die Harems 1909 offiziell verboten wurden.

Amicis in *Constantinople,* »unter den Scharen der Erholungssuchenden an den Süßen Wassern, an den Pfeilern der Moscheen, neben den Kutschen, auf den Dampfschiffen, in den Barken, bei allen Festlichkeiten, wo immer Menschen sich sammeln, sieht man jene Phantome von Männern, jene melancholischen Wesen gleich einem dunklen Schatten über allen Aspekten des fröhlichen orientalischen Lebens.«

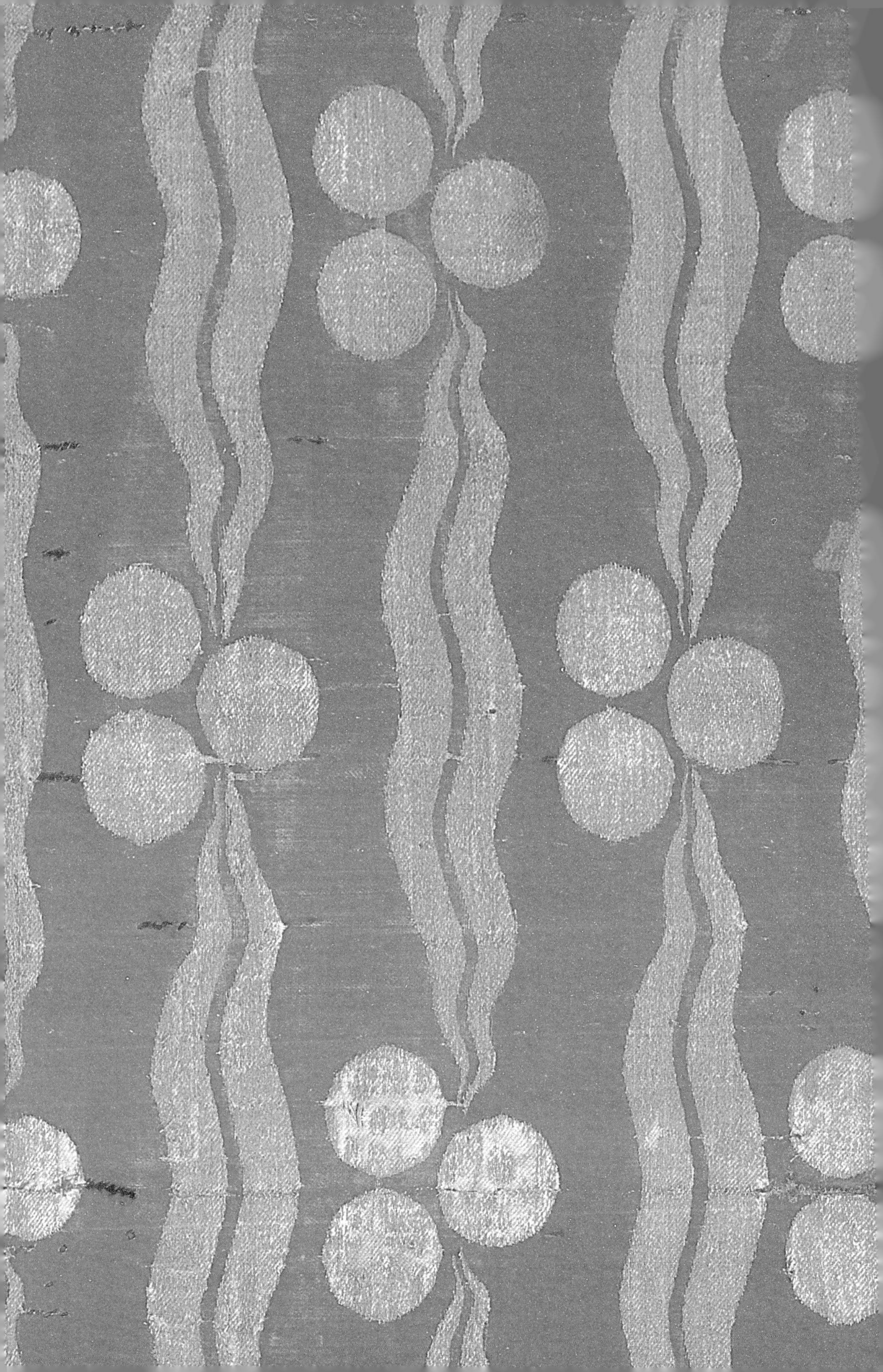

Harems=
leben
in der
Stadt

Gewöhn=liche Harems

Die orientalische Frau ist nicht mehr als eine Maschine: Sie macht keinen Unterschied zwischen dem einen und dem anderen Mann. Sie raucht, geht in die Badehäuser, bemalt sich die Augenlider und trinkt Kaffee. Das ist der Kreis der Beschäftigungen, in dem sich ihr Dasein vollzieht. Was die körperlichen Freuden betrifft, so kann es damit auch nicht weit her sein, denn der wohlbekannte Knopf, der Sitz derselben, wird in jungen Jahren abgeschnitten.

Gustave Flaubert: Brief an seine Geliebte, Louise Colet (1850)

Harems gab es nicht nur in den Palästen der Sultane und ihrer Statthalter. Bis zum 20. Jahrhundert waren die Frauen in fast jedem moslemischen Haushalt des Reichs – und sogar in einigen christlichen und jüdischen – von den Männern getrennt. Während die reichen Leute dem Sultan nacheiferten und luxuriöse Harems mit zahlreichen Eunuchen und Odalisken unterhielten, begnügten sich die Armen oft mit zwei Frauen, die in einem kleinen, nur durch einen Vorhang von den anderen Räumen getrennten Zimmer untergebracht waren.

Im Gegensatz zu den Sultanen heirateten gewöhnliche moslemische Bürger Töchter von anderen moslemischen Bürgern. Diese Frauen waren im Harem ihrer Väter geboren worden, und sie blieben bis zu ihrer Heirat dort. Anschließend zogen sie in den Harem ihres Mannes, der von ihrer Schwiegermutter geleitet wurde.

Die Ehen wurden von den Familien arrangiert, und jeder Mann durfte vier legitime Frauen haben, denen er die gleiche Aufmerksamkeit schenken und den gleichen Lebensstandard bieten mußte. Die erste Frau galt jedoch als die wichtigste und hatte oft größere Privilegien vor dem Gesetz. Außer den vier Frauen konnte man Odalisken haben, die gekauft und als Dienerinnen in den Harem gebracht wurden. In vielen Fällen unterhielt der Herr des Hauses auch zu den Odalisken intime Beziehungen. Es kam sogar vor, daß jemand eine seiner Dienerinnen heiratete und ihre Kinder legitimierte.

Heiratsvermittlerinnen

Da Männer und Frauen nicht gesellschaftlich miteinander verkehrten, wurden die Hochzeiten oft von *görücü* (Vermittlerinnen) arrangiert, die die Harems besuchten, die Vorzüge bestimmter Mädchen prüften und den Familien der potentiellen Ehemänner ihr Urteil unterbreiteten. Manchmal arrangierten Verwandte eine Hochzeit ihrer Kinder, um die familiären Bande zu festigen. Verbindungen von Vettern und Basen ersten Grades waren in den meisten islamischen Ländern an der Tagesordnung und sind es noch heute.

Edmund Dulac: Illustration zur 72. Strophe des Rubaiyat of Omar Kháyyám *(London, Hodder and Stoughton, 1909), Rare Books and Manuscript Library, Columbia University, New York.*

Ach, daß der Frühling mit der Rose weichen muß!
Weh, daß der Jugend süßes Buch sich schließen muß!

Henry T. Schafer: Die Braut, *um 1889, Heliogravüre, 19 × 31,8 cm, Sammlung der Verfasserin.*

Heiratsvermittlerinnen gab es bis in die sechziger Jahre hinein. Die meisten von ihnen waren umtriebige Personen, die auf ihre kupplerischen Talente stolz waren und ihr Hobby zum Beruf gemacht hatten. Sie suchten blutjunge Mädchen für Witwer, reifere Herren oder Junggesellen aus, die nicht in der Lage waren, selbst eine Frau zu finden. Die Görücü pflegte unangemeldet im Haus eines in Frage kommenden Mädchens zu erscheinen. Da man nach dem Koran keinem Gast die Tür weisen darf, wurde sie von den Verwandten des Mädchens willkommen geheißen. Man servierte ihr Kaffee, machte Konversation und benahm sich in jeder Hinsicht ausgesucht höflich. Das junge Mädchen versteckte sich inzwischen in der Küche oder einem anderen Zimmer, bis es von seiner Mutter oder seinen Tanten hereingerufen wurde. Dann bat man es meist, Kaffee zu machen und ihn zu servieren, da dieser Fertigkeit eine außerordentlich große Bedeutung beigemessen wurde. Züchtig nach unten blickend, schenkte die Heiratskandidatin der Görücü und den anderen Damen das Getränk ein und verließ, nachdem die Vermittlerin genügend Zeit gehabt hatte, sie zu betrachten, den Raum, oder sie setzte sich auf einen Schemel und lauschte dem Gespräch der Damen, ohne ein Wort zu sagen.

Meine Freundinnen und ich machten uns immer über diesen altertümlichen Brauch lustig, doch wir lebten in einem Land, das in einem schwierigen Prozeß des Umbruchs begriffen war, und deshalb mußten wir damit rechnen, daß auch wir eines Tages einer Görücü begegnen würden. Ich erinnere mich lebhaft, daß ich einige Male hinter der angelehnten Tür stand und zusah, wie eine dieser Frauen kam, um ein älteres Mädchen der Familie unter die Lupe zu nehmen. Ich wurde im Laufe der Zeit mit dem Ritual vertraut, und kurz nachdem ich die Pubertät erreicht hatte, war die Reihe dann an mir. Ich empfand es als eine Zumutung und weigerte mich, zu den Frauen zu gehen, aber meine älteren, besonders traditionsbewußten Tanten ließen nicht locker. Ich gehorchte, tat aber alles, um mich als ein garstiges Geschöpf hinzustellen, das keine der Voraussetzungen erfüllte, die damals an eine Ehefrau gestellt wurden. Ich zog mich unmöglich an, machte schlechten Kaffee und redete zuviel. Alle waren erleichtert, als die Heiratsvermittlerin ging, aber meine weiblichen Verwandten warfen mir mein Benehmen später noch oft vor. Ich selbst fühlte mich gedemütigt, weil sie mich diesem archaischen Ritual unterworfen hatten. Sie hatten zwar Mitleid mit mir – und meine Familie ging stillschweigend davon aus, daß ich mir meinen Mann selbst aussuchen würde –, aber sie waren betrübt und verletzt, weil sie sahen, wie ein jahrhundertealter Brauch sich überlebte, und erkennen mußten, daß sie die letzten Relikte einer sterbenden Epoche waren.

Romantik und Liebe

Trotz der Görücüs und der arrangierten Ehen sehnten die jungen Männer und Frauen sich nach Romantik und Liebe. Heranwachsende Männer, die ihre Gefühle entdeckt hatten, verbrachten viele Stunden damit, Gedichte für imaginäre Angebetete zu schreiben. Man maß tausend Dingen, beispielsweise Blumen, Früchten, Grashalmen, Federn und Steinen, bestimmte symbolische Bedeutungen bei, die meist in Gedichten ausgedrückt wurden. Einige Gewürznelken, ein Fetzen Papier, eine Scheibe von einer Birne, ein Stückchen Seife, ein Zündholz, ein goldener Faden, ein Ende von einer Zimtstange und ein Pfefferkorn bedeuteten zum Beispiel: »Ich habe Dich schon lange geliebt. Ich schmachte, verzehre mich und sterbe vor Liebe zu Dir. Schenk mir ein wenig Hoffnung. Weise mich nicht zurück. Antworte mir mit einem kleinen Wort.« Die Mädchen erlagen ihren eingebildeten Liebhabern manchmal so uneingeschränkt, daß ihnen das Herz brach, wenn der Tag ihrer arrangierten Hochzeit kam.

Junge Männer waren oft nicht weniger romantisch. »Ich konnte sehen, daß er schrecklich verliebt war, denn bei den Arabern bewirkt sehr wenig sehr viel, und da sie die jungen Damen niemals sehen dürfen, verlieben sie sich bereits, indem sie über sie reden«, vertraute Lady Anne Blunt 1878 ihrem Tagebuch an.

Romantik hin, Romantik her, die Familie bestimmte, wer wen heiratete. Meine Großmutter wurde mit dem besten Freund ihres Vaters verlobt, als sie noch ein Kind war. Als sie schließlich heirateten, war sie vierzehn Jahre alt, und mein Großvater war vierzig.

Iranische Ansichtskarten mit zwei verbreiteten orientalischen »Tagträumen«: Eine Huri reicht einem Liebespaar Essen und Wein – ein Bild, das zugleich das cennet *(Paradies) auf Erden symbolisiert – und ein sterbender alter Mann, umgeben von einem Harem von Huris.*

Geschenke

Im 19. Jahrhundert schenkte ein Bräutigam in spe – sofern er aus einer wohlhabenden Familie stammte – seiner Zukünftigen zur Verlobung einen silbernen Spiegel, Parfüms, Tabletts mit Gewürzen, Saftkrüge, Marmelade in Kristallgläsern und goldbestickte Pantoffeln. Ihre Familie bekam ebenfalls Pantoffeln, die je nach dem Rang der einzelnen Empfänger bestickt oder verziert waren.

Die künftige Braut revanchierte sich mit perlenbesetzten Pfeifen, Schatullen für Geld und Uhren, einem Geschirr für Waschungen, goldbestickten Badetüchern und einem Seidenschurz.

Angehörige der Mittelschicht schenkten mehr oder weniger die gleichen Dinge, nur in schlichterer Ausführung. Junge Männer, die selbst für solche Geschenke zu arm waren, überreichten ihrer Zukünftigen und deren Mutter Pantoffeln, während der Rest der Familie feingemahlenen Kaffee und Zucker bekam.

Die Hennanacht

Zu den sonderbarsten und amüsantesten Abschnitten der Hochzeitsvorbereitungen gehörte die sogenannte Hennanacht, die am Abend vor der Vermählung begann. Die Frauen verbrachten den ganzen Tag im Hamam. Sie badeten, pflegten sich und ruhten. Abends versammelten sie sich dann im Haus der Braut und bestrichen Gesicht, Hände und Füße mit Henna, um sich anschließend untereinander zu bemalen. In meiner Kindheit galt die Hennanacht mehr und mehr als ein ländliches Ritual. In den Städten wurde sie kaum noch begangen. Aber ich erinnere mich an einen Besuch bei Verwandten auf dem Land, wo man mir zum erstenmal beide Hände mit einer graugrünen Paste bestrich, die wie Pferdemist roch und sich im weiteren Verlauf des Abends immer kälter anfühlte. Dann wurden meine Hände mit Tuchstreifen umwunden, so daß sie winzigen Mumien glichen. Von diesen Bandagen behindert, verbrachte ich eine schrecklich unruhige Nacht, war jedoch so neugierig auf das, was kommen würde, daß es mir gar nicht einfiel, sie abzunehmen. Am nächsten Morgen entfernte eine der Frauen die Verbände mit großer Sorgfalt und spülte dann die hart gewordene Paste ab. Meine Hände waren grell orangefarben! Als wir wieder zu Hause in der Stadt waren, machten sich die anderen Kinder über mich lustig. So oft ich mir auch die Hände wusch, die Farbe ging wochenlang nicht ab.

Hochzeiten

Braut und Bräutigam sehen einander vor der Hochzeit nicht. Pierre Loti unterstreicht in seinem autobiographischen Roman *Aziadeh*, wie grausam und unmenschlich das war: »An jenem letzten und höchsten Tag, der noch ihr gehörte, wollte sie Vorbereitungen treffen wie für den Tod, ihre Papiere und tausend kleine Schätze ordnen und vor allem viele Dinge verbrennen, verbrennen aus Furcht vor dem Unbekannten, der in wenigen Stunden ihr Herr und Meister sein würde. Es gab keine Zuflucht und keinen rettenden Hafen für ihre gepeinigte Seele, und ihr Schrecken und Aufbegehren wuchsen von Stunde zu Stunde... All diese Schätze, all die kleinen Geheimnisse schöner junger Mädchen, ihre unterdrückte Empörung, ihre vergeblichen Klagen – alles zerfiel zu Asche, zu einem Häufchen Asche in einer kupfernen Kohlepfanne, dem einzigen orientalischen Gegenstand im Zimmer.«

Die Hochzeitszeremonie begann mit dem Eintreffen der dicht verschleierten Braut, die oft ein rotes Hochzeitsgewand und eine kostbare Tiara trug, im Haus des Bräutigams. Sie kam durch einen Tunnel aus Seidentüchern, der von der Kutsche bis zum Hauseingang reichte. Sie durfte nicht nach links und nicht nach rechts schauen, sondern mußte statt geradeaus blicken, während eine ältere Verwandte, gewöhnlich eine Tante, sie zu dem auf einem Podest stehenden Brautthron führte. Sie nahm darauf Platz. Im selben Moment begannen die weiblichen Gäste mit einem trällernden Singsang, dazu wurde eine Trommel geschlagen.

Dann trat der Bräutigam ein, hob den Schleier und erblickte zum erstenmal das Gesicht seiner Braut. Es war ein kritischer Moment. Er hatte das Recht, sie abzulehnen, wenn der Anblick ihm nicht gefiel. Er drückte seine Befriedigung und sein Einverständnis aus, indem er den Zuschauenden, ausschließlich Frauen, eine Handvoll Münzen zuwarf. Die Frauen stürzten sich kreischend auf das Geld und balgten sich förmlich darum. Viele dieser dicht verschleierten Frauen besuchten praktisch jede Hochzeit. Angeblich gab es Männer, die sich als Frauen verkleideten, um einen Blick auf das Gesicht der Braut erhaschen zu können. Anschließend nahm der Bräutigam die Hand der Braut, und sie gingen gemeinsam aus dem Zimmer. Kurz darauf verließ der Bräutigam das Haus, um seine Zukünftige den Rest des Tages nicht wiederzusehen. Wenn er fort war, begann ein Festschmaus, der sich über den ganzen Tag hinzog, in wohlhabenderen Häusern manchmal sogar über mehrere Tage. »Sie dauerte vierzig Tage und vierzig Nächte«, lautete eine Redensart, mit der man besonders opulente Vermählungen zu umschreiben pflegte.

Am späten Abend wurde die Braut von ihren männlichen Verwandten in das Schlafzimmer des Bräutigams geführt. Sie stieg am Fußende in das Brautbett, nachdem sie die Decken in einer komplizierten Abfolge von Bewegungen hochgehoben hatte, um sich ins Gedächtnis zu rufen, daß der Platz einer Frau selbst im Paradies unter den »Sohlen der Füße ihres Mannes« ist. Wenn ihr Hymen in dieser Nacht nicht blutete, hatte der Bräutigam abermals das Recht, sie zurückzuschikken. Um zu demonstrieren, daß die Braut unberührt in die Ehe gegangen war, wurde ein blutbeflecktes Laken vom Balkon gehängt.

Das war die Welt meiner Großmutter, aber sie schien nicht sehr fern zu sein, und die Geschichten, die man sich darüber erzählte, waren absolut beängstigend. Meine Großmutter erzählte uns, wie entsetzt sie gewesen war, als ihr Mann seinen Turban ablegte und sie sah, daß er keine Haare auf dem Kopf hatte. Da alle Männer in ihrer Familie dichten Haarwuchs hatten, hatte sie noch nie jemanden mit Glatze gesehen. Sie verbrachte die Hochzeitsnacht in Tränen aufgelöst, einem hysterischen Anfall nahe. Aber die anderen schlachteten rasch einen Hahn und besudelten das Bettlaken mit seinem Blut und zeigten es allen.

Die Beziehung zwischen Mann und Frau

Eine verheiratete Frau hatte vor allem die Pflicht, die Anerkennung ihres Mannes zu erringen und dadurch ihre Existenz in diesem Leben und in der Ewigkeit zu rechtfertigen.

Der Koran sagt: »Die gute Gemahlin wird sich nur dann des ewigen Glücks erfreuen können, wenn es der Wunsch ihres Mannes ist... Die glückliche Schöne, die ihrem Herrn Freude bereitet hat, wird das Vorrecht genießen, im Paradies vor ihn hin zu treten. Wie der werdende Mond wird sie ihre Jugend und Schönheit bis ans Ende der Zeit behalten, und ihr Gemahl wird niemals älter oder jünger aussehen als einunddreißig Jahre.«

Mein Großonkel Rüstem und seine Odaliskenfrau Pakize.

Mann und Frau hatten eine mehr oder weniger formelle Beziehung zueinander. Um die Ausgrenzung der weiblichen Wesen, auf der das Haremssystem beruhte, zu untermauern, gab es Vorschriften und Regeln. Ein Mann hatte das Recht, die Gesichter seiner Frauen zu betrachten, doch wenn seine Neugier ihn zu den unteren Körperpartien trieb, waren seine Augen verflucht. Frauen nahmen nicht am intellektuellen Leben ihres Mannes teil, und er ging seinen Interessen ohne sie nach. Sie gehörten zu seiner privaten Welt; sie gehörten in seinen Harem. Frauen und Männer aßen häufig getrennt. Männern war es nicht nur untersagt, den Harem eines anderen zu betreten, sie durften nicht einmal mit anderen Männern über ihre Frauen reden. Es war gotteslästerlich – *haram* –, in der Öffentlichkeit eine Bemerkung über das weibliche Geschlecht zu machen. Selbst wenn ein Mann anderen die Geburt einer Tochter mitteilte, benutzte er Umschreibungen wie »eine Verschleierte«, »eine Verborgene« oder »eine kleine Fremde«.

Polygamie

Auf einem der Pergamentzettel, die Mohammed vom Erzengel Gabriel bekam, stand: »Wenn deine Frauen dir nicht gehorchen, so züchtige sie. Wenn eine Frau dir nicht genug ist, so nimm deren vier.« Mohammed selbst hatte fünfzehn Frauen, ein Beispiel, das zu den allseits geduldeten Verstößen gegen das Vierfrauenlimit des Korans führte.

Nach dem Koran braucht eine Frau ihrer Verheiratung nicht zuzustimmen. Sie kann nicht dagegen protestieren, eine von vier Frauen zu werden, und nichts dagegen sagen, daß ihr Mann eine unbegrenzte Zahl von Odalisken hat. Die vier Frauen müssen jedoch möglichst gleich behandelt werden: Jede muß ihre eigenen Gemächer, ihre eigenen Dienerinnen und ihren eigenen Schmuck haben.

Vor den Reformen im frühen 20. Jahrhundert waren vier Frauen und Odalisken nach dem islamischen Gesetz in der Türkei erlaubt, aber das Zivilrecht erkannte nur die erste Frau als legal an. Sie war diejenige, die mit der beschriebenen Zeremonie vermählt wurde und gegenüber den anderen Frauen gewisse Privilegien hatte.

Die meisten Männer hielten es zwar für verlockend, mehrere Frauen zu haben, aber viele fanden es bequemer, nur eine zu haben. Ein altes türkisches Sprichwort lautet: »Ein Haus mit vier Frauen ist wie ein Schiff im Sturm.« Frauen kämpften nämlich oft um die Vormacht im Harem, und dieser Streit untergrub den Frieden und das Glück des ganzen Haushalts. »Die klügsten Männer erfreuten sich lieber dann und wann an einer Konkubine oder verstießen sogar ihre Frauen, um sich vor der erbitterten Rivalität ›konkurrierender‹ Frauen zu schützen«, schrieb Nadia Tazi in *Harems*. »Und diejenigen, die beschlossen, vor dem Gesetz mehrere Frauen zu nehmen, gingen dem unangenehmen Aspekt des Haremslebens oft aus dem Weg, indem sie in verschiedenen Teilen der Stadt verschiedene Haushalte unterhielten und nur eine begrenzte Zeit in jedem einzelnen verbrachten.«

Gute Ehemänner mußten geschickte Diplomaten sein. Sie gehorchten dem Koran und vermittelten den Eindruck, alle ihre Frauen gleich zu behandeln. Wenn eine von ihnen ein Paar vergoldeter Pantoffeln bekam, bekamen die anderen auch eines. Oft lebten alle Frauen in einem großen Haus. Wenn die Ehefrauen eifersüchtig aufeinander wurden, mußte der Mann sie häufig in getrennten Haushalten unterbringen. »Und wenn sie nicht bereit ist, als eine von mehreren Frauen in einem Haus zu leben, hat sie das Recht, getrennt von den anderen zu leben«, schreibt Gérard de Nerval, »und entgegen der verbreiteten Annahme bilden sie und ihre Sklavinnen keineswegs ein Bild häuslicher Eintracht, auf dem der wohlwollende Blick ihres Herrn und Gemahls ruht.«

Die Männer mußten ihre Gunst gerecht zwischen den einzelnen Frauen verteilen, aber die Nacht von Donnerstag auf Freitag war der ersten Frau vorbehalten. K. Mikes, ein Ungar, der vierundvierzig Jahre lang in Gallipoli und Istanbul lebte, weist in seiner Briefesammlung *Turkiye Mektuplari* (1944–1945) ausdrücklich darauf hin, daß die ersten Frauen gewisse sexuelle Rechte hatten: »Wenn ihr Ehemann sie drei Freitagnächte (es ist immer die Nacht von Donnerstag auf den Freitag) hintereinander vernachlässigt, kann die Frau sich beim Richter beklagen. Wenn er sie noch länger vernachlässigt, kann sie eine Scheidung verlangen. Dies kommt selten vor, aber die *Schariat* (kanonisches Gesetz) erlaubt es.«

Die Ehefrauen untereinander

Die meisten Männer nahmen sich erst in mittleren Jahren eine zweite und eine dritte Frau – und sie nahmen sie gewöhnlich aus sexuellen Gründen. Männer, deren Frauen unfruchtbar waren oder das gebärfähige Alter hinter sich hatten, wählten meist junge Mädchen. Manchmal überredete die ältere Frau ihren Gatten sogar, sich ein junges Mädchen zu suchen, das sein Verlangen befriedigen und ihm Kinder schenken konnte. Sie sah in der anderen ein Abbild ihrer vergangenen Jugend und Leidenschaft und kam ihrer Verantwortung als Oberhaupt des Harems notfalls auch dadurch nach, daß sie selbst nach zusätzlichen Frauen für ihren Mann Ausschau hielt. Eine Frau aus dem Westen, die sich längere Zeit in der Türkei aufhielt, staunte darüber, daß eine Ehefrau sich mit dieser geteilten Zuneigung abfinden konnte:

> *Die ältere Frau hatte keine Kinder, und deshalb hatte sie ihm selbst eine andere Frau gesucht, die jung genug war, um ihre Tochter zu sein... Beide Frauen waren mit Vorbereitungen für das erwartete Baby beschäftigt, das die erste Frau immer nur »unser Kind« nannte. Sie war so sehr um das Wohlergehen ihrer Rivalin besorgt, als wäre diese ihre Tochter. Doch wer weiß, welcher Kummer an ihrem Herzen nagte, denn sie liebte den »Gebieter«. Kann man den Gegenstand seiner Zuneigung ohne Schmerz mit einer anderen teilen?*
>
> *Grace Ellyson:* Turkey Today *(1928)*

Älteren Frauen blieb jedoch nichts anderes übrig, als solche Regungen zu unterdrücken. Wenn sie nicht mehr begehrenswert oder nützlich waren, hatten sie keinen anderen Platz, wohin sie gehen konnten. Sie mußten ihren Rang im Haus ihres Mannes um jeden Preis behaupten und alles tun, um ihre materielle Sicherheit nicht zu verlieren, selbst wenn es bedeutete, daß sie ihrem Mann eine neue Frau suchten.

> *Als er hereinkam, küßte er zuerst seine erste Frau und dann seine zweite, und ich hatte den Eindruck, als behandele er die beiden unterschiedlich, die erste wie ein Liebhaber und die zweite wie ein älterer Mann, der sein Lieblingskind tätschelt.*
>
> *Demetra Vaka:* Haremlik *(1909)*

Wir hatten einmal ein Hausmädchen, ein kleines, welkes, vogelähnliches Geschöpf mit einer Hakennase und mehreren Zahnlücken. Ich glaube, sie hieß Sherife Hanum. Sie war mit einem Diener meines Vaters verheiratet, und die beiden hatten keine Kinder. Ich erinnere mich, daß sie wiederholt eine junge

Eine Gruppe algerischer Frauen mimt eine Haremsszene für einen Ansichtskartenfotografen, 1915.

Wäscherin musterte, die sie später zu ihrer *kuma* (wörtlich »Rivalin«) bestimmte. Die Kuma schenkte ihrem Mann drei Kinder, die sie, Sherife, ihre eigenen nannte, und sie rackerte sich trotz ihrer schwachen Konstitution ab, um die zweite Frau und deren Kinder zu ernähren. Seit der Emanzipation der türkischen Frauen waren solche Bräuche offiziell abgeschafft, aber die Einstellung des Volkes hatte sich nicht geändert.

Dennoch empfanden viele Frauen diese Situation als demütigend. Frauen wurden oft von inneren Qualen zerrissen, weil sie sich nicht in der Lage fühlten, ihren religiösen Pflichten nachzukommen und ihren Mann zufriedenzustellen. Der bekannte türkische Autor Halide Edip schilderte um 1909 einen Haushalt mit zwei Ehefrauen:

> *Wenn eine Frau unter den heimlichen Liebesaffären ihres Mannes leidet, mag der Schmerz stark sein, aber er ist von einer anderen Art. Wenn eine zweite Frau in ihr Heim kommt und die Hälfte ihrer Macht an sich reißt, ist sie auch in den Augen anderer Leute eine Märtyrerin und sie betrachtet sich als Gegenstand der Neugier und des Mitleids. Das ist vielleicht demütigend, aber es hebt sie fraglos von den anderen ab und verleiht ihr ein gewisses Ansehen.*
>
> *Ganz gleich, welche Theorie man vom idealen Aufbau einer Familie vertritt, es bleibt eine unwiderlegbare Tatsache, daß das Herz eines Menschen – welchem Geschlecht er auch angehört – leidet, wenn es den Gegenstand seiner sexuellen Liebe oder seiner Zuneigung teilen muß. Die menschliche Eifersucht kennt ebenso viele Abstufungen und Arten wie die menschliche Zuneigung. Das Familienproblem wäre aber auch dann nicht gelöst, wenn Zeit und Gewöhnung dieses elementare Gefühl dämpften. Das Leid einer Frau, die ihren Mann vor dem Gesetz mit einer*

zweiten Frau teilt, welche ihre gleichberechtigte Rivalin ist, unterscheidet sich in seinem Wesen wie in seinen Folgen von dem einer Frau, die ihren Mann mit einer zeitweiligen Geliebten teilt. Im ersten Fall erfaßt es die Kinder, Dienstboten und Verwandten, die ebenfalls gegensätzliche Interessen haben und in einer Atmosphäre von Mißtrauen und Machtkämpfen leben.

Die Polygamie und ihre Folgen wirkten sich sehr nachteilig auf mein Elternhaus aus. Die fortwährende Spannung in unserem Heim machte jedes einfache Familienfest zu einer körperlichen Qual, unter deren Folgen ich fast ununterbrochen zu leiden hatte. Die Zimmer der Frauen lagen einander gegenüber, und mein Vater suchte sie abwechselnd auf. Wenn Teize an der Reihe war, zeigte jedermann im Haus zärtliches Mitgefühl für Abla, doch wenn Abla an der Reihe war, ignorierten alle den offensichtlichen Kummer Teizes. Sie pflegte nach den Mahlzeiten mit Tränen in den Augen aufzustehen, und man konnte sicher sein, sie weinend oder halb ohnmächtig in ihrem Zimmer zu finden. Ich erinnere mich sehr lebhaft, wie sehr ich die Polygamie haßte. Sie war ein Fluch, ein Gift, von dem sich unser unglücklicher Haushalt nicht befreien konnte.

Teizes Leid beschäftigte mich sehr, und ich sah ihr mageres, kleines und tränenüberströmtes Gesicht, das selbst dann von Kummer verzerrt war, wenn sie auf ihrem Gebetsteppich hockte, so oft vor mir, daß zwischen mir und Abla eine Schranke entstand. Aber eine unvermittelte Regung des Mitleids für Abla war für mein Herz ebenso natürlich wie das Gefühl, das ich für die andere empfand.

Die berühmte ägyptische Frauenrechtlerin Huda Sharaawi wurde 1891, im zarten Alter von dreizehn Jahren, mit ihrem Cousin verlobt. Der Cousin war alt genug, um ihr Vater zu sein, und hatte bereits eine Sklavin als Konkubine, die ihm mehrere Kinder geschenkt hatte. Hudas Mutter ließ ihn eidesstattlich versichern, daß er keine weiteren Frauen nehmen würde. Die sensible Huda litt schrecklich unter der aufgezwungenen Verbindung, von der sie jedoch anderthalb Jahre später erlöst wurde, weil ihr Mann eine andere Frau schwängerte, so daß die Ehe annulliert wurde.

Des Mannes Lust ist wie die Mittagsrast im Schatten des Baumes: Sie darf nicht – sie kann nicht – verlängert werden.

Arabisches Sprichwort

Hudas Freundin Attiya Saqqaf berichtet in ihren Erinnerungen, die den Zeitraum von 1879 bis 1924 umfassen, von mehreren Vertrauensbrüchen ihres Mannes, der in entlegenen Gebieten arbeitete und sich dabei andere Frauen zulegte, eine Praxis, die bei »reisenden Männern« an der Tagesordnung war. »Er hatte beim alljährlichen *hadsch* auf den Pilgerschiffen gearbeitet, die nach Arabien fuhren. Er pflegte an Bord des Schiffes eine Frau zu heiraten und sie bei der Ankunft zu verstoßen. Er hatte so oft geheiratet, daß er die genaue Zahl seiner Ehen nicht kannte und auch nicht wußte, wie viele Kinder er hatte. Wie ich feststellte, bändelte er in der Zwischenzeit auch mit den jungen Hausmädchen an.«

Manchmal verheimlichten Männer vor ihrer ersten Frau, daß sie anderswo eine zweite – und gelegentlich sogar Kinder – hatten. Wenn ein solches Arrangement aufgedeckt wurde, versuchte die erste Frau häufig, in das Haus ihres Vaters zurückzukehren. Wie Marianne Alireza berichtet, hatte ihr Schwager in Ägypten eine zweite Frau, und als die erste dahinterkam, wollte sie zu ihrer Familie fliehen, fand jedoch keinen Fahrer, der bereit war, sie dorthin zu bringen. Selbst wenn eine Frau die Entdeckung einer solchen Rivalin nicht verkraften konnte, wurde sie letztlich von der Tradition gezwungen, sich damit abzufinden. Paul Bowles erzählt in seinem packenden Roman *The Sheltering Sky* von einer jungen Amerikanerin, deren Mann bei einer gemeinsamen Reise durch die Wüste stirbt. Sie wird

Pierre Auguste Renoir: Odaliske, *1870, Öl auf Leinwand, 62 × 123 cm, National Gallery of Art, Chester Dale Collection, Washington. D. C.*

von einer Karawane aufgelesen, und einer der Anführer beansprucht sie für sich. Er bringt sie als Junge verkleidet in sein Haus, damit seine drei Frauen sich nicht bedroht fühlen. Er schließt »den Knaben« in einem winzigen Zimmer ein und kommt jeden Nachmittag, um »ihn« mit großer Heftigkeit zu lieben: »Wenn er abends gegangen war und sie allein dalag und sich an seine brennende und ausdauernde Leidenschaft erinnerte, dachte sie daran, daß seine drei Frauen unter einer sträflichen Vernachlässigung leiden mußten... Was sie nicht erriet, war die Tatsache, daß die drei Frauen keineswegs vernachlässigt wurden und daß sie selbst dann, wenn es der Fall gewesen wäre und sie vermutet hätten, ein Knabe sei die Ursache dafür, gar nicht auf den Gedanken gekommen wären, eifersüchtig auf ihn zu sein.«

In den Harems lebten gewöhnlich Großfamilien: Ehefrauen, Mütter, unverheiratete Schwestern und Töchter und manchmal auch entfernte weibliche Verwandte, die ein Refugium brauchten. Da die Ehefrauen nie wußten, wann der Mann den Harem beehren würde, lebten sie in ständiger Erwartung seines Besuchs. Sie taten immer ihr Bestes, um einen fröhlichen und glücklichen Eindruck zu machen und um ihre Angst um jeden Preis zu verbergen.

Eine Tante von mir hatte ein Dienstmädchen namens Rabia. Mit sechzehn Jahren heiratete Rabia einen Mann, der schon eine Frau hatte. Meine Eltern äußerten sich mißbilligend darüber. Wenige Monate später kam Rabia zurück. Sie sagte, sie sei davongelaufen, weil die erste Frau und die Schwiegermutter sie gequält hätten. Sie hätten sie wie eine Sklavin behandelt und den ganzen Tag putzen, kochen und waschen lassen. Sie habe so hart gearbeitet, daß sie jeden Abend vor Erschöpfung eingeschlafen sei, ehe ihr Mann von der Arbeit heimgekommen sei. Die schrecklichen Frauen hätten ihm jedoch erzählt, sie sei eine faule, dickköpfige und nichtsnutzige Person und sitze den ganzen Tag herum, während sie sich abrackern müßten.

Elizabeth Warneck Fernea beschreibt in *Guests of the Sheik* eine ähnliche Situation, die sie in einem irakischen Dorf beobachtete: »›Sie hassen mich, sie verstecken den Zucker vor mir und stehlen meine Zigaretten, sie schütten Salz in das Essen, das ich für meinen Mann mache, sie erzählen den Nachbarinnen schlechte Dinge über mich, und sie sagen zu meinem Mann, ich sei böse und wolle nicht bei der Hausarbeit helfen. Sie wollen mich unbedingt aus dem Haus haben. Wie kann ich mich bloß mit ihnen anfreunden?‹ Sie brach zusammen und schluchzte laut hinter ihrem *abayah* (langer Schleier).«

Aberglaube und Zauber

Um ihre inneren Ängste zu vertreiben, praktizierten die Frauen alle möglichen abergläubischen Bräuche. Mit ihrem Schmuck und anderen Habseligkeiten bezahlten sie Zigeunerinnen, Kräuterfrauen und *jadis* (Hexen) und kauften Zaubertränke, um Rivalinnen unfruchtbar zu machen und ihre Männer am Nachstellen anderer Frauen zu hindern. Zigeunerinnen lasen aus der Hand, aus Kaffeesatz und aus Glasperlen. Sie gaben den Frauen Talismane, die ihre Jugend bewahren sollten, Rezepte für Liebestränke, Fetische, die einen grausamen Ehemann freundlich stimmen sollten, oder Talismane gegen den bösen Blick, die Kinder angeblich vor Unglück schützten. Es war verpönt, etwas Gutes über die Gesundheit oder das Wachstum eines Kindes zu sagen, weil man damit den bösen Blick herausforderte, und deshalb sagten die Frauen nur »das arme Ding«, wenn sie die Kinder ihrer Freundinnen betrachteten.

Ich erinnere mich an einen Kesselflicker, der in Karshiyaka in unserer Nachbarschaft wohnte. Seine Frau, Dudu, war eine ungeheuer dicke und launische Person. Sie konnte Kinder nicht ausstehen und warf Steine nach uns, wenn sie sah, wie wir hinter ihrem Haus Pinienkerne aus den Zapfen pulten, obwohl die

Bäume nicht ihr gehörten. Alle fanden, der Kesselflicker, ein überaus freundlicher Mann, solle doch eine zweite Frau nehmen, zumal Dudu ihm nicht einmal Kinder schenken könne. Der Sommer kam, und es hieß, der Kesselflicker habe tatsächlich ein Auge auf eine andere Frau geworfen, eine junge Witwe mit einem kleinen Jungen. Jedermann hielt es für ein gutes Arrangement, denn zum einen würde der Mann auf diese Weise eine nette Frau bekommen, und zum anderen hätte der vaterlose Junge ein intaktes Heim.

Wir bekamen Dudu einige Tage lang nicht zu Gesicht, nicht einmal dann, wenn wir hinter ihrem Haus Pinienzapfen aufsammelten. Angeblich war sie zu einer Hexe gefahren.

Als meine Freundin Esin und ich dann eines Tages auf einer Wiese spielten, sahen wir Dudu mit einem lebenden Hahn in der Hand, der ständig nach ihr hackte und heftig mit den Flügeln schlug, schnellen Schritts die Straße hinuntergehen. Als sie ins Haus gegangen war, versteckten wir uns hinter dem Zaun, um sie zu beobachten. Sie trat mit dem Hahn, einer Schüssel Wasser und einem Messer ins Freie. Sie tauchte den Kopf des Hahns ins Wasser und schnitt ihn ab. Das arme Tier verblutete im Wasser.

Einige Tage später stellte der Arzt fest, daß der Sohn der Witwe Hirnhautentzündung hatte. Er lebte nicht mehr sehr lange. Der Hahn habe es bewirkt, sagte man. Dudu habe den Jungen mit einem bösen Zauber belegt. Die Witwe verließ die Stadt, und der arme Kesselflicker saß mit seiner schlauen Xanthippe zu Hause.

Probleme im Haushalt

Die Harems glichen manchmal wachsenden Privatunternehmen. Wenn die Pflege des Hauses schwieriger wurde und mehr Aufmerksamkeit verlangte, heiratete der Mann einfach eine weitere Frau. Die Kinder wollten versorgt werden, und man mußte das Personal überwachen und Gäste bewirten. Von Zeit zu Zeit war eine neue Arbeitskraft notwendig, und so wurden die Harems immer größer. Gérard de Nerval verglich sie mit einem Kloster: »Wenn viele Frauen da sind, was nur bei Leuten von Rang der Fall ist, ist der Harem so etwas wie ein strenges Kloster, dessen Nonnen die Aufgabe haben, die Kinder großzuziehen und die Sklavinnen und Sklaven bei der Hausarbeit anzuleiten und zu überwachen. Ein Besuch des Ehemanns ist, wie auch der Besuch von Verwandten, eine zeremonielle Angelegenheit, und da er die Mahlzeiten nicht mit seinen Frauen einzunehmen pflegt, kann er im Harem nur genußvoll seine Wasserpfeife schmauchen und Kaffee oder Sorbets trinken, um die Zeit auszufüllen. Es wird erwartet, daß er seinen Besuch vorher anmeldet.«

»Entgegen dem weitverbreiteten Vorurteil über das ›Haremsleben‹«, schrieb der Historiker C. B. Kluzinger 1878, »ist es keineswegs so, daß sie sich, mit Gold und Juwelen behangen, den lieben langen Tag auf einem schwellenden Diwan rekeln und rauchen und den von der vielen Untätigkeit molligen Arm dabei erschöpft auf seidene Kissen stützen und sich ungehemmt dem dolce far niente

Osman Hamdi: Mädchen arrangiert Blumen in einer Vase, *1881, Öl auf Leinwand, 145 × 97 cm, Museum für Malerei und Skulptur, Istanbul. Osman Hamdi war ein türkischer Maler, der in Paris bei Jean-Léon Gérôme studierte.*

hingeben, während Eunuchen und Sklavinnen auf den leisesten Wink warten, um ihnen auch die kleinste Bewegung zu ersparen.«

Odalisken

Die Männer mußten nicht nur für ihre Ehefrauen aufkommen, sondern auch für ihre Odalisken. Odalisken hatten bis zu ihrer Heirat keinerlei Rechte und waren auch anschließend so gut wie rechtlos, waren sie doch das persönliche Eigentum ihres Ehemannes. Mein Großonkel Rüstem hatte eine Odaliske, eine schöne Frau namens Pakize, die ihm bis zu seinem Tod als Gemahlin diente. Obgleich sie praktisch genommen seine Gemahlin *war*, sahen die anderen, die »legitimen« Frauen, auf sie herab und betrachteten sie als eine Dienerin.

Frank Dicksee:
Leila, *1892, Öl auf Leinwand, The Fine Art Society, London.*

Achille-Jacques-Jean-Marie Devéria:
Odaliske, *1810,*
Öl auf Leinwand,
23 × 32 cm,
Norton Simon Art Foundation, Pasadena (Kalifornien).

In großen Haushalten, wo mehrere männliche Familienmitglieder im *selâmlik* (Gemächer der Männer) lebten, war die Lage der Odalisken noch schwieriger. Eine Truppe fahrender Musikanten, die während meiner Kindheit oft in Izmir auftrat, pflegte zur Melodie von »Bah, bah, Schwarzes Schaf« ein Lied über eine junge Sklavin zu singen, die schwanger wurde und vor die versammelte Familie zitiert wurde, um zu sagen, wer von den Männern des großen Haushalts der Vater sei. »Sag uns wer, sag uns wer«, sang ein Chor von Männerstimmen. »Ich kann es nicht, ich kann es nicht, denn ich weiß nicht wer«, antwortete das Mädchen. »Sag uns wer, sag uns wer, hab keine Angst!« Nach einer langen Pause hub das Mädchen kokett an: »Nun ja, da war der alte Herr Soundso, und auch der junge. Und die älteren Brüder des Herrn, und der Bruder der Herrin...« Und so ging es weiter.

Alle Sklavinnen des Hauses standen dem Herrn zur Verfügung. Die Kinder, die sie zur Welt brachten, galten als legitim. Wenn eine Sklavin ein Baby bekam, wurde sie zur rechtmäßigen Ehefrau erhoben. Leyla Saz beschreibt die Situation der Odalisken zusammenfassend so:

> *Die Odalisken, die Favoritinnen des Hausherrn waren oder Kinder hatten, besaßen jeweils ein oder zwei Zimmer. Wenn ihr Gebieter ihrer überdrüssig wurde, wurden sie zu zweit oder zu dritt in einen winzigen Raum gepfercht und waren fortan noch geringer angesehen als eine schwarze Sklavin, die wenigstens nicht aus dem Zimmer eilen mußte, wenn der Herr anwesend war. Die Unglücklichen fürchteten sich schrecklich davor, dem herzlosen Mann unter die Augen zu kommen, und brachten ihre Tage damit zu, vor seiner Geliebten zu katzbuckeln, wobei sie sich ihre Eifersucht nicht anmerken lassen durften.*

Vor allem aber konnte ein Mann sich vollkommen ungestraft seiner unerwünschten Frauen oder Odalisken entledigen, denn nicht einmal einem Polizeiinspektor war es gestattet, den Harem eines anderen Mannes zu betreten.

Schmuck

Der Schmuck, den eine Frau besaß, war ihre einzige Versicherung gegen schlechte Zeiten, und ein Mann, der sich des Goldes oder der Edelsteine einer Frau zu bemächtigen versuchte, konnte sogar vor den Richter gebracht werden.

Als meine Großmutter Witwe geworden war, verkaufte sie im Laufe der Jahre all ihren Schmuck, um das Schulgeld für ihre Söhne bezahlen zu können. Manchmal beschrieb sie mit Tränen in den Augen eine Halskette mit Smaragden und Hunderten von winzigen Orientperlen, die sie von ihrer Großmutter geerbt hatte. »Aber es ist schon gut, es ist schon gut, denn von dem Geld, das ich für sie bekam, habe ich dieses Haus gekauft.« Sie meinte das Haus in Izmir-Karatash, wo ich geboren wurde. Für ein Kind, das den Wert der Dinge nach ihrer Größe beurteilte, war es schier unfaßlich, daß eine Halskette den Kaufpreis eines ganzen Hauses einbringen konnte.

Die Gemächer

Wenn die Fenster der Frauengemächer nicht auf einen Innenhof gingen, waren sie mit Gittern vor der Außenwelt geschützt. Diese kunstvoll entworfenen und geschmiedeten Gitter gehören zu den schönsten Elementen der islamischen Architektur, doch was sie am faszinierendsten machte, waren die schattenhaften Gestalten dahinter, die tausendundein Geheimnis heraufbeschworen. »Fast alle Räume sind klein«, schrieb Edmondo de Amicis 1896 in *Constantinople*. »Die Fußböden sind mit chinesischen Matten oder mit Teppichen bedeckt, die Paravents mit Blumen und Früchten bemalt, ein breiter Diwan zieht sich alle vier Wände entlang, auf den Fenstersimsen stehen Topfblumen, in der Mitte befindet sich eine kupferne Kohlepfanne, und die Fenster sind vergittert. Im Selâmlik, den für die Männer bestimmten Räumen des Hauses, arbeitet der Mann, ißt und empfängt seine Freunde, hält seine Mittagsruhe und manchmal auch seinen nächtlichen Schlaf. Obgleich er nur durch einen schmalen Korridor vom Harem getrennt wird, meint man sich in einem anderen Haus zu befinden. Oft hat jeder Teil des Hauses seine eigenen Dienstboten und seine eigene Küche.«

Geschlossene Balkone mit vergitterten Fenstern erlaubten den Frauen, das Leben auf der Straße zu beobachten, ohne selbst gesehen zu werden. In Höfen, Dachlauben und Gärten konnten sie frische Luft schnappen, obgleich diese Örtlichkeiten alle als *haram* galten. Dachterrassen waren sehr beliebt, um die Boote unten vorbeifahren zu sehen, einen Mittagsschlaf zu halten und eine Erfrischung zu nehmen. Außerdem erlaubten sie den Frauen, unbemerkt von einem Haus zum anderen zu gehen.

Haremsfrauen besuchten einander oft, um Neuigkeiten, ungewöhnliche Rezepte und Stickereien auszutauschen und neue Kleider oder Schmuckstücke vorzuführen. Oft taten sie es unangemeldet. Wenn der Mann Pantoffeln am Haremseingang fand, wußte er, daß seine Frauen Besuch hatten und daß es ratsam war, die Räume der Damen nicht zu betreten. Die Besucherinnen blieben oft mehrere Tage.

Im Erdgeschoß unseres Hauses in Istanbul wohnten zwei sehr alte, ledige Frauen. Sie waren Schwestern und hatten nicht geheiratet, weil ihr Vater sie für sich allein haben wollte. Sie hatten ihre Jugend hinter Haremsgittern verbracht und führten immer noch eine Dämmerexistenz in einer Schattenwelt. Sie hatten Jalousien vor ihren Fenstern anbringen lassen, um von den Passanten nicht gesehen zu werden, ohne selbst auf den Anblick der Leute auf der Straße verzichten zu müssen.

Jedesmal, wenn ich die Treppe hinunterging, um das Haus durch den gemeinsamen Eingang zu verlassen, konnte ich hören, wie sie zum Fenster schlurften, wo sie dann hinter der Jalousie Posten bezogen, um mich zu beobachten. Vielleicht erinnerte ich sie an ihre eigene Jugend. Außerdem schienen sie für ihr Leben gern harmlose kleine Ereignisse zu einem Skandal aufzubauschen und darüber zu tratschen.

Jean-Joseph Benjamin Constant: Eine abendliche Terrasse in Marokko, *1879*, Öl auf Leinwand, *123 × 198 cm, The Montreal Museum of Fine Arts, Geschenk von Lord Strathcona und Familie, Montreal. Frauen ruhen auf einer Dachterrasse, von der aus sie die Leute auf der Straße betrachten können, ohne selbst gesehen zu werden.*

Gérard de Nerval sprach über den Harem eines Scheichs – mit dem Scheich persönlich:

> *Die Aufteilung des Harems ähnelt sich immer... Es gibt immer eine Reihe kleiner Räume, die um die großen Säle gruppiert sind. Überall stehen Diwane, und die einzigen anderen Möbel sind niedrige Tische, deren Platten mit Schildpatt eingelegt sind. In der Wandverkleidung gibt es kleine Bogennischen, in denen Wasserpfeifen, Vasen mit Blumen und Kaffeetassen stehen.*
>
> *Das einzige, was diesen Harems, selbst den reichsten unter ihnen, zu fehlen scheint, ist ein Bett.*
>
> *»Wo schlafen sie, diese Frauen und ihre Sklavinnen?« fragte ich den Scheich.*
>
> *»Auf den Diwanen.«*
>
> *»Haben sie denn keine Decken?«*
>
> *»Sie schlafen in ihren Kleidern. Aber im Winter bekommen sie Decken aus Wolle oder Seide.«*
>
> *»Das ist alles gut und schön, aber wo schläft der Mann?«*
>
> *»Oh, der Mann schläft in seinem Zimmer und die Frauen in ihren Zimmern, und die Odalisken auf den Diwanen in den größeren Räumen. Wenn die Diwane und Kissen nicht bequem genug sind, legen sie Matratzen auf den Fußboden und schlafen darauf.«*

Ange Tissier: Eine algerische Frau und ihre Sklavin, *1860, Öl auf Leinwand, 130 × 90 cm, Musée National des Arts Africains et Océaniens, Paris.*

»Vollständig bekleidet?«

»Ja, immer, aber mit den einfachsten Kleidungsstücken, Pluderhose, Weste und Gewand. Der Koran verbietet Männern wie Frauen, sich vor dem anderen Geschlecht unterhalb des Halses zu entblößen.«

»Ich kann verstehen, daß dem Ehemann nicht viel daran liegt, die Nacht in einem Zimmer zu verbringen, das voller bekleideter Frauen ist«, sagte ich, »und daß er gern bereit ist, in seinem eigenen Zimmer zu schlafen, aber wenn er nun zwei oder drei der Damen mitnähme ...«

»Zwei oder drei!« rief der Scheich entrüstet. »Nicht einmal Hunde würden sich so aufführen! Allmächtiger Gott! Gibt es eine Frau auf der Welt, und sei es eine Ungläubige, die bereit wäre, ihr eheliches Lager mit einer anderen zu teilen? Benehmen sie sich in Europa vielleicht auf diese Weise?«

Rechts:
Balthus: Die türkische Schlafkammer, *1963, Öl auf Leinwand, 180 × 210 cm, Musée National d'Art Moderne, Centre Georges Pompidou, Paris.*

Unten:
Eugène Delacroix: Die Frauen von Algier, *1834, Öl auf Leinwand, 180 × 230 cm, Musée du Louvre, Paris.*

Eine Frau in einem – authentischen – türkischen Harem spielt ud. *Um die Jahrhundertwende waren die Harems in einer Mischung von orientalischem Stil und Jugendstil eingerichtet.*

Kommerzielles Foto einer Frau in Haremstracht, 19. Jahrhundert.

»In Europa gewiß nicht«, entgegnete ich, »aber die Christen haben nur eine Frau, und sie stellen sich vor, daß die Türken, die doch mehrere haben, mit diesen so zusammenleben wie mit einer einzigen.«

»Wenn es Muselmanen gäbe, die so ausschweifend handeln, wie die Christen glauben, würden ihre rechtmäßigen Frauen sofort die Scheidung verlangen, und sogar ihre Sklavinnen hätten das Recht, sie zu verlassen.«

Bündelfrauen

Mancher europäische Händler heiratete eine einheimische Christin, damit sie seine Waren in den Harems verkaufte. Marianne Alireza beschreibt eine Begegnung mit einer dieser Frauen: »Ich dachte, sie sei irgendeine arme Seele, die um Almosen betteln wollte, und die Bündel enthielten die milden Gaben. Aber sie war eine Hausiererin, und in den Bündeln waren ihre Waren. Sie war eine Zirkassierin, die vor vielen Jahren gekommen war, um die Wallfahrt zu machen, und die wie so viele andere beschlossen hatte zu bleiben. Ihre Ware bestand zum größten Teil aus Galanterieartikeln und billigem Spielzeug, ein paar Armreifen, wertlosem Tand sowie einer *bukscha* mit schäbigen bunten Stoffen und ein paar Spitzen. Die Haremsfrauen freuten sich so sehr über die Abwechslung, daß sie fast alles kauften.«

Auch zu uns kamen oft Bündelfrauen, und ich erinnere mich, wie begeistert und aufgeregt ich jedesmal war, wenn ich zusah, wie sie ihre Bündel öffneten, so daß die Ware langsam herausglitt. Sie verkauften sonderbare Dinge, grellfarbene Tagesdecken mit geschmacklosen barocken Mustern aus Damaskus, durchscheinende Nachthemden aus Shile-Gewebe und jede Menge Spitzen und Bänder. Meine Großmutter und meine Mutter kauften immer irgend etwas für meine Aussteuertruhe, die, wie ich im Grunde meines Herzens wußte, für sie nur ein Vorwand war, unnütze Dinge zu kaufen. Im Lauf der Jahre leerte die Truhe sich jedoch zunehmend, denn die Tagesdecken und die verführerischen Nachtgewänder wurden weiblichen Verwandten zur Hochzeit geschenkt, oder sie gaben sie Hausmädchen als Anerkennung für treue Dienste.

Als ich meine Eltern zuletzt besuchte, stand »Alevs Aussteuertruhe« immer noch im Haus. Sie enthielt nur noch sehr wenige Dinge: einige Telleruntersetzer, Tücher und eine Tagesdecke aus Damaskus, die meine Mutter und meine Großmutter von einer Bündelfrau gekauft hatten. Meine Mutter bestand darauf, daß ich sie mitnahm, und ich tat ihr schließlich den Gefallen, obwohl ich das knallgelbe, orangefarbene und giftgrüne Blumenmuster absolut scheußlich fand. Ich würde sie nie benutzen. Als der türkische Zoll dann meine Koffer öffnete und durchsuchte und ausgerechnet bei diesem Artefakt stutzig wurde, geriet ich in große Verlegenheit. Ob die Decke antik sei? Ob ich eine Ausfuhrgenehmigung der Regierung habe? Ich sagte, sie sei ein Geschenk von meinen Eltern, und meine Großmutter habe sie vor vielen Jahren von einer Bündelfrau gekauft. Warum mußte ich all das für ein Ding durchmachen, das ich nicht ausstehen konnte

Eine Haremsfrau empfängt eine Bündelfrau und eine wahrsagende Zigeunerin – begehrter Kontakt mit der Außenwelt. Sammlung der Verfasserin.

und der Inneren Mission schenken würde, sobald ich wieder zu Haus war? (Zufällig schaute dann eine Freundin von mir zu, wie ich auspackte, und sie verliebte sich in die »Antiquität«, die nun in San Francisco ihr Bett ziert.)

Während jenes Aufenthalts fuhr ich auch zu den Prinzeninseln, und als ich dort in einem Café saß, wurde ich von einem Schwarm arabischer Haremsfrauen umringt, die auf die nächste Fähre warteten. Prompt erschien eine Zirkassierin mit zwei Koffern, der heutigen Version der »Bündel«. Sie drängte sich zu den Araberinnen, öffnete die Koffer und hielt ihre Waren nacheinander hoch. Ich konnte die Sachen gut sehen und war enttäuscht, daß ich nichts von den exotischen Dingen erblickte, an die ich mich so gut erinnerte – keine merkwürdigen Kaftane, keine Seidengewänder aus Damaskus oder Baumwollwesten aus Jerusalem. Diese Bündelfrau verkaufte vor allem Strickwaren aus Kunstfasern, die im Nahen Osten heute beliebt sind, und außerdem noch einige billige türkische Frotteetücher und Bademäntel, die vor allem für Touristen produziert werden. Die Romantik der echten Bündelfrauen war vorbei.

Der Tod

Die Toten wurden gewaschen, in Tücher gehüllt und so schnell wie möglich beerdigt. Sie kamen nicht in Särge, weil Moslems glauben, der Körper müsse der Erde unmittelbar zurückgegeben werden. Es gab auch kein Leichenbegängnis, wie es im Westen üblich ist, aber die Familie der Verstorbenen hielt das Haus vierzig Tage lang für alle geöffnet, die kommen wollten, um ihr Mitgefühl auszudrücken. Man servierte den Besuchern Kaffee, Tee und andere Erfrischungen und mußte mit jedem neuen Gast eine neue Welle des Kummers über sich ergehen lassen. Man reichte übrigens auch eine spezielle Halvah aus Mehl, Zimt und Nüssen, die den Leichnam des oder der Toten symbolisieren sollte – und die köstlich schmeckte. Am vierzigsten Tag kam dann ein Berufssänger und intonierte Verse aus dem Koran, und die Frauen bedeckten ihr Haupt, beteten und schickten den Geist des oder der Verstorbenen fort.

Die Form und Verzierung des Grabsteins ließen erkennen, ob der Tote ein Mann oder eine Frau gewesen war. Grabsteine von Frauen hatten eingemeißelte Blumenmuster, während die der Männer wie ein Turban geformt waren.

> *Jeden Freitag, dem heiligen Tag der Gläubigen, windet sich ein langer Zug verschleierter, von Kindern begleiteter Frauen, der aus der Ferne einem Schilfgürtel an einem Fluß gleicht, die Straße zum Friedhof hinunter. Die Frauen lieben den Friedhof, bedeutet er für sie doch eine vorübergehende Erlösung von der strengen Abgeschiedenheit, die ihnen von den Gesetzen des Islam auferlegt wird. Er ist wie ein Ausflugsziel, und die Tränen, die sie für die Toten vergießen, lindern zugleich ihren eigenen Kummer.*
>
> *Etienne Dinet:* Tableaux de la Vie arabe *(1908)*

Der Westen begegnet dem Osten

Der orientalische Traum

Es ist eine Welt, in der sich alle Sinne zügellos an Bildern und Klängen und Düften laben, an Früchten und Blumen und Juwelen, an Weinen und Süßigkeiten und auch an willfährigem Fleisch, ob männlich oder weiblich, dessen Schönheit unvergleichlich ist. Es ist eine Welt heroischer erotischer Begegnungen ... Hinter jedem vergitterten Fenster lockt eine Romanze, jeder Blick hinter einem Schleier hervor kann der Beginn einer Intrige sein, und in der Hand jeder Dienerin steckt ein parfümiertes Billett, das ein alsbaldiges Stelldichein gewährt ...

Es ist eine Welt, in der kein Verlangen zu aberwitzig sein kann, um erfüllt zu werden, und kein Tag ein Beweis dafür ist, was der nächste bringen könnte. Eine Welt, in der Affen mit Menschen wetteifern können und in der ein Metzger die Hand einer Königstochter gewinnen kann; eine Welt, in der Paläste aus Diamanten bestehen und ein Thron aus einem einzigen Rubin geschliffen wird.

Es ist eine Welt, in der all die lästigen und unvermeidlichen Regeln des Alltags auf ebenso wunderbare Weise aufgehoben sind wie die persönliche Verantwortung.

Es ist die Welt eines legendären Damaskus, eines legendären Kairos und eines legendären Istanbuls ... Es ist, kurz gesagt, die Welt des immerwährenden Märchens – dessen Zauber man nicht widerstehen kann.

B. R. Redman: Einführung zu
The Arabian Nights Entertainments *(1932)*

Henry William Pickersgill: Porträt von James Silk Buckingham und seiner Gemahlin, *1816, Öl auf Leinwand, 153 × 122 cm, Royal Geographical Society, London. Buckingham, ein Journalist, der ausgedehnte Nahostreisen unternahm, posiert mit seiner Frau Elizabeth in orientalischer Tracht.*

Der Nahe Osten, der Orient, heißt bei uns auch Morgenland. Der Orient ist das Land, in dem die Sonne aufgeht, und er umfaßt Kleinasien, Persien, Ägypten, Arabien und Indien.

Orientalismus ist eine westliche Sehweise des Orients, die auf der westlichen Phantasie beruht und in westlichen Kunstformen ausgedrückt wurde. Die orientalistischen Künstler schilderten einen Osten der Imagination, der Träume. Die meisten von ihnen haben in der Tat nur geträumt: Sie schufen ihre Visionen des Orients, ohne ihre Heimat jemals verlassen zu haben. Einige wenige wagten es jedoch, ihre Phantasie an der Wirklichkeit zu messen, und reisten in den Orient. Doch wie Julia Pardoe schon 1839 feststellte, erlagen selbst diese Mutigen der Versuchung, das, was sie sahen, mit einem romantischen Hauch zu überziehen: »Der europäische Geist ist so sehr mit Vorstellungen von orientalischer Rätselhaftigkeit, Mystik und Pracht getränkt und so lange mit wunderbaren Berichten und Metaphern der Reisenden genährt worden, daß man bezweifeln muß, ob er bereit ist, seine alten Assoziationen zu verwerfen und sich desillusionieren zu lassen.«

Tausendundeine Nacht

Im frühen 18. Jahrhundert wurde der Westen vom Zauber des Orients erfaßt, aber nicht als ein Ergebnis von Handel oder Politik. Der Grund war vielmehr ein literarisches Ereignis, die Veröffentlichung eines Märchenbuchs. 1704 übersetzte der französische Gelehrte Antoine Galland das arabische Werk *Alf Laila wa-Laila*, zu deutsch »Tausendundeine Nacht«, eine Sammlung von Märchen, Erzählungen und Legenden, die in dem von geheimnisvollen Sultanen, Eunuchen und Sklavinnen, aber auch von Geistern, Riesen und fliegenden Pferden bevölkerten Reich des Kalifen Harun al-Raschid spielen.

Als Sultan Schahriar entdeckt, daß seine Frau ihn betrogen hat, läßt er sie hinrichten und erklärt, alle anderen Frauen seien ebenso schlecht wie sie, und je weniger von ihnen die Erde bevölkerten, um so besser wäre es. Er heiratet jeden Abend eine andere Frau, nur um sie am nächsten Morgen erdrosseln zu lassen. Der Großwesir hat die Aufgabe, ihm die unglücklichen Mädchen aus einem unterworfenen Königreich zu beschaffen. Eines Tages überredet Scheherazade, die Tochter des Großwesirs, die offensichtlich etwas im Schilde führt, ihren Vater, sie dem Sultan als neue Braut zuzuführen:

> *Zur gewohnten Stunde begleitete der Großwesir Scheherazade zum Palast und ließ sie allein mit dem Sultan, der sie aufforderte, ihren Schleier zu heben, und von ihrer Schönheit verblüfft wurde. Als er jedoch sah, daß ihre Augen voll Tränen waren, fragte er, was nicht in Ordnung sei.*
>
> *»Herr«, antwortete Scheherazade, »ich habe eine Schwester, die mich ebenso zärtlich liebt wie ich sie. Gewähren Sie mir die Bitte, sie heute nacht im selben Zimmer schlafen zu lassen, da es die letzte ist, die wir zusammen haben werden.«*
>
> *Der Sultan erfüllte ihre Bitte, und man ließ Dinarzade holen. Eine Stunde vor Anbruch des Tages erwachte Dinarzade und rief vereinbarungsgemäß aus:*
>
> *»Meine liebe Schwester, wenn du nicht schläfst, so erzähl mir bitte eine deiner wunderschönen Geschichten, bis die Sonne aufgeht. Es ist das letztemal, daß ich das Vergnügen haben werde, dich zu hören.«*
>
> *Scheherazade antwortete nicht, sondern wandte sich an den Sultan.*
>
> *»Werden Euer Majestät mir erlauben, zu tun, worum meine Schwester mich bittet?« fragte sie.*
>
> *»Sehr gern«, entgegnete er.*
>
> *Und so begann Scheherazade zu erzählen …*

Sultan Schahriar ist so fasziniert von Scheherazades Geschichten, daß er ihr unter der Bedingung, ihm mehr zu erzählen, das Leben schenkt. So erfüllt die schöne Sultanin tausendundeine Nacht mit dem Zauber romantischer Begebenheiten. Nacht für Nacht erzählt sie eine fesselnde Geschichte, um ihr Leben zu verlängern. Der Sultan ändert seine Einstellung zu Frauen, das Reich ist erlöst, und fortan leben alle glücklich und zufrieden.

Edmund Dulac: Scheherazade, *Originalaquarell für das Frontispiz von* Tausendundeine Nacht, *1907, Wasserfarbe auf Papier, 35 × 17 cm, Jo Ann Reisler, Ltd., Vienna (Virginia).*

Die Geschichten waren nach Art typischer Volksmärchen zunächst in sich abgeschlossen, doch mit der Zeit entwickelte sich, ähnlich wie bei den kleinen russischen Holzpuppen, das Schema von Geschichten innerhalb von Geschichten innerhalb von Geschichten. Sie veränderten sich im Verlauf der mündlichen Überlieferung, verloren aber nie die Elemente der drohenden Gefahr, des Rätselhaften, Wunderbaren und des Erotischen. Ihre Handlung ist ein unendlich verzerrter Spiegel in anderen Spiegeln. Horace Walpole kennzeichnete in einem seiner berühmten Briefe (am 30. August 1789, an Mary Berry) den Reiz, den die Erzählungen sogar auf einen Literaten des 18. Jahrhunderts ausübten: »Ich finde nicht, daß die Geschichten sehr natürlich oder sehr wahrscheinlich sind, aber in ihnen ist eine Wildheit, die fasziniert.« Und Hugo von Hofmannsthal sagte in seinem ebenso berühmten Vorwort zu einer deutschen Ausgabe von *Tausendundeine Nacht*: »Hier ist die kühnste Geistigkeit und die vollkommenste Sinnlichkeit in eins verwoben.«

Ein Held, der viele Frauen liebt, war ein verlockendes Thema, und Antoine Galland war ein begnadeter Übersetzer. Die Erzählungen selbst waren so verführerisch, daß sie bald überall in Europa verschlungen wurden. Außerdem trugen sie zur Entstehung eines Phänomens bei, das der heutigen »Bewußtseinserweiterung« entspricht. Von traditionellen Stoffen gelangweilt, flüchteten viele Schriftsteller in ihre labyrinthische Welt und benutzten sie unter Beibehaltung von Elementen des Originals für ihre eigenen Werke.

Der Wind aus dem Osten

Tausendundeine Nacht machte eine neue Art des Geschichtenerzählens in Europa bekannt und lieferte der besseren Gesellschaft darüber hinaus eine Bühne, um sich selbst zu inszenieren. Die Damen und Herren des 18. Jahrhunderts liebten es, sich zu verkleiden und zu spielen. Mit *Tausendundeine Nacht* wuchs nicht nur ihr Repertoire, sondern auch ihr Vorrat an archetypischen Figuren.

Edouard Manet: Olympia, *1863, Öl auf Leinwand, 115 × 187 cm, Musée d'Orsay, Paris.*

In Paris wurden *turqueries* der letzte Schrei und beeinflußten so gut wie alles, vom Drama, von der Oper, der Malerei und der Literatur bis hin zur Kleidung und Inneneinrichtung. Modebewußte Damen trugen Haremspluderhosen, Satinpantoffeln und turbanähnliche Kopfbedeckungen. Feine Herren kleideten sich wie Paschas, und ihre Frauen kostümierten sich wie Odalisken und Sultaninnen und posierten so für die Porträtmaler der Zeit. Viele übten sich in orientalischer Poesie. Frauen erzählten Geschichten à la Scheherazade, um ihre männlichen Gäste zu unterhalten. Überall in Europa fanden Wasserpfeifen, niedrige Diwane und mit – echten oder falschen – Edelsteinen besetzte Krummsäbel allmählich ihren Weg von den vornehmen Stadtpalais in die bescheideneren Behausungen der Mittelschicht. Das Konzept des *keyf* (Erfüllung im süßen Nichts) – dolce far niente – verbreitete sich als Lebensphilosophie in vielen Ländern, und viele Leute entwickelten eine Neigung zu rauschhafter Euphorie. Ästheten und Schöngeister rauchten Opium und Haschisch als Mittel zur Erweiterung des romantischen Geistes. Dichter und Schriftsteller wie Samuel Taylor Coleridge und Thomas De Quincey nahmen Opiate, um zu prophetischen Visionen zu gelangen, und schrieben unter ihrem Einfluß sinnliche Meisterwerke – wie Coleridge den *Kubla Khan*. Gérard de Nerval, Eugène Fromentin, Théophile Gautier und Charles Baudelaire versammelten sich im Hôtel Pimodan, wo der »Club der Haschischraucher« seine geheimen Rauchsalons hatte.

In Frankreich entstand die literarische Technik, Gesellschaftssatiren in ein orientalisches Gewand zu hüllen. Voltaire schrieb seinen *Zadig*, Montesquieu seine *Lettres persanes* und Racine seinen *Bajazet*, die Bühnenfassung eines tragischen Kampfes zweier Sultaninnen, für die Kösem und Turhan Pate standen, ein Gleichnis für die Unterdrückung des Verlangens in der westlichen Gesellschaft des 18. Jahrhunderts. Das Stück wurde von einem Publikum, das seine eigenen geheimen Leidenschaften zum Leben erweckt sah, begeistert begrüßt.

Gleichzeitig entstanden in Paris und Wien »musikalische Harems«. Mozart zeigte in der *Zauberflöte* die hehren Ideale des Orients, während er in der *Entführung aus dem Serail* ein eher unbeschwertes und fröhliches Bild von den genußsüchtigen und zugleich zutiefst humanen Bewohnern des Nahen Ostens zeichnete: Musik und Tanz im Dienst einer schönen Haremsodaliske. Im 19. Jahrhundert folgten dann weitere türkisch inspirierte musikalische Werke, so Boieldieus *Kalif von Bagdad*, der »Mameluckenwalzer«, Beethovens »Türkischer Marsch« und weitere türkische Märsche und schließlich Rimski-Korsakows orientalischer Klangteppich *Scheherazade*.

»Es war wie eine Szene aus *Tausendundeine Nacht*« wurde eine stehende Redensart, um eine erstaunliche, wollüstige oder phantastische Begebenheit zu charakterisieren. Der Brunnen der westlichen Kultur schien, sei es aus Trägheit oder aus anderen Gründen, zu versiegen, und die Beschäftigung mit allem, was exotisch war, wurde immer verführerischer. Der Orient erlebte die erste Reisewelle, er lockte zahlreiche Europäer an. Wie Rudyard Kipling sagte: »Hat man einmal den Ruf des Ostens gehört, wird man nie mehr etwas anderes hören.«

Lady Mary Montagu

»Die Welt hier durch und durch romantisch. Frauen anders als bei uns. Ich selbst ganz die alte. Faules Leben«, schrieb Lady Mary Wortley Montagu dem englischen Dichter Alexander Pope aus Istanbul. Lady Mary lebte 1716 bis 1718 als Frau des britischen Botschafters Edward Wortley Montagu in der Türkei. Sie war eine frühe Romantikerin und entdeckte im Orient sich selbst, brachte alle ihre Eindrücke zu Papier und unterhielt umfangreiche Briefwechsel mit ihren Freunden in Europa. Ihre *Turkish Embassy Letters* sind vielleicht die authentischste und unmittelbarste Quelle für Orientinformationen, die irgendein *gavur* (Ungläubiger – also Ausländer) hinterlassen hat.

Lady Mary verkörperte viele der Widersprüche des 18. Jahrhunderts, die durch den Orientalismus deutlich wurden. Sie lebte in einem Netz kreativer Spannungen zwischen Leidenschaft und Vernunft, romantischen Vorstellungen und Pragmatismus, Abenteuerlust und Liebe zur herkömmlichen Ordnung. Sie erlag dem Zauber des Ostens, konnte aber zugleich ihre Identität als junge britische Adelige bewahren. Ihre Zeit in Istanbul, wo »Luxus... der allgegenwärtige und unerschöpfliche Begleiter« war, war ungewöhnlich. Sie schaffte es sogar, den Harem zu betreten, den am strengsten gehüteten Bezirk der islamischen Welt. Ihre Schilderungen von Haremsfrauen beschwören die ganze orientalische Lebenskunst herauf. »Auf einem um drei Stufen erhöhten und mit kostbaren persischen Teppichen belegten Diwan ruhte die Dame des Kahyas auf bestickten weißen Satinkissen. Zu ihren Füßen saßen zwei blutjunge Mädchen, das ältere etwa zwölf Jahre alt, schön wie Engel, reich und geschmackvoll gewandet und fast am ganzen Leib mit Juwelen bedeckt... Ich muß gestehen, daß ich noch nie etwas von so vollkommener, nein, überwältigender Schönheit zu Gesicht bekommen habe«, schrieb sie am 18. April 1717 ihrer Schwester, Lady Mar.

Sie war der perfekte Voyeur, denn die Sinnlichkeit solcher Szenen entging ihr nicht. Gleichzeitig blieb sie ihrer eigenen kulturellen Identität treu und hütete sich davor, eine gewisse Grenze zu überschreiten. Als sie zum Beispiel aufgefordert wurde, zu einigen Damen ins Badehaus zu gehen, und erfuhr, daß sie alle »splitternackt« waren, hatte sie den Mut zu widersprechen, ohne ihre Gastgeberin vor den Kopf zu stoßen: »Ich war letztlich gezwungen, mein Hemd zu öffnen und ihnen mein Stangenkorsett zu zeigen, was sie alle ungemein befriedigte, denn wie ich sah, glaubten sie, ich sei in diesem Behältnis eingeschlossen und könne es nicht aus eigenem Willen öffnen, da nur mein Gatte den Schlüssel dazu habe.«

Sie führte einen vertraulichen Briefwechsel mit Alexander Pope, in dem sie beide eine orientalische Welt schufen. Lady Mary sah und erlebte das reale Vorbild dieser Welt wirklich, während Pope sich mehr seinen Phantasien hingab. »Ich habe die Worte Ehrbare Frau und Liebende Gattin verabscheut, seit ich zum ersten Mal den reizenden Namen Odaliske hörte«, schrieb Pope ihr am 1. September 1718. Wie andere Männer seiner Zeit ging er so weit, den Erwerb einer zirkassischen Sklavin zu erwägen: »Es ist wahrhaftig der größte Wunsch meiner Seele,

J. B. Vanmour (zugeschrieben): Lady Mary Montagu mit ihrem Sohn und Dienerschaft, *um 1717, Öl auf Leinwand, 69 × 90 cm, National Portrait Gallery, London.*

durch Ihre Vermittlung eine schöne zirkassische Sklavin zu bekommen, aber es würde das beste Projekt verderben, das ich jemals geschmiedet habe.«

Lady Mary importierte keine Sklavin für den buckligen Poeten, aber sie brachte zahllose *turqueries* mit nach England, darunter auch Haremskleidung, die bald als schick galt. Sie impfte ihre Kinder gegen Pocken, was sie in der Türkei beobachtet und gelernt hatte – etwa siebzig Jahre, bevor Dr. Edward Jenner das Impfen in England »einführte«. Voltaire, der mit Lady Marys Praktiken vertraut war, schrieb den in den Harems hochgeschätzten Zirkassierinnen die Entwicklung des Serums zu: Sie hätten auf keinen Fall Pocken bekommen wollen, weil die Narben ihr Gesicht ruiniert hätten.

In der Malerei des 19. Jahrhunderts waren Haremsszenen ein Vorwand für aufreizende Akte. Die Odaliske war zum Symbol für schwüle erotische Wonnen geworden. *Die große Odaliske*, Ingres' 1814 entstandenes Meisterwerk, eine schlanke, ruhende Frau in einem exotisch-sinnlichen Dekor, die beinahe einer alabasternen Urne ähnelt, war mit ihrem kühlen Klassizismus ganz unorientalisch, unzugänglich wie ein geschlossenes Gefäß. Der Künstler hatte lediglich eine nackte Frau durch Hinzufügen eines Turbans, eines Fächers und einer Wasserpfeife in ein orientalisches Traumgeschöpf verwandelt. Paris wurde mit orientalischen Bildern überschwemmt, deren Erfolg 1893 schließlich zur Gründung des »Salons der orientalischen französischen Maler« führte.

Jean-Auguste Dominique Ingres: Die große Odaliske, *1814, Öl auf Leinwand, 91 × 162 cm, Musée du Louvre, Paris.*

Reisen in den Orient

Für die meisten Europäer des 19. Jahrhunderts war der Alltag zu vulgär, um künstlerisch dargestellt zu werden. Deshalb reisten viele Künstler auf der Suche nach geeigneten Sujets in den Nahen Osten, wo sich seit biblischen Zeiten nicht allzu viel geändert hatte.

Die besseren Transportmittel und Unterkünfte machten den Orient leichter zugänglich, und ab 1868 organisierte Thomas Cook Nilfahrten und Reisen ins Heilige Land. 1869 weihte man den Suezkanal ein, und Kairo wurde mit neuen Bauwerken verschönert, darunter Luxushotels und ein Opernhaus, das mit Verdis *Aida* eröffnet wurde.

In den neunziger Jahren des letzten Jahrhunderts war Ägypten ein ebenso mondänes Ferienziel wie die Riviera, und ab 1893 beförderte der Orientexpreß illustre Reisende von Paris nach Istanbul. Die Maler Melling und Preziosi folgten Liotard und Vanmour in die Türkei; Lewis, Flaubert, de Nerval, Gérôme und Florence Nightingale reisten nach Ägypten, Delacroix nach Algerien. Eugène Delacroix sollte zwar nie einen Harem betreten, aber er behauptete, ein Mann habe ihn einen Blick in eines der Frauengemächer tun lassen. Das Ergebnis war das wunderbare Gemälde *Die Frauen von Algier,* das er 1834 malte. Zehn Jahre später schuf er eine andere Fassung derselben Szene.

Unten links: *John Frederick Lewis:* Lilium auratum, *1871, Tusche auf Papier, Christie's, London/ Bridgeman Art Library, London.*

Unten rechts: *Jean-Etienne Liotard:* Türkische Frau mit ihrer Sklavin, *1742, Pastell auf Pergament, 71 × 53 cm, Musée d'Art et d'Histoire, Genf.*

John Frederick Lewis

John Frederick Lewis, ein künstlerisch außerordentlich begabter Londoner Dandy, lebte 1841 bis 1851 in Kairo. Er pflegte mit einem Turban auf dem Kopf und einem blitzenden Krummsäbel im Gürtel auf einem grauen Pferd durch die Straßen der Stadt zu reiten. Er benahm sich bald immer mehr wie ein schmachtender Lotusesser und führte, um mit dem englischen Romancier William Makepeace Thackeray zu sprechen, »das träumerische, träge, nebelhafte, tabakgeschwängerte Leben« eines wohlhabenden Moslems. Lewis machte den höchsten Traum des Orientalisten wahr, indem er seine Kleidung wie seine Adresse wechselte und in eine andere Identität schlüpfte. Zuerst war es ein romantisches Spiel, doch im Laufe der Zeit wurde es seine wahre Existenz, und seine Einblicke in die Haremswelt erlaubten ihm, authentische Darstellungen der Welt hinter Gittern auf die Leinwand zu bannen.

Lewis mied die Touristenattraktionen, die die meisten anderen Europäer besuchten, und mischte sich statt dessen lieber unter das Volk. Er arbeitete unablässig und malte Harems, Basare und Straßenszenen, wie sie wirklich waren, ohne romantische Verklärung oder mahnend erhobenen Zeigefinger.

Thackeray beschreibt in seinen 1844 erschienenen *Notes From a Journey*, wie er Lewis in Kairo besuchte. Er wurde in den Salon eines reichen Hauses im Mameluckenstil geführt, der eine geschnitzte und vergoldete Decke hatte und mit Arabesken und meisterhaften Kalligraphien dekoriert war. Vom Hof aus hatte er hinter einem vergitterten Fenster zwei große dunkle Augen bemerkt, die ihm auffordernde Blicke zuwarfen. Lewis behauptete, sie gehörten der Köchin, doch Thackeray war überzeugt, daß die »Köchin« in Wahrheit eine schöne Sklavin war. Schließlich hatte jeder Mann das Recht, wenigstens eine Odaliske zu haben.

Die Romantiker

Lord Byron betrachtete sich als einen großen Orientreisenden, aber sein Orient war auf Konstantinopel, den Bosporus und den Hellespont, also die andere Meerenge, beschränkt. Seine Werke und auch die Schriften der anderen Romantiker, zum Beispiel Coleridge, Victor Hugo, Gustave Flaubert und Théophile Gautier, standen in krassem Gegensatz zu der unbarmherzigen Rationalität der industriellen Revolution, die sich damals in Europa ausbreitete. Hugos Gedichtsammlung *Les Orientales* inspirierte mit ihrer leidenschaftlichen Schilderung gefangener Seelen zu zahllosen Gemälden, und Montesquieus *Lettres persanes* regten Lecomte de Nouy zu dem sinnlichen Bild *Koschrus Traum* an.

Als Gérard de Nerval durch den Orient reiste, kannte er nur zwei arabische Wörter, *tayeb* (Ausdruck der Zustimmung) und *mafish* (Ausdruck der Ablehnung). In seiner *Voyage en Orient* (1843–1851) legte er die Beweggründe dar, die ihn zu seiner Suche nach einer Sklavin namens Zetnaybia bewogen: »Eine Frau aus einem fernen Land hat etwas ungemein Faszinierendes und Unwiderstehliches; ihre Gewänder und Gewohnheiten genügen bereits, um unsere Verblüffung zu erregen. Sie spricht eine unbekannte Sprache und hat kurz gesagt keinen jener vulgären Mängel, an die wir uns unter den Frauen in unserem eigenen Land nur zu sehr gewöhnt haben.«

Als er die Sklavin gefunden hat, weiß er jedoch nicht recht, wie er sie in sein Leben integrieren soll. Was soll er nun mit ihr tun? Die meisterhaft geschilderte Begegnung ist wie ein Zusammenprall zweier Kulturen, und wir sind auf einmal nicht mehr sicher, wer der Herr ist und wer der Sklave. Da es ihm nicht gelingt, Zetnaybia zu zivilisieren, und er ihre »primitiven« Angewohnheiten nicht akzeptieren kann, schenkt er ihr schließlich die Freiheit.

1849 brach Gustave Flaubert mit seinem Freund Maxime du Camp in den Orient auf, der seine Phantasie schon lange Zeit beschäftigt hatte. Er glorifizierte die Reize orientalischer Frauen genau wie Gérard de Nerval. Flaubert verbrachte ein Jahr in Ägypten und führte dort ein Tagebuch, das voller erotischer und sinnlicher Einzelheiten ist: »Kuschuk warf beim Tanzen ihre Kleidung ab. Zuletzt war sie nackt bis auf ein kleines Schleiertuch, und sie tat so, als versteckte sie ihre Blöße dahinter, doch am Ende warf sie es fort. Das war die Biene... Nachdem sie dann für uns die wundervollen Schritte wiederholt hatte, die sie am Nachmittag getanzt hatte, sank sie außer Atem auf ihren Diwan, doch ihr Leib fuhr fort, sich im Rhythmus des Tanzes zu bewegen.« Das führt zu einer leidenschaftlichen Liebesnacht mit der *alme* (Tänzerin) Kuschuk. Flaubert schildert das Erlebnis so ausführlich, daß seine Geliebte, Louise Colet, sicher sehr eifersüchtig geworden wäre, wenn sie Gelegenheit gehabt hätte, einen Blick in das Tagebuch zu werfen. Viele Jahre später inspirierten ihn die orientalischen Erfahrungen zu *Salammbo*, einem Roman über das alte Karthago.

Orientalische Tänzerinnen faszinierten sogar einen ansonsten so nüchternen und rationalen Schriftsteller wie Théophile Gautier:

> *Sie erregen eigentümliche Sehnsüchte, bringen unendliche Erinnerungen zu Tage und beschwören vormalige Existenzen herauf, die auf gut Glück ans Licht kommen. Maurischer Tanz besteht aus unablässigen wiegenden Bewegungen des Körpers: seitlichen Drehungen der unteren Rückenpartie, Hüftschwenken, Bewegungen der Arme, Winken mit Taschentüchern, schmachtenden Mienen, Flattern der Augenlider, herausfordernden oder verschwimmenden Blicken, Beben der Nasenflügel, Öffnen der Lippen, einem Zurückbiegen des Halses wie bei liebeskranken Tauben... all das verbindet sich zu dem geheimnisvollen Drama der Wollust.*

Solche Szenen schlugen nicht nur Männer, sondern auch Frauen in ihren Bann. Als Lady Duff Gordon die kreisenden Bewegungen der Brüste einer Tänzerin betrachtet hatte, erklärte sie: »Sie waren genau wie Granatäpfel und herrlich selbständig.«

Jean-Léon Gérôme

Seit den sechziger Jahren des 19. Jahrhunderts waren fotografische Ateliers wie Bonfils & Sohn im Orient tätig. Kodak brachte 1888 eine tragbare Kamera auf den Markt, die jeder Tourist bedienen konnte. Ende des 19. Jahrhunderts war die Fotografie – mit Fotografen wie Francis Frith – eine ernsthafte Konkurrenz für die orientalistische Malerei geworden. Einige Maler, zum Beispiel Jean-Léon Gérôme, einer der einflußreichsten Männer der französischen Kunstszene, profitierten jedoch von der neuen Erfindung dadurch, daß sie sie in ihren Schaffensprozeß einspannten. Gérôme, dessen Detailgenauigkeit selbst strenge Kritiker wie Théophile Gautier beeindruckte, reiste 1854 in die Türkei und später dann nach Ägypten, Palästina, Syrien, in den Sinai und nach Nordafrika. Mit Hilfe der Skizzen und Fotos, die er machte, konnte er orientalische Szenen mit bemerkenswerter Präzision auf die Leinwand bannen, und seine meisterhafte Farbgebung tat ein übriges, um den Kreis seiner Bewunderer laufend zu vergrößern. Er war besonders von den türkischen Badehäusern fasziniert und ging oft mit seinem Skizzenblock in die Hamams, um Hintergrundmaterial festzuhalten: »Splitternackt, meinen Farbkasten auf den Knien, in einer Hand meine Palette, auf einem Schemel hockend... komme ich mir ein bißchen lächerlich vor.«

Obwohl Gérôme nie einen Harem betrat, kann man seine Gemälde gut als visuelle Umsetzungen der Berichte über Badeszenen und andere Aspekte des Haremslebens betrachten, die Lady Montagu und Julia Pardoe zu Papier brachten. Seine wie von leichten Dunstschleiern umspielten Frauen sind immer vollkommen und üben einen erotischen Reiz aus.

Gérôme war mit der Tochter des bekannten Kunsthändlers Adolphe Goupil verheiratet, der Reproduktionen seiner Werke vermarktete. Sie wurden in der ganzen westlichen Welt populär, weil sie dafür sorgten, daß sich nicht nur die Reichen, sondern auch einfache Leute an Haremsszenen erbauen konnten.

Graf Amadeo Preziosi

Amadeo Preziosis Aquarelle haben eine Qualität des Unmittelbaren, die Gérômes Ölgemälden fehlt, und sind von einem kraftvollen Realismus, der an Lewis' Werke erinnert, obgleich sie sich in anderer Hinsicht stilistisch von diesen unter-

Amadeo Preziosi: Adile Hanim, *1854, Wasserfarbe und Bleistift auf Papier, 27 × 24,5 cm, Victoria and Albert Museum, London.*

scheiden. Preziosi stammte aus einer vornehmen Malteser Familie, und als sein Vater seine künstlerische Beschäftigung mißbilligte, ging er nach Konstantinopel, wo er dann fast ein halbes Jahrhundert lebte. Er verkehrte mit den dort akkreditierten europäischen Diplomaten, die seine Arbeiten bald schätzen lernten. Er malte von den vierziger Jahren bis in die siebziger Jahre des 19. Jahrhunderts zahlreiche Stadtszenen, die er ihnen, wie auch Reisenden aus dem Westen, verkaufte. Er wohnte in Pera, dem europäischen Teil der Stadt, war mit einer Griechin verheiratet und hatte drei Töchter und einen Sohn, deren Nachkommen heute noch in der Türkei leben. Im letzten Jahrzehnt seines Lebens war er der Hofmaler von Sultan Abd ül-Hamid II.

Preziosi, ein echter Connaisseur, wählte farbige und interessante Figuren als Sujets, doch sie blieben Menschen aus Fleisch und Blut und wurden nicht zu Klischees aus *Tausendundeine Nacht* stilisiert.

Preziosi malte keinen glorifizierten Osten, sondern die Realität des Lebens im Orient. Eine Odaliske ruht in ihrem Haremsgemach auf einem Lager von Kissen; Frauen picknicken an den Süßen Wassern Asiens; eine nubische Sklavin bedient eine Odaliske, die Pfeife raucht und Kaffee trinkt; Frauen prüfen im Basar Seidenstoffe; eine Witwe besucht mit ihrem Kind einen Friedhof; ein alter Wasserträger betrachtet lüstern ein junges Mädchen, das züchtig den Schleier vor sein Gesicht zieht...

Kaiserin Eugenie

Kaiserin Eugenie, die Gemahlin Napoleons III., besuchte Istanbul, als sie auf dem Weg nach Ägypten war, um den Suezkanal einzuweihen. Zum erstenmal in der Geschichte des Osmanischen Reiches verneigte sich ein Sultan vor einer Frau. Abd ül-Asis hatte in Beylerbey einen Palast für sie bauen und im – orientalisch verfremdeten – französischen Rokoko einrichten lassen. Dort schlief Eugenie in einem mit Perlmutt, Schildpatt und Silber eingelegten syrischen Bett und badete in einem luxuriösen Hamam. Sie besuchte sogar die Frauen im Harem des Sultans.

Der Besuch löste eine Reihe von Ereignissen aus, die nicht wieder rückgängig zu machen waren. Die Türkinnen, die in Harems lebten, entwickelten plötzlich eine Vorliebe für alles, was französisch war. Die »Frankomanie« wurde das osmanische Gegenstücke zur »Turkomanie« in Frankreich. Türkische Aristokratinnen kopierten das Erscheinungsbild der Kaiserin so gut sie konnten und schreckten nicht einmal davor zurück, ihr Haar in der Mitte zu scheiteln und es in stundenlanger Arbeit in Trauben winziger Locken zu legen. Hochhackige Schuhe ersetzten die türkischen Pantoffeln mit aufwärts gebogenen Spitzen. Statt der *schalwars* (Haremspluderhosen) trugen die Frauen auf einmal Röcke. Haremsdamen fingen an, Romane von Flaubert und Loti zu lesen, und ehe das Jahrhundert zu Ende ging, wurden die Sultaninnen von dem Pariser Modehaus Worth eingekleidet.

Franz Xaver Winterhalter: Kaiserin Eugenie, *1855, Öl auf Leinwand, Musée d'Orsay, Paris.*

Pierre Loti

Auf der anderen Seite des Bosporus, gegenüber vom Beylerbey-Palast, in den Hügeln von Eyub oberhalb des Goldenen Horns, gibt es noch heute das Café Pierre Loti. Dort wohnte einst der berühmte Romancier unter einer angenommenen Identität als türkischer Bei. Ich ging am Wochenende oft mit meinen Freundinnen in das Café. Wir saßen im Garten unter den jahrhundertealten Platanen, tranken schwarzen Tee, der aus Samowaren eingeschenkt wurde, und genossen das Panorama. Was wir sahen, waren allerdings Schiffswerften, Papierfabriken und große Kohlehalden – nicht mehr eine »Stadt aus Jaspis geschnitten«, nicht mehr die romantischen Süßen Wasser mit den zahllosen bunten Booten. Doch jene Stadt war für uns immer noch lebendig, nicht zuletzt deshalb, weil Loti sie in seinen Romanen so meisterhaft für uns heraufbeschwor.

Pierre Loti, eigentlich Julien Viaud, Sohn hugenottischer Eltern, ging als junger Mann zur Marine, um etwas von der Welt zu sehen. Seine Fahrten führten ihn in exotische und ferne Länder. Er hatte viele romantische Erlebnisse und schrieb später Bücher über Liebesaffären mit schönen Frauen aus anderen Kulturkreisen. Seine nostalgischen und beschwörenden Romane sprechen von Melancholie, Desillusionierung, rettungsloser Einsamkeit und Tod.

Kein Ort verzauberte ihn jedoch so sehr wie Istanbul. Es war Liebe auf den ersten Blick. Er hatte sein Thema gefunden und verfiel ihm, und diese Liebesaffäre inspirierte ihn zu zwei Perlen der orientalistischen Literatur, *Aziadeh* (1877) und *Die Entzauberten* (1906). Loti schrieb, was er lebte: »Hinter jenen dicken Eisenstangen waren zwei große Augen, deren Blick auf mich gerichtet war. Die Augenbrauen waren so verlängert, daß sie sich trafen... Ein weißer Schleier war straff um den Kopf gewunden und ließ nur die Stirn und jene großen Augen frei. Sie waren grün, vom Grün des Meeres, das einst die Dichter des Orients besangen.« Es war Aziadeh, deren geheimnisvolle und unberührbare Schönheit den Schriftsteller verzehrte. Sie war eine zirkassische Kadin und lebte im Harem eines Beis. Allen Gefahren trotzend, arrangierte Lotis Diener Samuel ein nächtliches Stelldichein. Sie trafen sich auf einem Boot:

> *Aziadehs Barke ist voll von weichen Polstern, Kissen und türkischen Teppichen, all dem selbstverständlichen Luxus des Orients, so daß sie eher einem schwimmenden Lager gleicht als einem Boot... Alle Gefahren umgeben unser Lager, das langsam auf das Meer hinaustreibt. Es ist, als seien hier zwei Wesen vereint, um die berauschende Lust des Unmöglichen zu kosten.*
>
> *Als wir weit genug von allem entfernt sind, streckt sie die Arme nach mir aus. Ich setze mich neben sie und zittere, als ich sie berühre. Bei diesem ersten Kontakt erfüllt mich eine tödliche Mattigkeit: Ihre Schleier sind mit allen Düften des Orients getränkt, ihr Fleisch ist fest und kühl.*

Die Prosa ist so sinnlich wie die Ereignisse, die Loti schildert. Aziadeh und er verbringen viele Liebesnächte in dem Boot. Schließlich fährt sein Schiff weiter; die Liebenden trennen sich, und er verspricht, daß er wiederkommen wird. Er bricht sein Versprechen, und Aziadeh stirbt an ihrem gebrochenen Herzen.

Nach Aziadehs Tod kehrt Loti, dem selbst das Herz gebrochen war, fast zwanzig Jahre lang nicht nach Istanbul zurück. Inzwischen waren die Rollen vertauscht worden, und der Westen hatte begonnen, den Orient zu beeinflussen. Orientalische Frauen fingen an, Schulen zu besuchen und fremde Sprachen zu lernen. Obwohl sie um die Jahrhundertwende immer noch in Harems lebten, waren sie inzwischen andere Menschen geworden und hatten sich genug Wissen angeeignet, um nicht mehr widerspruchslos alles hinzunehmen, was die Männer taten und sagten. Sie beneideten die Europäerinnen um ihre Freiheit und sehnten sich danach, den Schleier abzulegen, ihr Gesicht zu zeigen und sich ihren Mann selbst auszusuchen.

Loti bekam einen Brief von einer dieser Frauen. Sie hieß Djénane und bat ihn inständig, nach Istanbul zu kommen. An der Schwelle des Alters stehend, erlag er der Versuchung, Aziadehs Land wiederzusehen, und reiste hin. Das war der Beginn eines Romans mit dem Titel *Die Entzauberten*.

Djénane und zwei Schicksalsgefährtinnen vereinbarten heimliche Treffen mit Loti, die in den exotischsten und romantischsten Teilen von Istanbul stattfanden. Sie berichteten ihm herzzerreißende Dinge über ihr unglückliches Leben und drückten die Hoffnung aus, er möge einen Roman über das Leid der Frauen schreiben, die noch in Harems gefangen waren. Da er sich jedoch weniger

Foto einer 1905 entstandenen Skizze Auguste Rodins, auf der die Heldinnen von Pierre Lotis Roman Die Entzauberten *dargestellt sind. Sammlung der Verfasserin.*

Henri Rousseau: Pierre Loti, *um 1910, Öl auf Leinwand, 61 × 50 cm, Kunsthaus Zürich.*

für Politik als für romantische Begebenheiten interessierte, erfanden sie eine Geschichte wie aus *Tausendundeine Nacht.* Sie hatten allerdings nicht einkalkuliert, daß er sich in Djénane verlieben würde und daß eine solche Affäre ihrer aller Leben in Gefahr bringen würde. Um ihn dazu zu bringen, Istanbul zu verlassen, behaupteten die beiden Komplizinnen, Djénane sei genau wie Aziadeh an gebrochenem Herzen gestorben, und inszenierten sogar eine Beerdigung ohne Leichnam.

Loti kehrte nach Paris zurück und schrieb *Die Entzauberten.* Der Roman wurde 1906 veröffentlicht.

Aber damit ist die Geschichte noch nicht zu Ende. Kurz nach der Abreise des Schriftstellers flohen die Frauen, deren Schicksal der Roman beschreibt. Sie fuhren nach Paris, wo sie, über Nacht prominent, zu den exklusivsten Gesellschaften eingeladen wurden. Man schrieb über sie, und sie wurden von den berühmtesten Künstlern der Epoche, darunter Henri Rousseau und Auguste Rodin, gemalt, in Stein gemeißelt oder in Bronze gegossen. Nach Lotis Tod behauptete dann eine Dame namens Madame Lera, die unter dem Pseudonym Marc Helys schrieb, in einem Buch mit dem Titel »Das Geheimnis der Entzauberten«, niemand anders als sie selbst habe mit Hilfe von zwei türkischen Freundinnen als Djénane posiert, und sie und die beiden anderen hätten sich einfach über den Romancier lustig machen wollen. Marc Helys »Enthüllungen« wurden natürlich angezweifelt, doch bis heute steht nicht fest, ob ihre Version der Ereignisse erfunden ist oder nicht.

Die Emanzipation des Ostens

Die Entzauberten lösten bei ihrem Erscheinen einen Skandal aus – und riefen die Suffragetten auf den Plan. Die Türkei verzeichnete plötzlich einen Zustrom westlicher Besucherinnen, die sich über die Lage ihrer Schwestern entsetzt zeigten und deren Gefangenschaft anprangerten. Sie begannen einen Kreuzzug zur Befreiung der Unglücklichen. Haremsdamen waren für Europäerinnen schon immer interessant gewesen. Sir Richard Burtons Frau Isabelle pflegte in tief ausgeschnittenen Kleidern auf Gesellschaften zu erscheinen, um ein provozierendes Beispiel zu geben, und bei einem Botschaftsempfang im Libanon ließ sie die Frauen der orientalischen Gäste in Sesseln Platz nehmen und befahl ihren Ehemännern, ihnen Tee und Gebäck zu servieren.

Um die Jahrhundertwende hatte die unvermeidliche Auflehnung der türkischen Frauen schon begonnen. Die soziale Unruhe bedrohte die bestehende Ordnung so sehr, daß Abd ül-Hamid II. 1901 eine Verordnung erließ, nach der es künftig untersagt war, christliche Lehrer in Harems zu beschäftigen und türkische Kinder in ausländischen Schulen unterrichten zu lassen. Eine andere Klausel besagte sogar, daß türkische Frauen sich nicht mehr in der Gesellschaft von Ausländerinnen in der Öffentlichkeit zeigen durften. Solche Beschränkungen hatten freilich nur das Ergebnis, die Türkinnen in ihrem Widerstand zu bestärken. Sie trafen sich jetzt heimlich, um für ihre Sache zu arbeiten. Im Schutz des ungeschriebenen Gesetzes, daß moslemische Frauen auf keinen Fall durchsucht werden dürfen, wurden Botschaften von Harem zu Harem gebracht. Die »Jungtürken«, idealistische und nationalistische Dichter und Intellektuelle, drückten ihre Scham über die fortbestehende Polygamie aus. Angesichts der Realität eines kranken Reichs beschlossen sie, es nicht mit Worten bewenden zu lassen, und begannen sich in Makedonien zu sammeln. 1909 stürzten sie Abd ül-Hamid und setzten eine konstitutionelle Regierung ein. Es sollte noch ein Jahrzehnt vergehen, bis die türkische Gesellschaft sich grundlegend veränderte, doch in den zwanziger Jahren wurden die Frauen endlich in das öffentliche Leben integriert. Der revolutionäre Führer Kemal Atatürk (»Vater der Türken«) erklärte herausfordernd: »Ist es möglich, daß die eine Hälfte einer Gemeinschaft sich in den Himmel erheben kann, während die andere an die Erde gekettet bleibt? Keine Frage – die Stufen des Fortschritts müssen genommen werden, um die verschiedenen Stadien der Reise in ein Land des Fortschritts und der Erneuerung zurückzulegen. Wenn wir das tun, wird unsere Revolution erfolgreich sein.«

Die Schleier fielen, und die Zeit der Unterdrückung und Absonderung war vorbei. Harems wurden für ungesetzlich erklärt und die Polygamie abgeschafft.

Hamdi Bey, mein Großvater mütterlicherseits, der zur Organisation der Jungtürken gehörte, um 1908.

Das letzte Bild

Eine der bewegendsten und sonderbarsten Szenen des auf die Befreiung folgenden Dramas fand im Großen Serail statt. Die Verwandten der Haremsfrauen waren nach Istanbul befohlen worden, um ihre Töchter und Schwestern zu holen. Scharen von zirkassischen Gebirgsbewohnern und Bauern aus fernen Regionen eilten in ihren malerischen Trachten herbei und wurden feierlich in die große Halle des Serails geleitet, wo die Kadins, Konkubinen und Odalisken des Ex-Sultans sie begrüßten. Der Gegensatz zwischen den elegant gekleideten Palastdamen und den einfachen Bauersleuten war kaum faßbar. Männer wie Frauen begannen unkontrolliert zu schluchzen, als sie ihren Lieben, die sie seit Jahren nicht mehr gesehen hatten, in die Arme fielen, und den Haremsdamen erging es kaum anders. Der erschütterndste Anblick waren jedoch die Gesichter derer, für die niemand gekommen war. Das Kismet überantwortete sie dem Gespenst einer toten Institution, der sie ungeachtet ihrer Freiheit nicht entrinnen konnten. Sie blieben, Relikte der Vergangenheit und Opfer ihrer eigenen Befreiung, im Alten Palast. Aber die Künstler fuhren fort, diese Verkörperungen der Schönheit unsterblich zu machen, indem sie Geschichten von duftenden Taschentüchern schrieben, von Rosen und von Liebesgedichten, die durch vergitterte Fenster geworfen werden.

„DIEU BLEU"
PÉLERIN
BAKST
1912

Über= lebende

Orientalismus im 20. Jahrhundert

Die neue englische Übersetzung von *Tausendundeine Nacht*, die Joseph-Charles Mardrus verfaßt hatte und die zwischen 1899 und 1904 erschien, fachte die Orientbegeisterung des Westens, zumindest der englischsprachigen Länder, inzwischen aufs neue an. Wieder einmal war der Orient en vogue, und die Begeisterung für den Osten beseelte den Tanz, das Musiktheater und die Mode, aber auch die Malerei und das neue Medium Film bis weit in die dreißiger Jahre hinein. Selbst Zirkusse und Vaudevilles beschworen die magische Pracht des Orients auf ihre Weise herauf.

Sergej Diaghilews Ballets Russes, die 1910 zum erstenmal in Paris gastierten, trugen ohne Zweifel entscheidend dazu bei, daß der Westen dem östlichen Genie wieder verfiel. Cecil Beaton schilderte später, welche sinnliche Erregung ihn überkam, als er Waslaw Nijinsky als Goldener Sklave mit Tamara Karsawina in *Scheherazade* tanzen sah. Der russische Maler Leon Bakst hatte die überwältigenden Bühnenbilder und Kostüme der Pariser Produktion in wilden und orgiastischen Farben entworfen. Die Handlung der von Michail Fokine choreographierten *Scheherazade* war für die damalige Zeit ausgesprochen kühn: Haremsdamen nutzen die Abwesenheit des Sultans, um eine Orgie mit den Eunuchen zu feiern. Als der Herrscher unerwartet zurückkommt, ordnet er ein schreckliches Gemetzel an.

Ein Jahr später bescherte der berühmte Modeschöpfer Paul Poiret der Pariser Gesellschaft einen neuen Haremslook. Exotisch gemusterte Damaskusseiden, Crêpes de Chine, Crêpes de Maroc und Smyrna-Brokate ersetzten die dezenten Pastelltöne der vorangegangenen Jahre. Poiret war ein sehr gewitzter Geschäftsmann. Um seine neue Kollektion zu propagieren, gab er einen verschwenderischen persischen Ball, der unter dem Motto »Die tausendundzweite Nacht« stand. Als Sultan gewandet, empfing der rundliche Couturier inmitten exotischer Vögel, kreischender Affen und barbusiger Negerinnen viele hundert Gäste, die auf Perserteppichen wandelten und vom Duft des mit Rosenöl getränkten Sandelholzes umfächelt wurden, das in Kupferpfannen vor sich hin glomm. In den folgenden Wintern gab jede Pariser Gastgeberin, die etwas auf sich hielt, einen orientalischen Ball.

Später gründete Poiret eine Inneneinrichtungsfirma, die den passenden Rahmen für seine Haremsmoden liefern sollte. Pariser Salons wurden mit üppigen Wandbehängen, Orientteppichen und schwellenden Sitzpolstern in Harems verwandelt. Außerdem kreierte Poiret eine Parfümserie mit dem Namen Rosine, zu der Duftwässer wie Minaret, Nuit de Chine, Atinéa und Aladdin gehörten.

Leon Bakst: Kostümentwurf für Le Pélérin, *1912, The Fine Art Society, London.*

Otto Hoppé: Waslaw Nijinsky als Goldener Sklave in »Scheherazade«, *um 1911, Heliogravüre, 19,4 × 13,3 cm, International Museum of Photography, George Eastman House, Rochester, New York. Nijinskys Auftritt bei dieser Produktion von Diaghilews Ballets Russes erregte internationales Aufsehen.*

Bis zum Ersten Weltkrieg kleideten sich viele Frauen wie Haremsfavoritinnen und bildeten sich immer noch ein, daß orientalische Frauen eine Existenz in genußvoller sinnlicher Hingabe führten. Die Society-Kokotte Liane de Pougy beschreibt Pariser Damen, die 1926 im Lido zu Mittag aßen und »so taten, als lebten sie ein Märchen: Scheherazade, Salome und Salammbo, orientalische Schönheiten aus reichen Harems, in wallende, strahlend bunte und glitzernde Pyjamas gehüllt«.

Auch die Herzogin von Westminster drückte ihre Verwunderung aus: »Die Frauen taten, als wären sie Odalisken, die einen Pascha zu umgarnen versuchten, und nicht ehrbare Matronen, verheiratet mit britischen Gentlemen, deren Gedanken einzig und allein um Jagdgewehre, Hunde und Moorhühner kreisten.«

Bei der Kolonialausstellung von 1922 in Marseille wurde eine andere exotische Vermarktungsstrategie ausprobiert. Plakate mit Haremsschönheiten warben für Gesichtscremes und andere Kosmetika, so für Parfüms wie Jerusalem, Ambre de Nubie und Secret de Sphinx. Verpackungsexperten benutzten ähnliche Darstellungen, um türkische Zigaretten mit Namen wie Murad oder Sobranie zu verkaufen. Industrielle und Händler hatten die enorme Werbewirksamkeit sinnlich-orientalischer Motive entdeckt und entwickelten eine diesbezügliche Obsession, die bis zum heutigen Tag anhält. Westliche Damen benutzen immer noch Duftwässer wie Naima, Opium, Shalimar und Damaskus. Die Haute Couture hüllt Frauen nach wie vor in kostbare Stoffe, die an der Seidenstraße entstanden sind. Modeschöpfer wie Yves Saint-Laurent, Rifat Ozbek und Oscar de la Renta lassen sich immer noch von Haremspluderhosen, Fes, bestickten Westen und türkischen Oberteilen anregen.

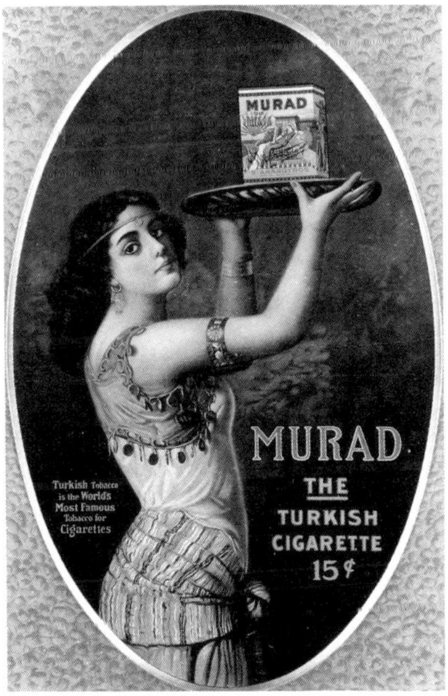

Links:
Eine Haremsschöne wirbt für türkische Zigaretten der Marke Murad.

Rechts:
Ingres' große Odaliske *wirbt für ESB-Lautsprecher (November 1987, Illustration Mark Hess, Entwurf Wynn Medinger).*

In den ersten drei Jahrzehnten unseres Jahrhunderts verschickten die von den einheimischen Schönen begeisterten Algerienfranzosen schwül-erotische Ansichtskarten, die direkte Nachfahren der orientalischen Bilder des 19. Jahrhunderts waren – das einzig Orientalische an den fotografierten Mädchen waren die Requisiten, die Wasserpfeife, die türkischen Kaffee-Utensilien und der Orientteppich, der hinter ihnen an der Wand hing.

Trotz Fotografie und abstrakter Kunst war die Odaliske immer noch ein guter Vorwand, Frauenakte mit einem exotischen Flair zu malen. Henri Matisse schuf in den zwanziger Jahren die wohl berühmteste Serie von Odalisken. Sein künstlerischer Harem hatte wie der der frühen Orientalisten nichts mit der Wirklichkeit gemeinsam.

Er sagte selbst: »Sehen Sie sich die Odalisken genau an: Die Sonne taucht sie in ihre triumphierende Helligkeit und bemächtigt sich der Farben und Formen.

Henri Matisse zeichnet in seiner Wohnung an der Place Charles Félix in Nizza ein »türkisches« Modell, um 1928. Reproduktion des Fotos mit freundlicher Genehmigung des Museum of Modern Art, New York.

Henri Matisse: Odaliske mit Magnolien, *1923, Öl auf Leinwand, 60 × 81 cm, Privatsammlung*

Henri Matisse: Odaliske mit roter Hose, *1922, Öl auf Leinwand, 67 × 84 cm, Musée National d'Art Moderne, Centre Georges Pompidou, Paris.*

Und das orientalische Dekor, die Wandbehänge und Teppiche, die reichen Gewänder, die Sinnlichkeit schwerer, schläfriger Körper, die mit einer seligen Mattigkeit im Blick auf die Lust warten, all diese lockende Zurschaustellung des Nichtstuns, das durch die größtmögliche Intensität der Farbe und Arabeske überhöht ist, sollte uns nicht täuschen.«

Szenen aus Ali Baba in der Stadt, *1937, mit Eddie Cantor.*

Film und Fernsehen

Inzwischen nährte eine neue visuelle und kommerzielle Kunst, der Film, die Faszination der Öffentlichkeit für orientalische Bilder. Nun konnte man »live« verfolgen, wie Haremsschönheiten sich in den Hüften wiegten und ihre Brüste auf und ab wippen ließen. Attraktive Scheichs zogen diese Odalisken mit mehr oder weniger Gewalt auf ihr Lager und untermauerten so den Mythos, daß Frauen das Bedürfnis haben, in Besitz genommen zu werden. Rudolph Valentino verdiente

in den zwanziger Jahren Millionen mit der unstillbaren Sehnsucht, dem tristen westlichen Alltag zu entfliehen. Die Journalistin Anne Edwards bemerkte dazu: »Wenn ein Scheich mit brennender Leidenschaft in den Augen herangaloppiert, während man gerade gezwungen werden soll, einem ungeliebten Mann das Jawort zu geben, und einen in den Sattel zieht und zu seinem Liebeszelt in der Wüste entführt – das ist der Stoff, aus dem Filme gemacht sind, mein Kind.«

Istanbul Express, Die Maske des Dimitrios, Ali Baba, Ali Baba in der Stadt, Der Dieb von Bagdad, Kismet und zahllose andere Filme verherrlichten die Romantik des Ostens in der Stummfilmära und später in der Zeit des Tonfilms. In den sechziger und siebziger Jahren waren ein typischer amerikanischer Junge (in einer Uniform der US-Air Force) und ein typisches amerikanisches Mädchen (in einem durchscheinenden orientalischen Gewand) die Helden einer Fernsehserie mit dem Titel »Ich träume von Jeannie«. Fellini zeichnete 1973 in *Amarcord* einen Harem von morbidem Luxus, und James Bond war in den 007-Filmen unweigerlich von einem Reigen hübscher, spärlich bekleideter Mädchen umgeben. John Updike kleidete die Haremsphantasie in seinem 1984 erschienenen Roman *Die Hexen von Eastwick* (der prompt verfilmt wurde) in das Gewand eines Gruseldramas von der amerikanischen Ostküste.

Harems heute

Während Harems langsam aus dem östlichen Bewußtsein schwanden, fanden sie im Westen ihre Marktnische. Ich bekomme immer wieder die Frage gestellt: »Gibt es eigentlich noch Harems?«

Es gibt sie noch.

Die Polygamie ist in der Türkei und in China, den beiden größten Haremsnationen, verboten, doch im Mittleren Osten und in Afrika wird sie noch häufig praktiziert. In Indien gibt es zum Beispiel ein Gesetz, das Vielweiberei verbietet, aber viele Männer haben trotzdem mehr als eine Frau. Konkubinen gehören einfach zum Leben eines Mannes. Die Ehefrau ist seit altersher die Mutter der Kinder und die Hüterin des Hauses, während die Konkubine ausschließlich der Lust dient.

In Saudi-Arabien leben nach wie vor »Rivalinnen« unter einem Dach und verschleiern sich, wenn sie das Haus verlassen, um in den Basar zu fahren – nicht mehr mit der Kutsche, sondern mit dem Cadillac. In 87 Prozent der traditionellen afrikanischen Stammesgesellschaften gibt es noch Polygamie. In Nigeria darf ein Mann bis zu vier Frauen haben. 1952 gab es dort einen *fon* (Häuptling einer Siedlung), der angeblich sechshundert Ehefrauen hatte. (In Wahrheit waren es »nur« etwa hundert.)

Harems bestehen als Teil der polygamen islamischen Tradition fort und werden vielleicht von der Welle des Fundamentalismus gefördert, die über den Iran hinweggegangen ist und angeblich auf andere moslemische Länder übergreift. Noch verblüffender ist allerdings, daß es in der *westlichen* Welt Harems gibt, obwohl wir sie nur selten als solche betrachten.

Die Kirche Jesu Christi der Heiligen der letzten Tage führte 1831 die Polygamie ein. Die Mormonen praktizierten viele Jahre lang heimlich die »Vielehe«, die in den Vereinigten Staaten illegal war (und ist). 1890 sprach sich die Kirchenleitung gegen die Polygamie aus, doch traditionell eingestellte Glaubensanhänger praktizieren sie nun ohne Wissen ihrer religiösen Führer.

Dorothy Allred Solomon beschreibt in ihren hochinteressanten Erinnerungen in *In My Father's House* (1984), wie sie zusammen mit sieben Müttern und

James Bond (Roger Moore) und sein Harem in The Spy Who Loved Me *(»Der Spion, der mich liebte«),* 1975.

achtundvierzig Brüdern und Schwestern im Harem ihres mormonischen Vaters aufwuchs. In dem Haushalt gab es eine festgefügte Hierarchie, die auf der Anzahl der Ehejahre der Frauen beruhte, aber nicht alle von ihnen waren mit ihrem Platz in der Hackordnung zufrieden. Da Solomons Vater schließlich die Verhaftung drohte, sah er sich gezwungen, für jede »Ehefrau« einen gesonderten Haushalt zu gründen und sie heimlich aufzusuchen.

Harems bestehen auch in gewissen spirituellen Gemeinschaften, besonders bei Anhängern östlicher Religionen, in denen die Polygamie erlaubt ist. Manche Gurus maßen sich fast so viel Macht an wie die Sultane. Bhagwan Shree Rajneesh und Bubba Free John hatten zum Beispiel Konkubinen. Die Villa des *Playboy*-Verlegers Hugh Hefner, in der verführerische »Bunnies« rund um die Uhr darauf bedacht sind, ihrem Herrn alle Wünsche von den Augen abzulesen, ist nichts anderes als ein »Luxusharem auf Amerikanisch«. James Bond hat in Romanen und Filmen das uralte männliche Verlangen nach dem Besitz vieler schöner und unterwürfiger Frauen ausgelebt. Und, um von der unappetitlichen Seite der Medaille zu reden, der Pornomarkt bietet eine Vielzahl von »Sklavinnenmagazinen« und SM-Zubehör, die für das Unterwerfungsritual notwendig sind. Man kann ein Produkt schließlich nicht besser verkaufen, als wenn man dafür mit einem von verführerischen Frauen umgebenen Mann wirbt. So gesehen, lebt die Institution des Harems und der Konkubinen in unserer fortschrittlichen westlichen Gesellschaft fort. Übrigens sind polygame Beziehungen nach Meinung des Soziologen Joseph Scott eines der bestgehüteten Geheimnisse der USA: Fünf Prozent der amerikanischen Bevölkerung sollen irgendeine Form der Vielweiberei ausüben.

Einige der grundlegenden Fragen, zum Beispiel, ob Männer von Natur aus polygam sind, haben wir nicht beantwortet. Wir tun allerdings so, als glaubten wir, sie seien es bis zur Hochzeit, einem Punkt, an dem sich die polygamen Sehnsüchte wie durch ein Wunder verflüchtigen sollen. Was für polygame Träume Männer auch immer hegen mögen, Harems oder haremähnliche Einrichtungen verkörpern sie. Ich kenne keinen Mann, den die Haremsphantasie kalt gelassen hätte.

Und Frauen: Sind sie von Natur aus »vielmännig«? Wenn ja, warum haben wir dann so wenige historische oder andere Belege für diese Praxis? Weil das patriarchalische Zeitalter diesen natürlichen Impuls gezähmt hat? In der matriarchalischen Ära, vor dem Aufstieg der jüdisch-christlichen Religion, gab es mächtige Königinnen und Priesterinnen – Semiramis, Ischtar, Kleopatra –, die mehrere Männer hatten. Weibliche Archetypen wie »die grausame Schöne«, die unschuldige Männer verhext, verführt und vernichtet, kommen in der frühen Mythologie vor und haben sich zu Figuren wie dem Vamp, der Femme fatale und der schwarzen Witwe entwickelt. Alle diese Frauen hatten mehrere Männer, jedoch *hintereinander* und nicht gleichzeitig. Offenbar fand die Vielmännerei keinen institutionellen Ausdruck, während die Vielweiberei ihn in den Harems fand.

Das Bild der Odaliske nimmt im weiblichen Unbewußten zweifellos einen wichtigen Platz ein. Bei Befragungen, bei denen ich Frauen bat, die Rollen zu nennen, die sie gern in einem Film spielen würden, stellte ich fest, daß die Odaliske – die Verkörperung uneingeschränkter Passivität, Unterwerfung und Hingabe – einen der oberen Plätze auf der Liste einnahm. Es gab jedoch nicht viele Befragte, die sich schon einmal konsequent ausgemalt hatten, eine Haremsinsassin zu sein. Nur wenige gaben zu, daß sie Verlangen nach einer solchen Knechtschaft und Anonymität hätten. Bei der Mehrheit löste das Wort *Harem* eine andere Reaktion aus: Ihre Augen bekamen einen wehmütigen Ausdruck, wenn sie darüber sprachen. Ich konnte spüren, daß ein Gefühl von Verlust und Neid ihre Vision trübte. Viele schienen sich nach Gemeinschaft zu sehnen, das heißt, sie hatten ein ursprüngliches Verlangen, mit anderen Frauen zusammen zu sein. Nein, ihren Liebhaber wollten sie nicht mit den anderen teilen. Aber sie wollten zusammen sein.

Audrey B. Chapman berichtete in *Man Sharing* (1986) über ihre Gespräche mit zwei Amerikanerinnen, die sich freiwillig für Polygamie entschieden hatten. Die eine, Delores, drückte eine allgemeine Unsicherheit über die traditionelle amerikanische Ehe aus. Sie wurde eine von mehreren Frauen eines Mannes, weil sie glaubte, die Polygamie garantiere ein stabileres Familienleben. Sie fand es beruhigend, jederzeit zu wissen, wo ihr Mann war: »Er ist entweder bei der Arbeit oder bei einer der Frauen, die ich sehr gut kenne. Als erste Frau habe ich ihm dabei geholfen, die anderen auszusuchen, und wir kommen fast immer sehr gut miteinander aus. Ich fühle nie die Zurückweisung, die ich in meiner ersten Ehe gefühlt habe, weil wir ein System haben, das jeder Frau eine bestimmte Zeit mit unserem Mann zuweist. Wir arbeiten diesen Terminplan mit unserem Mann zusammen aus, so daß sich keine von uns durch Rivalität bedroht fühlt.« Ungewöhnlich an diesem Harem ist, daß die Frauen eine Stimme haben, also nicht nur Sklavinnen sind.

Im Laufe eines anderen Gesprächs erfahren wir, daß Karen sich für eine polygame Ehe entschied, weil sie es satt hatte, mit »all den Besitz- und Eigentumsansprüchen« zu kämpfen. »Ich betrachte meinen Mann nicht als meinen Besitz«, sagte sie. »Wir sind eine Familieneinheit, und wir treffen Entscheidungen, die für alle das beste sind, und das gefällt mir.« Später erzählte Karen, daß sie und ihre Mit-Ehefrau ihrem Mann keine Sexnoten ausstellten. Sie haben beide ein eigenes Schlafzimmer, das der Mann nie betritt. Statt dessen suchen sie ihn in seinem Zimmer auf – was allerdings nicht oft geschieht, weil die spirituelle Beziehung viel wichtiger ist als die körperliche. Auch Karen traf ihre Wahl im Gegensatz zu den Frauen in einem traditionellen Harem selbst. Außerdem drückten beide Befragten ein starkes Gefühl der schwesterlichen Verbundenheit zu ihren Mit-Frauen aus. Statt miteinander zu rivalisieren, zeigten sie Verständnis füreinander und halfen sich gegenseitig.

Ich habe einmal eine riesige Badewanne im Freien gesehen, mitten in einem Hain alter Eichen. Im Wasser, auf dessen Oberfläche Blütenblätter von rosafarbenen Rosen schwammen, saßen zehn oder zwölf Frauen. Sie reichten hohe Gläser mit kalten Fruchtsäften herum und waren die meiste Zeit still, und nur dann und wann wurden ein leises Lachen und gedämpfte Stimmen hörbar, ein weibliches Plaudern, das plötzlich wieder erstarb. Sie überließen sich gleichsam dem Rhythmus der Natur. Ihre Haare waren naß, strähnig, ihre Wangen gerötet. (Eine Freundin von mir, die erotische Fotos von Frauen macht, erzählte mir einmal, sie lasse die Frauen vor den Aufnahmen ein heißes Bad nehmen, weil der Dampf ein gerötetes Aussehen bewirke, das ihr Gesicht geheimnisvoller und begehrenswer-

ter mache.) Sie stiegen aus der Wanne und kletterten eine Weile später wieder hinein, und ihre Körper, alle möglichen Körper, feste und schlaffe, schlanke und mollige, junge und alte, wurden von Dampfschwaden eingehüllt. Dann nahmen sie wieder bequeme Stellungen ein, knieten sich hin, lehnten sich an den Rand der Wanne, setzten sich mit gekreuzten Beinen. Es schien ihnen Spaß zu machen, einander zu berühren, verspannte Körperpartien zu massieren oder Kräuteressenzen und wohlriechende Salze und Öle einzureiben. Ich schaute zu, wie sie ihre Gesichter mit Lehm bestrichen, ihre Körper mit Maisbrei und Avocado-Fruchtfleisch, ihre Haare mit Henna. Auf die Beine trugen sie eine Mischung von Zitrone und Karamel auf und stießen dann, als sie die inzwischen hart gewordene Paste abzogen, leise Schreie aus. Sie machten einen rundum glücklichen Eindruck, während sie so zusammen und füreinander da waren.

Pablo Picasso: Die Frauen von Algier, *erste Fassung, 1955, Öl auf Leinwand, 97 × 130 cm, Norton Simon Art Foundation, Pasadena (Kalifornien).*

Das war keine gestellte Szene nach einem orientalischen Gemälde. Und die Frauen waren keine Lesbierinnen. Ich erinnere mich nur an ein modernes Frauen-Begegnungszentrum, wo gerade ein Seminar stattfand. Die Zeichen und Rituale verkörpern ein gemeinsames Bewußtsein, das keine historischen oder institutionellen Grenzen kennt.

Bei Zusammenkünften von Frauen beobachte ich immer etwas beinahe Archetypisches, ein Überfließen und eine Hingabe, eine Komplizenschaft ohne Zensur, nichts von all dem Posieren, das gemischte Gruppen kennzeichnet. Primitive Rituale entwickeln sich. Die Frauen geraten in einen Gleichklang mit den Phasen des Mondes. Sie haben einen Instinkt für die Erde und das Wasser, eine Affinität zu den zeitlosen Tätigkeiten des Badens und Sich-Pflegens, zu wachsenden Dingen.

Und Männer? Wenn Männer zusammenkommen, geschieht so etwas nicht. Männer gehen nicht so miteinander um. Sie scheinen die Nähe, die Textur der Frauenwelt zu vermissen, einer Welt, die sie nur in Verbindung mit Frauen betreten. So gesehen, ist der Harem die Neuschaffung und Befriedigung eines nostalgischen Bedürfnisses, eine Rückkehr zur Kindheit und zu den Müttern. Für einen Mann ist er der Versuch, eine eigene Welt zu besitzen, eine Welt, in der sich alles nach ihm richtet, die kein anderer Mann betreten kann. Kein Wunder, daß die Mutter des Mannes – ob Sultansmutter oder eine andere – die Achse des Harems war.

Sklaverei und Isolation wurzeln letztlich in der Gebärmutter. Und die Gebärmutter ist, wie auch der Harem, sakrosankt.

Erwachsene Männer werden nicht ermutigt, ihr Verlangen nach der Gebärmutter, dem Stadium der seligen Isolation und Schwebe, vor anderen einzugestehen. *Richtige Männer tun das nicht.* Sie sind zu Bewußtsein gelangt und wissen, was Essen, Sex und Tod sind.

Dennoch sehnt der Mann sich danach, in die Gebärmutter zurückzukehren und all seine irdische Habe mitzunehmen. Er will in die ureigene Gebärmutter zurückkehren, die von seiner Mutter geschützt wird, die in ihr liegt, die das Revier seiner persönlichsten Wünsche und seines Verlangens ist, seine Welt, die kein anderer Mann betreten darf – ausgenommen natürlich seine Söhne und die wenigen, die er widerstrebend einläßt. Um diesen Ort zu bewachen, schafft er sich Diener, denen er die Sexualität raubt. Er schließt seine Ehefrau und alle anderen Frauen, die er begehrt – und vielleicht sind sie alle Spiegelungen der Urmutter –, darin ein.

Das ist für ihn das Paradies.

Ist Polygamie – Harem – weniger akzeptabel als ein monogames System, in dem solche Verlangen und Neigungen ebenso intensiv sind, aber auf das Ich beschränkt bleiben, in dem man denselben Haß und dieselbe Eifersucht empfindet, denselben Überlebenskampf führt, in dem man sich ebenso vor sichtbarer Verwundbarkeit fürchtet und sich ebenso nach Schwesternschaft und Verbindung, nach Einssein mit anderen Wesen sehnt? Der Mormonenbrauch, Frauen mit ihren Männern zu »siegeln«, damit ihre Seelen nach dem Tod vereinigt werden, war schließlich nichts weiter als ein Bemühen, nicht nur in diesem Leben zusammen zu sein, sondern auch in der Ewigkeit. Mann und Frau sind Teile einer Seele und sehnen sich danach, eins zu werden. (Es scheint allerdings, als hätten manche Mormonen allzu hohe Ansprüche gestellt. »Um die Jahrhundertwende, als die Mormonen noch die Polygamie praktizierten, ließen einige Würdenträger der Kirche sich [im Mormonenarchiv in Utah] mit berühmten Frauen wie Kleopatra und Königin Elisabeth I. siegeln, weil sie glaubten, sie könnten sie dann nach ihrem Tod als ihre Ehefrauen beanspruchen«, schrieb Rachel Wrege 1982 in einem Artikel.)

Wir können die Geschichte nicht an unseren heutigen Maßstäben messen. Die Geschichte des Mannes wird von Männern bestimmt, ist die Geschichte von Männern, wie sie im Laufe der Jahrhunderte von Männern überliefert und erzählt wurde. Frauen kommen darin nur vor, um die stummen Pausen auszufüllen. Aber zwischen den Ritualen der vergessenen Geschichte und der Herrschaft des weiblichen Unbewußten besteht eine unheimliche Ähnlichkeit.

Der Harem läßt sich nicht einfach durch den Spiegel der Geschichte erklären. Er ist ein einzigartiger Archetyp des kollektiven Unbewußten – das Matriarchat, das in der Wiege des Patriarchats auf sein Morgen wartet. Er ist ein ungelöstes Rätsel, ein lockendes Geheimnis und fraglos eine reiche Quelle intuitiver Intelligenz. Er ist eine Schattenwelt voller Halbtöne, großer verschwommener oder für immer verlorener Regionen, die wir nur widerstrebend als unsere eigene Schöpfung akzeptieren. Er gehört in das Reich dunkler Geheimnisse und Ängste, an die wir uns lieber nicht erinnern. Er handelt vom Vergessen.

Wir müssen zu unserer subjektiven Erfahrung zurückkehren und sie mit Imagination und Intuition verknüpfen, um das »Sesam« der tausendundeinen Kammer unserer Träume zu öffnen.

Für mich begann es im Topkapi-Palast, mit einem Spaziergang durch den Großen Harem, der nun ein Museum ist, ein Grab der Vergangenheit, ohne Leben, Farbe, Phantasien. Aber die Wände schienen zu raunen, zu flüstern.

In den Bädern, den Boudoirs, den Höfen der Haremsfrauen beginnen wir mit dem Nichts oder vielmehr mit einem geheimnisvollen Text, der mit unsichtbarer Tinte geschrieben ist. Die Wände raunen, die verschlungenen Labyrinthe werden zu Erinnerungen von Fleisch und Blut. Der Schleier ist immer noch geschlossen, doch für mich ist er jetzt durchscheinend, Herausforderung und Lockung zugleich.

Zeittafel

Bibliographie

Danksagung

Register

Zeittafel der osmanischen Sultane

	Sultane		Sultaninnen	
1.	Osman I.	1299–1326		
2.	Orhan	1326–1360	Theodora	
3.	Murad I.	1360–1389		
4.	Bajesid I.	1389–1402		
	Interregnum			
5.	Mehmed I.	1413–1421		
6.	Murad II.	1421–1440 und 1445–1451		
7.	Mehmed II.	1440–1445 und 1451–1481	Irene	
8.	Bajesid II.	1481–1512		
9.	Selim I.	1512–1520		
10.	Süleiman I.	1520–1566	Roxalena	Herrschaft der Frauen (1541–1687)
11.	Selim II.	1566–1574		
12.	Murad III.	1574–1595	Baffa	
13.	Mehmed III.	1595–1603		
14.	Ahmed I.	1603–1617	Kösem	
15.	Mustafa I.	1617–1618 und 1622–1623		
16.	Osman II.	1618–1622 und 1622–1623		
17.	Murad IV.	1623–1640		
18.	Ibrahim	1640–1648	Turhan	

	Sultane		Sultaninnen
19.	Mehmed IV.	1648–1687	
20.	Süleiman II.	1687–1691	
21.	Ahmed II.	1691–1695	
22.	Mustafa II.	1695–1703	
23.	Ahmed III.	1703–1730	
24.	Mahmud I.	1730–1754	
25.	Osman III.	1754–1757	
26.	Mustafa III.	1757–1774	
27.	Abd ül-Hamid I.	1774–1789	Aimée de Rivery
28.	Selim III.	1789–1807	
29.	Mustafa IV.	1807–1808	
30.	Mahmud II.	1808–1839	
31.	Abd ül-Medschid I.	1839–1861	
32.	Abd ül-Asis	1861–1876	
33.	Murad IV.	30. 5. BIS 31. 8. 1876	
34.	Abd ül-Hamid II.	1876–1909	
35.	Mehmed V.	1909–1918	
36.	Mehmed VI.	1918–1922	
37.	Abd ül-Medschid II. (nur Kalif)	1922–1924	

Bibliographie

Alderson, A. D.: *Structure of the Ottoman Dynasty,* Oxford 1956.

Alliata, Vittoria: *Harem. Die Freiheit hinter dem Schleier,* München 1981.

Arsène, Alexandre (Hrsg.): *The Decorative Art of Leon Bakst,* London 1913.

Alireza, Marianne: *At the Drop of a Veil,* Boston 1971.

Alloula, Malek: *The Colonial Harem,* Minneapolis 1986.

Amicis, Edmondo de: *Constantinople,* 2 Bde., Philadelphia 1896.

Angiolello, Gio Maria: *Historia Turchesca,* 1480.

Arzik, Nimet: *Osmanli Sarylarinda Yabanci Kadin Sultanlar,* Istanbul 1969.

Bassano da Zara, Luigi: *I Costumi et i modi particolari de la vita de Turchi,* Rom 1545.

Bause, Ewald: *Harem, Sklaven, Karawanen,* Wien 1921.

Beckford, William: *Vathek,* London 1786.

Behr, Edward: *The Last Emperor,* New York 1987.

Birsel, Salah: *Boğaziçi Şingir Mingir,* Ankara 1981.

Blanch, Lesley: *Pierre Loti,* New York 1983.

Blunt, Lady Anne: *Bedouin Tribes of the Euphrates,* London 1919.

dies.: *A Pilgrimage to Nejd,* London 1881.

Bon, Ottaviano: *Seraglio of the Grand Signor (1608),* Venedig 1865.

Bowles, Paul: *The Sheltering Sky,* New York 1949.

Burckhardt, J. T.: *Travels in Arabia,* London 1822.

Burton, Isabel: *The Life of Captain Sir Richard F. Burton,* London 1893.

Burton Sir, Richard F.: *Personal Narrative of a Pilgrimage to Al-Madinah and Meccah,* London 1853.

ders.: *The Thousand Nights and a Night,* London 1887.

Busbecq, Ghiselin Ogier de: *Life and Letters,* 2 Bde., London 1881.

Camp, Maxime du: *Souvenirs et paysages d'Orient,* Paris 1849.

Celal, Musahipzade: *Eski Istanbul Yaşayişi,* Istanbul 1946.

Celarié, Henriette: *Nous Sœurs des Harem,* Paris 1925.

Chapman, Audrey B.: *Man Sharing,* New York 1986.

Chelebi, Evliya: *Seyahatname,* Istanbul 1834.

Chelebi, Sinan: *Saadabad,* Istanbul 1750.

Chelkowski, Peter J.: *Mirror of the Invisible World,* New York 1975.

Cowart, Jack und Fourcade, Dominique: *Henri Matisse: The Early Years in Nice (1916–1930),* Washington 1986.

Dallam, Thomas: *Early Voyages and Travels in the Levant,* London 1893.

Davey, Richard: *The Sultan and His Subjects,* 2 Bde., New York 1897.

Davis, Fanny: *The Ottoman Lady,* New York 1986.

Davis, Raphaela: *Everyday Life in Ottoman Turkey,* London 1971.

Dinet, Etienne: *Tableaux de la vie Arabe,* Paris 1908.

Duff Gordon, Lady Lucie: *Letters from Egypt,* London 1865.

Durukan, Zeynep M.: *The Harem of Topkapi Palace,* Istanbul 1973.

Ellermeier, Friedrich: *Sibyllen, Musikanten, Haremsfrauen,* Freiburg 1970.

Ellison, Grace: *Turkey Today,* London 1928.

El Saadawi, Nawal: *The Hidden Face of Eve,* Boston 1980.

Enderuni, Fazil: *Hübanname-Zenanname,* Istanbul 1793.

Esin, Emel: *Turkish Miniature Painting,* New York 1960.

Ettinghausen, Richard und Swietochowski, Marie Lukens: *Islamic Painting,* New York 1978.

Fernea, Elizabeth Warnock: *Guests of the Sheik,* New York 1965.

Fitzgerald, Edward: *Rubaiyat of Omar Kháyyám,* London 1879.

Flachat, Jean-Claude: *Observations sur le commerce et sur les arts de l'Europe, de l'Asie, de l'Afrique, et même des Indes orientales,* Lyon 1746.

Forster, Thornton Charles und Danniell: F. H. Blackburn, *The Life and Letters of Ogier Ghiselen de Busbecq,* 2 Bde., London 1881.

Fromentin, Eugène: *Une Année dans le Sahel, 1853,* Paris 1912.

Galland, Antoine: *Journal pendant son séjour à Constantinople,* Paris 1881.

Gautier, Théophile: *Constantinople,* Paris 1854.

Gibbon, Edward: *The History of the Decline and Fall of the Roman Empire,* hrsg. von J. B. Bury, 7 Bde., London 1896–1900.

Gibbons, Herbert Adams: *The Foundation of the Ottoman Empire.* Oxford 1916.

Harding, James: *Artistes Pompiers,* London 1972.

Harvey, (Mrs.): *Turkish Harems and Circassian Homes,* London 1871.

Huart, Annabelle d' und Tàzī, Nadia: *Harems,* Paris 1980.

Inalcik, Halil: *Studies in ottoman social and economic history,* London 1985.

Jacobs, Joseph: *Tulips,* New York 1912.

Jenkins, Hester Donaldson: *Behind Turkish Lattices,* London 1911.

Julian, Philippe: *Orientalist,* Oxford 1977.

Karasan-Dirks, Sabine: *Die türkische Familie zwischen gestern und heute,* Bremen 1980.

Kinross, Lord: *The Ottoman Centuries,* London und New York 1977.

Klunzinger, C. B. *Upper Egypt. Its People and Its Products,* London 1878.

Knipp, Christopher: *Types of Orientalism in Eighteenth-Century England,* Dissertation, University of California, Berkeley 1974.

Kotu, Resad Ekrem: *Topkapu Sarayi,* Istanbul 1960.

Koseoğlu, Cengiz: *Harem,* Istanbul 1979.

Kritzek, James: *Anthology of Islamic Literature,* New York 1966.

Kruchten, Jean Marie (Hrsg.): *Haremhab,* Brüssel 1981.

Lang, Andrew (Hrsg.): *The Arabian Nights Entertainments,* London 1989.

Lear, Edward: *Journals,* London 1952.

Levy, Michael: *The World of Ottoman Art,* New York 1975.

Lewis, John Frederick: *Illustrations of Constantinople,* London 1835–1836.

Lewis, Raphaela: *Everyday Life in Ottoman Turkey,* New York 1971.

Llewellyn, Briony: *»Eastern Light«,* in FMR, August 1984.

Llewellyn, Briony und Newton, Charles (Hrsg.): *The People and Places of Constantinople. Watercolours by Count Amadeo Preziosi, 1816–1882,* London 1985.

Loti, Pierre: *Aziyadé,* Paris 1879 (dtsch. *Aziadeh,* 1894).

ders.: *Les Désenchantées,* Paris 1906 (dtsch. *Die Entzauberten,* 1921).

Matuz, Josef: *Das osmanische Reich,* Darmstadt 1985.

Maupassant, Guy de: *Un Cas de divorce,* Paris 1886.

Mehta, Rama: *Inside the Haveli,* Kalkutta 1977.

Melling, Antoine Ignace: *Voyage pittoresque de Constantinople,* Paris 1807–1824.

Mernissi, Fatima: *Der Harem ist nicht meine Welt,* Darmstadt 1988.

Mikes, M.: *Turkiye Mektuplari,* Ankara 1944–1945.

Miller, Barnette: *Beyond the Sublime Port,* New Haven (Connecticut) 1931.

Montagu, Lady Mary Wortley: *The Complete Letters,* London 1708–1720.

Morton, Benjamin A.: *The Veiled Empress,* New York 1923.

Nerval, Gérard de: *Voyage en Orient,* 2 Bde., Paris 1851.

Newton, Charles: *»People of Constantinople«,* in FMR, Mai 1985.

Nicolai, Nicolo di: *Le navigationi et viaggi fatti nella Turchia,* Venedig 1580.

Nightingale, Florence: *Letters from Egypt (1849–1850),* New York 1987.

Ohsson, Mouradja d': *Tableau général de l'Empire Ottoman,* Paris 1788–1824.

Pardoe, Julia: *Beauties of the Bosphorus,* London 1840.

dies.: *City of the Sultan,* London 1837

Pears, Edwin: *Forty Years in Constantinople,* London 1916.

Penzer, N. M.: *The Harem,* London 1936.

Piazzi, Adriana: *Sultan Leïla Hanoum,* Paris 1925.

Rasim, Ahmed: *Resimli ve Haritali Osmanli Tarihi,* Istanbul 1910.

Rautenbach, Lieselotte: *Fatime. Als Hofärztin im Harem König Ibn Saud's,* Hamburg 1958.

Refik, Ahmet: *Kadinlar Saltanati,* Istanbul 1923.

ders.: *Kizlar Ağasi,* Istanbul 1926.

Reiser, Elfriede: *Der königliche Harem im alten Ägypten und seine Verwaltung,* (Diss. phil.) Wien 1968.

Richards, John: *Diary on a Journey,* London 1700.

Rosedale, H. G.: *Queen Elizabeth and the Levant Company,* London 1904.

Rycaut, Sir Paul: *History of the Ottoman Empire from the Year 1623 to 1677,* London 1680.

Said, Edward W.: *Orientalism,* New York 1978.

Saletore, Rajaram Narayan: *Sex in Indian harem life,* New Dehli 1978.

Saz, Leyla: *Harem' in Içyüzü,* Istanbul 1974.

Searight, Sarah: *The British in the Middle East,* London 1969.

Seydi, Ali Bey: *Teşrifat ve Teşkilatimiz,* Istanbul 1921.

Sharaawi, Huda: *Harem Years,* New York 1986.

Sherwood, Shirley: *Venice Simplon Orient Express,* London 1985.

Siyavuşgil, Sadri Esat: *Karagöz,* Istanbul 1954.

Solomon, Dorothy Allred: *In My Father's House,* New York 1984.

Steegmuller, Francis: *Flaubert in Egypt: Sensibility on Tour,* New York 1972.

Taşkiran, Tezer: *Women in Turkey,* Istanbul 1976.

Thackery, William Makepeace: *Notes of a Journey,* London 1844.

Thévenot, Jean: *1655–1656 da Turkiye,* Istanbul 1978.

Thornton, Lynne: *Women as Portrayed in Orientalist Painting,* Paris 1985.

Toledano, E. R.: *The Ottoman slave trade and its suppression,* Princeton 1982.

Tüglaci, Pars: *Osmanli Saray Kadinlari,* Istanbul 1985.

Ücüncü, Sadi: *Die Stellung der Frau in der Geschichte der Türkei,* Frankfurt 1984.

Uluçay, Cağatay: *Harem,* Ankara 1971.

dies.: *Harem'den Mektuplar,* Istanbul 1956.

Unuvar, Safiye: *Saray Hatiralarim,* Istanbul 1964.

Uşakligil, Halit Ziya: *Saray ve Ötesi,* 3 Bde., Istanbul 1940–1942.

Vaka, Demetra: *Haremlik,* Boston 1909.

Van-Lennep: H. J.: *The Oriental Album,* New York 1862.

Verrier, Michelle: *The Orientalists,* London 1979.

Walsh, Robert: *Narrative of a Journey from Constantinople to England,* London 1828.

Watney, John: *Travels in Araby of Lady Hester Stanhope,* London 1975.

Wattel, Jacob: *Harem-en Pardah-system,* (Diss. phil.) Amsterdam 1954.

White, Charles: *Three Years in Constantinople,* London 1846.

White, Palmer: *Paul Poiret,* London 1973.

Danksagung

An diesem Buch ist mit viel Liebe gearbeitet worden. Viele Menschen schenkten mir Zeit und Mühe und waren unglaublich hilfreich. Mein Vater Sadri führte mit leidenschaftlicher Begeisterung das Familienarchiv und sammelte Fotos. Meine Mutter Yümniye spürte mit detektivischem Scharfsinn viele Originalquellen auf. Zehra und Meryem, verstorbene Verwandte, machten die Welt der Harems zu einer sehr persönlichen Welt.

Viele Mitarbeiter von Abbeville Press führten mich mit großer Umsicht durch die einzelnen Stadien der Entstehung des Buches. Ich danke Lisa Peyton, Amy Handy, Mark Magowan, Steven Pincus, Sharon Gallagher, Alexandra Chapman, Hope Koturo, Deborah Sloan und Carol Volk. Renée Khatami, die Designerin des Buches, schuf ein wahres Kunstwerk. Alan Axelrod ist ein hervorragender Lektor, der schon für seine Ausdauer eine Medaille verdient. Und Bob Abrams, mein Verleger, ist ein hochintelligenter Mann mit viel Geschmack und Intuition, der das Buch schreibenswert machte.

Mein besonderer Dank gilt Warren Cook, meinem Agenten und einem der besten Männer, die ich kenne. Ich danke auch Carol Tarlow, Suzanne Lipsett, Carol Costello, Katherine Martin, Jeanine Kagan, Christine Stockton, Barbara Dills, der John Simon Guggenheim Foundation, Stephen Huyler, Christopher Knipp, George Csicsery, David Wakely, Carol Pitts, Morgan Barnes, Cynthia Jurs Hotchkiss und Sandra Wilson. Ich hatte Glück mit diesen Menschen.

Und ich danke dir, Robert Croutier, mein Mann und mein bester Freund, daß du das Feuer in Gang gehalten hast, während ich schrieb.

Alev Lytle Croutier

Isma'il Jala'ir: Damen an einem Samowar, *Ausschnitt (siehe Seite 99).*

Register

A

B

C

T

U

V

W

X

Y

Z

Bildnachweis

Das Fotomaterial stammt aus den in den Bildlegenden angegebenen und den folgenden anderen Quellen:
Aurora Art Publishers, Leningrad (Seite 34, 35); The Bettman Archive, New York (Widmungsseite, Seite 99); Peter und Georgina Bowater/The Image Bank (Seite 28); Bridgeman Art Library, London (Seite 133, 165 unten, 192); Culver Pictures, New York (Seite 74, 75, 82 oben, 94, 166 unten); The Fine Art Society, London (Seite 22, 31 unten, 102, 121); Kyburg Limited, London (Seite 65 oben); Portal Publications, Corte Madera, Kalifornien (Seite 195 links); © Jake Rajs, New York/The Image Bank (Seite 58 oben); Réunion des Musées Nationaux, Paris (Seite 72, 164, 176, 180, 186); Roger Viollet, Paris (Seite 141); The University of Minnesota Press, Minneapolis (Seite 154 – aus Malek Alloula: *The Colonial Harem*).